图书编辑指导委员会

总顾问：倪健中

主　任：陈晓华　邹智广　　特邀主任：张　峰

副主任：江富生　刘建卿　任起龙

委　员：

王宇斯　李树磊　柳文龙　樊义鹏　王　磊

张卫刚　陈道志　申海伟　刘皓妍　潘　越

陈战胜　邱　红　赵　玮　邱晓星　田雪姣

李诗雄　刘　伟

数字化转型理论与实践系列丛书

新质生产力大变革

陈晓华 邹智广 主编
江富生 刘建卿 任起龙 副主编

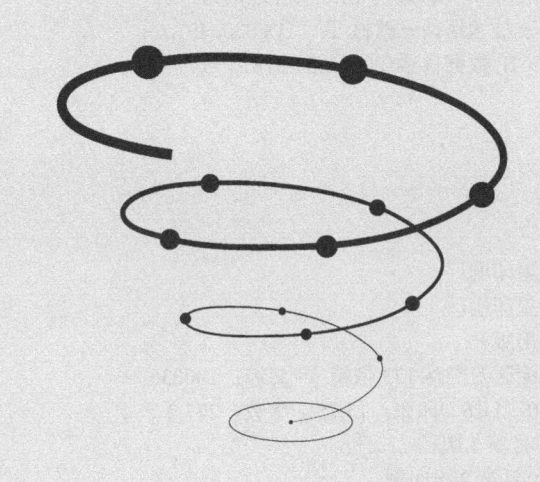

电子工业出版社
Publishing House of Electronics Industry
北京·BEIJING

内 容 简 介

在这场席卷全球的产业革命浪潮中，新质生产力正以前所未有的速度重塑我们的世界，本书深入剖析其竞争优势与产业变革潜力，强调创新、品牌和高附加值的重要性。新质生产力不仅革新传统产业生产方式，还催生新商业模式与经济增长点，尤其是数字经济崛起和数字技术，成为驱动新兴与未来产业的关键。本书从科技、人才、现状及前景等方面，全方位呈现新质生产力引领未来的无限可能。让我们一同探索新质生产力，迎接充满机遇与挑战的崭新时代！

未经许可，不得以任何方式复制或抄袭本书之部分或全部内容。
版权所有，侵权必究。

图书在版编目（CIP）数据

新质生产力大变革 ／ 陈晓华，邹智广主编. -- 北京：电子工业出版社，2025.4（2025.10）
（数字化转型理论与实践系列丛书）
ISBN 978-7-121-34922-5

Ⅰ．①新… Ⅱ．①陈… ②邹… Ⅲ．①互联网络－应用－金融－商业服务－技术培训－教材 Ⅳ．①F830.49

中国版本图书馆 CIP 数据核字(2018)第 191873 号

责任编辑：牛平月
印　　刷：北京天宇星印刷厂
装　　订：北京天宇星印刷厂
出版发行：电子工业出版社
　　　　　北京市海淀区万寿路 173 信箱　邮编：100036
开　　本：720×1000　1/16　印张：15.75　字数：277.2 千字
版　　次：2025 年 4 月第 1 版
印　　次：2025 年 10 月第 2 次印刷
定　　价：68.00 元

凡所购买电子工业出版社图书有缺损问题，请向购买书店调换。若书店售缺，请与本社发行部联系，联系及邮购电话：(010) 88254888，88258888。
质量投诉请发邮件至 zlts@phei.com.cn，盗版侵权举报请发邮件至 dbqq@phei.com.cn。
本书咨询联系方式：(010) 88254454，niupy@phei.com.cn。

前 言

随着全球科技的日新月异和产业结构的深刻重构，人类社会正步入一个前所未有的新时代。在这个时代浪潮中，传统生产力的界限被不断突破，一种崭新而强大的生产力形态——新质生产力，正逐步崭露头角，成为驱动产业升级与经济高质量发展的核心引擎。2023年9月，习近平总书记在黑龙江考察调研期间首次提出"新质生产力"这一重要概念；随后，在2024年1月31日的中共中央政治局第十一次集体学习中，总书记再次强调加快发展新质生产力，扎实推进高质量发展。这一战略部署迅速引发了社会各界的广泛关注与深入研讨，相关学术成果如雨后春笋般涌现。

正是在这样的时代背景下，我们汇聚了国内外众多专家与学者的智慧与力量，编著了这本《新质生产力大变革》。本书旨在全面而深入地解析新质生产力的理论内涵、核心特征及其在未来经济社会发展中的广阔应用前景。我们希望通过系统的梳理与深入的探讨，为读者揭示新质生产力的神秘面纱，展现其在推动产业升级、催生新兴产业、优化产业链供应链以及促进数字经济创新发展等方面的巨大潜力。

值得一提的是，党的二十届三中全会进一步强调了创新驱动发展战略的重要性，为新质生产力的培育与发展提供了更为明确的政策导向和动力支持。会议指出，要加快实现高水平科技自立自强，以科技创新推动产业升级，构建新发展格局。这与新质生产力的核心理念不谋而合，为我们深入研究和探索新质生产力的实践路径提供了更为广阔的视野和深厚的政策基础。

本书共分为 10 章，逻辑清晰、内容丰富。开篇第 1 章，我们揭开新质生产力的神秘面纱，对其定义、起源、演进及对未来工业的影响进行了详尽阐述，强调了科技创新、人才智慧与数据资源作为新质生产力三大支柱的重要作用。第 2 章至第 5 章聚焦于新质生产力与新发展格局的紧密联系，通过理论分析与案例研究相结合的方式，深入探讨了新质生产力如何赋能新兴产业、引领未来产业发展趋势、推动数字经济繁荣以及优化产业链供应链布局。

第 6 章至第 8 章转向实践层面，提出了加快发展新质生产力的具体举措。我们围绕产业链供应链优化、新兴产业与未来产业的培育以及数字经济创新发展等关键领域，提出了一系列具有前瞻性和可操作性的政策建议与战略路径，旨在为新质生产力的快速发展提供有力支撑。

第 9 章独辟蹊径，从教育的视角出发，强调了高质量教育在引领新质生产力发展中的关键作用。我们探讨了教育现代化、人才培养标准、科技赋能学习以及教育新生态构建等议题，揭示了教育在培养未来人才、推动社会进步中的不可替代作用。

最后，第 10 章通过一系列生动具体的案例分析，展示了新质生产力在不同行业领域的实践应用与显著成效，为读者提供了宝贵的参考与借鉴。

本书由陈晓华与张峰总体策划，陈晓华、邹智广任主编，江富生、刘建卿、任起龙任副主编，汇聚了多位国内外知名专家与学者的智慧结晶。赵玮、陈道志、田雪姣、申海伟、刘皓妍、陈战胜、张峰、潘越、邱红、邱晓星参与了本书的编写。

在本书的编写过程中，得到了电子工业出版社的大力支持和帮助，在此表示衷心的感谢。同时，感谢天元瑞信通信技术股份有限公司、合肥申威睿思信息科技有限公司、方天圣华（北京）数字科技有限公司、赣西元宇宙与数字经济研究院等单位对本书的支持。

正是大家的共同努力，才使得本书能够顺利出版。同时，我们也期待社会各界的广泛反馈与宝贵建议，以便我们不断完善与提升，共同为推动新质生产力的发展贡献智慧与力量。

编 者

2025 年 1 月 1 日

目 录

第一章　什么是新质生产力　/1
CHAPTER 1

第一节　揭秘新质生产力的奥秘　/1

第二节　新质生产力的璀璨光芒　/4

第三节　谁在驱动未来　/7

第四节　新与旧的角逐　/11

第二章　新质生产力与新兴产业　/16
CHAPTER 2

第一节　新质生产力与产业升级的紧密耦合　/16

第二节　新兴产业的成长轨迹与未来蓝图　/19

第三节　新质生产力与新兴产业的协同进化　/24

第四节　案例分析：新质生产力在新兴产业的实践探索　/28

第三章　从未来产业洞察新质生产力　/31
CHAPTER 3

第一节　揭秘未来产业　/32

第二节　未来产业——新质生产力的试金石　/37

第三节　未来产业发展面临的挑战与对策　/44

第四节　前瞻布局未来产业，发展新质生产力　/47

第四章　新质生产力与数字经济发展、产业链供应链优化　/57
CHAPTER 4

第一节　数字经济中的新质生产力特征　/58

第二节　新质生产力对数字经济的作用　/62

第三节　产业链供应链优化中的新质生产力特征　/67

第四节　新质生产力在产业链供应链优化中的作用　/72

第五节　新质生产力、数字经济与产业链供应链优化的融合发展　/76

第五章　新质生产力带来的新力量、新未来、新格局　/80
CHAPTER 5

第一节　新质生产力释放的强劲新动能　/80

第二节　新质生产力领航下的未来社会画卷　/83

第三节　新质生产力强力驱动区域大融合进程　/92

第四节　新质生产力塑造国际经济和发展新格局　/99

第六章　加快发展新质生产力的具体举措：推动产业链供应链优化　/107
CHAPTER 6

第一节　新质生产力让产业链供应链焕发生机　/107

第二节　优化产业链供应链的三大秘籍　/111

　　　　　第三节　产业链供应链优化行动的保障措施　/114

　　　　　第四节　产业链供应链优化行动的实施路径　/118

第七章　加快发展新质生产力的具体举措：积极培育新兴产业和未来产业　/127
CHAPTER 7

　　　　　第一节　数字经济与数字技术　/127

　　　　　第二节　新时代的引擎：新兴与未来产业的战略高地　/131

　　　　　第三节　脉动的趋势：新兴与未来产业的发展蓝图　/135

　　　　　第四节　策划与布局：新兴产业与未来产业的成长之道　/140

　　　　　第五节　科技创新助力腾飞　/144

第八章　加快发展新质生产力的具体举措：深入推进数字经济创新发展　/147
CHAPTER 8

　　　　　第一节　数字经济：引领未来的方向与价值　/147

　　　　　第二节　现状与趋势的深入探讨　/155

　　　　　第三节　筑牢数字经济发展基石　/160

　　　　　第四节　引领数字技术与实体经济融合发展新纪元　/163

　　　　　第五节　优化环境，激发创新发展新动能　/166

第九章　教育——大国崛起的基石　/170
CHAPTER 9

　　　　　第一节　新时代：从精英教育到全民教育　/170

　　　　　第二节　新要求：定好标准培养"真人才"　/174

　　　　　第三节　新场景：科技赋能学习进化　/178

　　　　　第四节　新体系：塑造教育新生态　/182

　　　　　第五节　新连接：共创教育新篇章　/190

　　　　　第六节　新生态：开创教育新纪元　/197

第十章 新质生产力应用案例 /203
CHAPTER 10

第一节 电子政务建模仿真国家工程实验室助力企业数据管理与资产登记 /203

第二节 天津晨星衡祥科技有限公司利用元宇宙技术打造新质生产力 /207

第三节 中工互联携手英格索兰打造首个"工业大模型+能源"平台 /212

第四节 北京工大亚芯光电科技有限公司新质生产力实施案例 /215

第五节 北京中科慧眼公司新质生产力实施案例 /217

第六节 方天圣华打造首个政务元宇宙应用 /220

第七节 打造弘扬中国文化，传承中国精神的地铁场景新探索 /225

第八节 构建AR全域数字化旅游生态圈 /229

第九节 申威睿思携手国网宁波共建"数问"电力大模型应用 /232

第十节 数据驱动企业转型与运营优化：天元通信的数据资产入表实践和展望 /236

第一章
什么是新质生产力

想象一下，你手中有一把钥匙，这把钥匙能够打开一个充满无限可能的世界。这个世界里，机器不再是冰冷的金属，而是能够思考、学习甚至创造的伙伴。例如，自动驾驶汽车不仅能够带我们到达目的地，还能够实时学习交通模式，预测并避免潜在的事故。这个世界里，企业不再是僵化的结构，而是灵活、敏捷、能够迅速适应市场变化的生命体。比如说，一家初创公司利用云平台快速调整其业务模型，以应对突如其来的全球事件。这个世界里，市场不再是简单的买卖场所，而是一个充满创意和机遇的舞台。这就是新质生产力带给我们的世界。

第一节 揭秘新质生产力的奥秘

当我们谈论新质生产力时，不仅仅是在讨论一种新的技术或工具，而是在探索一种全新的生产和创新方式，它正在重新定义我们的工业、经济乃至整个社会的未来。让我们一起揭开它的神秘面纱，看看它将如何成为未来工业的密码。

一、新质生产力：解析未来工业的密码

苹果园引例 1：
让我们用一个简单的例子来理解这个概念：假设你有一个苹果园。传统的

新质生产力大变革

生产力提升可能意味着你种了更多的苹果树，收获了更多的苹果。但新质生产力的提升可能意味着你引入了一种新的树种，这种树种不仅产量更高，而且产出的苹果的味道更好，甚至还能抵抗某些病虫害，这就是质的飞跃，主要表现在：

技术创新。比如给你的苹果园引入了自动化灌溉系统，它可以根据天气和土壤湿度自动调节水量，这样你就可以节省水资源，同时确保每棵果树都得到适量的水分。

组织创新。这可能意味着你改变了管理苹果园的方式，比如通过引入一个新的管理软件，使得工作分配和进度跟踪更加高效。

市场创新。也许你开发了一款新的苹果酱，它的口味独特，迎合了消费者对健康食品的追求，从而打开了一个全新的市场。

资源配置优化。这可能表现为你通过精确的数据分析，更好地规划了苹果的种植位置和数量，以最大化土地的使用效率。

知识与技能。你可能为工人提供了培训，教会他们如何使用新的设备和技术，从而提高了整个园子的工作效率。

由此带给我们关于新质生产力的启示是，新质生产力是一个经济学术语，通常指的是在生产过程中引入的新技术、新方法或新组织形式，它们能够显著提高生产效率、降低成本或创造新的市场机会。这个概念强调的是"新"字，意味着生产力的质的飞跃，而不仅仅是数量的增加。新质生产力的定义可以总结为以下几点：

（1）技术创新。引入新的技术或改进现有技术，提高生产效率和产品质量。例如，使用人工智能技术来优化生产流程，提高生产效率。

（2）组织创新。采用新的管理方法和组织结构，提高企业的灵活性和响应市场变化的能力。例如，采用敏捷开发方法，使得产品开发过程更加灵活，能够快速响应市场需求的变化。

（3）市场创新。开发新的产品或服务，满足未被充分满足的市场需求，或创造全新的市场。例如，开发一款全新的智能手机应用，满足用户对于便捷生活的需求。

（4）资源配置优化。更有效地利用和配置资源，包括资本、劳动力和原材料，以提高整体的生产效率。例如，通过大数据分析，优化供应链管理，降低物流成本。

（5）知识与技能。提升劳动力的技能和知识水平，以适应新技术和生产方式的要求。例如，提供员工培训，提升员工的技能，使其能够适应新的生产技术。

苹果园引例 2：

颠覆性创新驱动。苹果园里引入了一种全新的树种，这种苹果树不仅生长速度快，而且能够抵抗病虫害，产出的苹果口感更佳。这就像互联网技术的出现一样，它颠覆了传统的商业模式，使得电子商务成为可能，从而彻底改变了购物的方式。

产业链条新。随着新苹果树种的引入，整个苹果园的运作方式也发生了变化。你可能需要新的农具来处理这种树，甚至可能需要建立新的供应链来销售这种特殊的苹果。这类似于电动汽车的兴起，它不仅需要新的零部件，如电池和电机，还推动了新能源和新材料产业的发展。

发展质量高。新苹果园的管理不仅注重产量，还注重可持续性。可能会采用有机耕种方法，使用环保材料，甚至安装太阳能板来供电，以减少对环境的影响。这反映了新质生产力的特征，即在提高生产效率的同时，也提升了产品的附加价值，并且注重生态环境的保护。

由此带给我们关于新质生产力的启示是，新质生产力是相对于传统生产力而言的，表现为构成生产力的各种要素的质的变化，是生产力的巨大跃迁。它具有以下几个主要特征：

（1）颠覆性创新驱动。新质生产力的形成源自基础科学研究的重大突破和对原有技术路线的根本性颠覆，形成一批颠覆性技术集群，从而推动产业发生重大变革。例如，互联网的出现，颠覆了传统的商业模式，推动了电子商务的发展。

（2）产业链条新。新质生产力通过改变产品架构、商业模式、应用场景，使得产品（或服务）生产和交付所需要的原材料、零部件、基础设施等发生根本性改变，产业链各环节地理空间分布也相应发生变化。例如，电动汽车的发展，改变了汽车产业链的结构，推动了新能源和新材料的发展。

（3）发展质量高。新质生产力全方位提升产业发展质量，提高生产效率，增加附加价值，并减少环境影响，形成经济增长与生态环境改善的和谐并进。例如，通过使用清洁能源和环保材料，降低生产过程中的环境污染。

新质生产力的提出，旨在适应新一轮科技革命和产业变革的要求，推动经济高质量发展，助力实现社会主义现代化强国战略目标。

二、新质生产力的起源与演进：一场科技革命的探索之旅

新质生产力的发展是一场横跨数个世纪的科技革命。

18世纪蒸汽机的发明，标志着人类从手工艺时代迈入机械化时代的重大转变。随后，电力的出现使得工厂能够全天候运作，极大提高了生产效率。而20世纪末，计算机和互联网的普及开启了数字化时代，彻底改变了信息的存储、处理和传播方式。

智能机器人的出现进一步推动了生产力的发展，它们能够协助人类完成更加精细和复杂的任务。全球化使得资源和创意的交流变得无界限，促进了全球生产力的共同进步。面对环境挑战，可持续生产方式的探索，如太阳能和风能的使用，成为了新时代的必然选择。

现代消费者对产品个性化的需求催生了定制化生产的趋势，这反映了生产力向更加灵活和个性化方向演进。知识经济的兴起强调了创意和知识的价值，创新和专利保护成为企业竞争的关键。共享经济模式借助互联网平台连接全球资源，重塑了生产和消费的方式。

社交媒体和在线协作工具的发展让全球的人们能够共同参与创新项目，无论他们身处何地。政府政策和法规的引导作用不可或缺，它们为技术创新和产业升级指明了方向。而教育的作用也日益凸显，它的目的不仅是传授知识，更重要的是培养学生的创新能力和实践技能。

通过这段旅程，我们见证了新质生产力如何从蒸汽机的轰鸣中诞生，经历了电力和数字化的飞跃，最终达到智能化和全球化的今天。这不仅是技术的革命，更是人类对于更好生活追求的映射。未来的生产力将继续在创新和可持续性的道路上前进，而我们每个人都将加入这场旅程。

第二节 新质生产力的璀璨光芒

在新时代的舞台上，生产力的发展正经历着前所未有的深刻变革。新质生产力作为这一变革的核心，正在通过科技创新与战略性新兴产业的融合，展现出其独特的光芒。它不仅改变了我们的生产方式，也深刻影响了我们的生活质量和社会结构。下面，我们将探索科技创新如何引领新时代的大门，并深入了

解高科技、高效能、高质量所构成的新质生产力的黄金三角。

一、科技创新引领：开启新时代的大门

苹果园引例 3：

假如你是苹果园的主人，而这个苹果园代表了一个国家的产业。在这个园子里，科技创新就像是引入了一种能够自动调节水分和养分供应的智能灌溉系统。这个系统不仅提高了苹果的产量和质量，还减少了水资源的浪费，这就像新能源汽车减少了对化石燃料的依赖，并推动了环保和可持续发展。

科技创新的终极目标，就像是为了让苹果园不仅能够生产出更多更好的苹果，还能够保护甚至改善自然环境，比如通过使用有机肥料和生物防治方法来代替化学品，这样既保护了土壤和水源，也生产出了更健康的苹果。

在全球化的背景下，苹果园需要面对来自世界各地的竞争。但这也为苹果园提供了一个机会，通过引入 5G 技术来实现远程监控和管理，这不仅提高了效率，也展示了苹果园的先进技术。

为了推动这个苹果园的科技创新，园主需要改革管理体制，比如引入更先进的管理软件，优化工作流程。同时，园主也需要培育新的苹果品种，比如抗病虫害的品种或者适应气候变化的品种，这些都是园子经济增长的新引擎。

政府在这个过程中扮演着重要的角色，就像园主可以通过提供培训和资金支持来鼓励工人学习新技术和改进栽培方法。通过这些措施，不仅能够提高生产力，还能够推动整个苹果种植产业的发展和创新。

由此带给我们关于新质生产力的启示是，科技创新与战略性新兴产业的深度融合，为我们打开了一扇通往未来的大门。这种融合推动了生产力的飞跃和产业的变革，如新能源汽车的发展，就是科技创新与汽车产业融合的产物，它不仅减少了对化石燃料的依赖，还推动了环保和可持续发展。科技创新的终极目标是为人类创造更高品质的生活。它通过提升社会生产力，实现了人与自然的和谐共生，如清洁能源技术的发展，就是为了绿色、低碳、可持续的未来发展。在全球化的今天，科技创新面临着前所未有的国际竞争。但这也为中国提供了一个实现科技自立自强的战略机遇。例如，5G 技术的竞争，不仅是技术的较量，更是国家实力的体现。为了推动科技创新，我们需要深化体制机制改革，优化制度环境。同时，培育新兴产业和未来产业，如人工智能、生物技术等，这些都是经济增长的新引擎。政府在科技创新中扮演着至关重要的角色。通过

制定合理的产业政策、提供资金支持和建设创新平台，可以激发市场活力和社会创造力，推动科技创新和新质生产力的发展。

二、高科技、高效能、高质量：新质生产力的黄金三角

苹果园引例 4：

其实，你的苹果园正是一个微缩版的现代经济体。在这个园子中，高科技的应用如引入先进的太阳能灌溉系统，不仅能提高水的利用效率，还可以减少对传统能源的依赖，就像太阳能技术推动了新能源产业的发展一样。

追求高效能的生产力在苹果园中体现为采用精益生产模式，比如通过精确计算每棵苹果树所需的水分和养分，减少资源浪费，提高产出效率。这就像在制造业中通过优化流程来提高生产效率和经济效益。

至于高质量，苹果园通过引入高品质的苹果品种和精细化管理，满足人们对健康食品的需求，同时也增强了苹果品牌的市场竞争力。这就像智能穿戴设备不仅提供健康监测功能，还通过设计和个性化服务提升用户体验和品牌价值。

由此带给我们关于新质生产力的启示是，在高科技方面，我们可以看到战略性新兴产业如新能源、新材料、先进制造和电子信息等领域的迅猛发展。这些产业依托于重大技术突破，不仅推动了技术进步，也促进了产业的全面升级。例如，太阳能技术的进步不仅提高了能源的利用效率，还促进了新能源产业的发展，对传统能源依赖产生了深远影响。

在追求高效能方面，新质生产力倡导采用先进技术和管理方法来提升生产效率。这不仅体现在生产过程中资源利用的最大化，也体现在对环境影响的最小化。例如，精益生产模式通过减少浪费、优化流程，提高了制造业的生产效率和经济效益。

至于高质量，新质生产力强调在满足人们对美好生活向往的同时，提升产品和服务的附加值。这意味着在生产过程中，企业需要通过科技创新和精细化管理来增强其产品的市场竞争力。例如，智能穿戴设备不仅提供了健康监测功能，还通过设计和个性化服务提升了用户体验和品牌价值。

总的来说，新质生产力的提出反映了对生产力水平新要求的认识，它通过科技创新和产业升级，推动了经济结构的优化和增长方式的转变。这一概念不仅是理论上的创新，更是实践中对高质量发展的追求和实现。

第三节　谁在驱动未来

在快速变化的世界中，谁将掌握未来的方向？是科技的力量、人才的智慧，还是数据的宝藏？本节将带领我们探讨这些驱动未来的重要因素。科技创新、人才培养与数据利用是新质生产力的核心动力，它们共同塑造了一个更加智能、高效和可持续的未来。让我们一起揭示这些力量如何驱动着社会和经济的变革，开启未来的无限可能。

一、科技的力量：新质生产力的引擎

苹果园引例5：

假如你的苹果园是一个充满活力的生态系统，每一项新兴技术都像是园中的一种创新工具，共同促进这个园子的繁荣。

人工智能和机器学习就像是果园中的智能助手，它们可以预测哪些苹果树可能会生病，从而提前进行处理，减少了果树的损失。大数据分析则帮助你了解市场的需求，决定种植哪种苹果最为合适。物联网技术让你能够远程监控园中的每棵果树，确保它们都得到了足够的水分和光照。

增材制造（3D打印）就像是能够快速修复或替换园中损坏工具的设备，提高了维护效率。机器人在园中承担重复性劳动，比如自动采摘苹果，让工人可以专注于更需要人的智能的任务。VR和AR技术则用于培训工人，通过模拟环境教会他们更高效的园艺技巧。

云计算让你能够与世界各地的果农分享知识，共同解决问题。区块链技术确保了苹果从果园到消费者手中的每一步都是可追溯和透明的。新能源技术让园子运转所需的能源更加绿色，减少了对环境的影响。

生物科技让你能够培育出更健康、更抗病的苹果品种。纳米技术则被用于开发更有效的肥料和农药，使它们在不损害环境的情况下更有效地工作。智能制造系统整合了所有这些技术，使苹果园的运营更加高效和自动化。而5G通信技术则确保了所有数据和信息的实时传输。

这些技术的应用，不仅使得苹果园生产出了更多、更好的苹果，而且还提高了整个产业的可持续性和竞争力。

新质生产力大变革

由此带给我们关于新质生产力的启示是，新质生产力中新兴技术的突破与应用是推动生产力发展的关键因素，以下是对这些新兴技术及其在新质生产力中应用的总结：

人工智能和机器学习正在自动化生产、质量控制、供应链管理等领域发挥着巨大作用。例如，AI 在制造业中可以帮助预测设备故障，减少停机时间。大数据分析帮助企业洞察市场趋势，做出更精准的决策。物联网技术使设备互联互通，实现远程监控和智能优化，如智能家居系统能够远程控制家中的电器。

增材制造，即 3D 打印，为快速原型制作和个性化生产提供了可能，极大缩短了产品从设计到进入市场的时间。机器人技术提高了生产自动化水平，尤其在重复性或危险的任务中取代了人工劳动。VR 和 AR 技术在产品设计、员工培训等方面提供了新的解决方案，如 VR 模拟训练，让医生在进行真实手术前进行模拟练习。

云计算支持了远程工作和协作，区块链技术在供应链管理中提高了透明度和安全性。新能源技术如太阳能和风能支持了绿色生产。生物科技在医药、农业等领域开辟了新的可能性，如基因编辑技术在治疗遗传疾病中的应用。纳米技术在材料科学中的应用，使得产品更轻、更强、更高效。

智能制造系统集成了多种技术，实现了生产过程的实时优化。5G 通信技术的高速度和低延迟为实时数据处理和远程控制提供了可能。供应链优化减少了浪费，提高了响应速度。环境监测技术帮助减少工业生产对环境的影响。

新兴技术的突破与应用是新质生产力发展的重要组成部分，它们不仅改变了生产方式，还影响了产品设计、市场策略和商业模式，是推动经济和社会进步的关键动力。随着技术的不断进步，这些新兴技术将在新质生产力中扮演越来越重要的角色。

二、人才的智慧：激发新质生产力的核心

苹果园引例 6：

一个苹果园就是一个充满活力的社区，每个人都在为了共同的目标——培育最好的苹果而努力。在这个比喻中，职业教育和培训就像是为园丁们提供特定的技能培训，比如修剪技术或病虫害防治，这样他们就能更好地适应市场的需求，保持园子的竞争力。终身学习则意味着园丁们需要不断更新他们的知识库，学习新的栽培方法和技术，以跟上时代的步伐。学习数学就像是学习如何

精确计算施肥和浇水的量，以确保每棵果树都能健康成长。学习编程则相当于学习如何使用先进的技术来监控和优化园子的运作。而学习艺术，则可以帮助园丁们创造一个美丽的环境，让人们愿意来到这里。

健康和福利是确保园丁们能够最大限度地发挥他们能力的基础。只有当他们身心健康时，他们才能全身心投入到工作中，使苹果园充满活力。

人才的流动和交流就像是园丁们之间的知识共享，或者从其他园子引进新的栽培技术，这样可以提升整个园子的水平。

最后，有效的激励和奖励机制可以鼓励园丁们创新和提高工作效率，比如通过提供奖金来奖励那些培育出最好苹果的园丁。这样的机制可以激发园丁们的积极性，使他们更加投入到苹果园的发展中。

通过这个苹果园的比喻，我们可以看到教育、健康、人才流动和激励机制等在提升人力资本中的重要性，它们共同构成了一个繁荣社区的基础。

由此带给我们关于新质生产力的启示是，教育是人力资本的基石，是打开知识的大门。通过教育，我们可以获取知识，学习新的技能，培养创新思维。例如，学习数学可以让我们理解世界的运行规律，学习编程可以让我们创造出新的软件和应用，学习艺术可以让我们欣赏和创造美的事物。因此，建立和完善教育体系，提供高质量的基础教育和专业教育，是提升人力资本的重要途径。

除了基础教育，职业教育和培训也是提升人力资本的重要手段。通过职业教育和培训，我们可以学习到与市场需求相匹配的技能，增强我们的适应性和灵活性。例如，学习焊接技术可以让我们在制造业找到工作，学习电子商务可以让我们在互联网行业发展，学习护理技术可以让我们在医疗行业提供服务。

在这个快速变化的世界，我们需要不断更新我们的知识和技能，以适应新的技术和市场变化。这就需要我们进行终身学习。无论是在学校学习，还是在工作中，甚至在退休阶段，我们都需要不断学习，不断提升自己。

健康和福利是我们能够发挥最大生产力的前提。只有身心健康，我们才能全身心地投入到学习和工作中。因此，提供良好的健康保障和工作环境，是提升人力资本的重要条件。

人才的流动和交流可以促进知识和经验的共享，吸引全球优秀人才，提升我们的人力资本。例如，通过留学，我们可以学习到其他国家的先进知识和经验，通过国际会议，我们可以与全球的专家学者交流，获取最新的研究成果。

有效的激励和奖励机制可以激发我们的创新精神和工作热情，从而提升我们的人力资本。例如，通过提供奖学金，我们可以鼓励学生努力学习，通过提供股权激励，我们可以鼓励员工积极创新。

三、数据的宝藏：新质生产力的黄金资源

苹果园引例7：

假如一个苹果园是一家企业，园中的每棵苹果树都是企业的一个项目或产品。数据在这里就像是园丁手中的工具，帮助他们管理和优化整个苹果园。

数据作为预测和决策工具：园丁可以通过分析历年的气候数据、苹果产量和销售情况，来预测未来的收成和市场需求。这就像是拥有了一把可以预见未来的钥匙，帮助他们决定何时种植、何时采摘，甚至是选择种植哪种苹果品种。

数据提高效率和减少浪费：通过监测土壤湿度和苹果树的生长状况，园丁可以精确地施肥和浇水，既保证了苹果的质量，又避免了资源的浪费。这就像是用数据打开了高效生产的大门。

数据驱动的个性化服务：如果园丁知道哪些顾客喜欢甜苹果，哪些顾客喜欢酸苹果，他们就可以根据顾客的喜好来调整苹果树的种植比例，甚至为每位顾客推荐他们可能喜欢的新品种。这种个性化服务就是通过分析顾客的购买历史和反馈来实现的。

数据帮助风险管理：园丁还可以利用数据来识别可能影响苹果生长的风险因素，如病虫害的暴发或极端天气事件。通过提前预测这些风险，园丁可以采取措施来保护苹果树，减少损失。

数据在供应链优化中的作用：数据还可以帮助园丁优化苹果的采摘、储存和运输过程，确保苹果在最佳状态下到达消费者手中。这涉及对整个供应链的监控和管理，从而提高整个园区的运营效率。

数据安全和隐私保护的重要性：就像园丁需要保护园区不受外来侵害一样，企业也需要确保他们的数据安全，防止数据泄露或被滥用。这需要建立强有力的安全措施和隐私保护政策。

由此带给我们关于新质生产力的启示是，数据在新质生产力中的作用异常重要。数据就像一把钥匙，可以解锁各种问题的答案。比如，企业可以通过分析数据，做出更加精准的市场预测和经营决策，这就像是用一把钥匙打开了未来世界的大门。同时，数据也可以帮助企业提高效率，减少浪费，就像是用一

把钥匙解锁了生产力的潜力。

数据可以帮助企业提供个性化的服务和产品，满足消费者的多样化需求。比如，你可能已经注意到，当你在网上浏览商品或服务时，经常会看到一些推荐的广告，这些广告往往与你的兴趣和需求紧密相关。这就是数据在起作用，通过分析你的浏览历史和购买行为，企业可以了解你的喜好，从而提供更符合你需求的产品和服务。

数据可以帮助企业管理风险。通过分析数据，企业可以识别出潜在的风险，比如市场变化、供应链中断等，从而提前做好应对策略，避免或减少损失。

此外，数据还可以帮助企业优化供应链，提高产品质量，管理客户关系，控制成本，监控合规性，进行智能预测，建立数据驱动的文化，实现数据治理，以及进行数据共享与合作。

然而，数据要素的挖掘与利用也带来了一些挑战，比如数据安全、隐私保护等问题。因此，企业在利用数据的同时，也需要重视这些问题，建立相应的管理机制和防护措施。

总体来说，数据要素的挖掘与利用是新质生产力的重要组成部分，它为企业提供了深入洞察市场和客户、优化运营和提高竞争力的工具。随着技术的发展，数据的作用将越来越重要，成为推动生产力发展的关键资源。

在数字化时代的浪潮中，数据已经成为了新质生产力的重要支撑要素之一。就像一位神秘的矿工，在信息的海洋中挖掘宝藏，数据的挖掘与利用正在革新我们的工作和生活方式。让我们一起探索这个充满魔力的数据世界！

第四节　新与旧的角逐

在现代经济的舞台上，新质生产力与传统生产力如同两位竞争者，正在进行一场激烈的对决。这不仅仅是技术和效率的比拼，更是创新与传统、速度与稳健、灵活与可靠的全面较量。这个章节将带我们深入探讨新旧生产力的碰撞与融合，揭示它们在技术应用、生产效率、资源利用等方面的不同表现，帮助我们理解这场时代转变中的关键要素。

新质生产力大变革

一、时代的转变：新旧生产力的对决

苹果园引例 8：

苹果园管理在新旧生产力下的对比如表 1-1 所示：

表 1-1　新旧生产力对比

	旧生产力	新生产力
技术应用	依靠人力和简单工具	使用智能农业技术，如无人机监测
生产效率	需要更多劳动力和时间	利用自动化和智能化设备提高效率
资源利用	可能过度使用化肥和农药	精准农业技术，合理施肥，生物防治
生产模式	只种植一种或少数品种	根据市场需求种植多样化品种
劳动力需求	需要大量体力劳动	看重知识和技术，如数据分析
创新速度	创新步伐缓慢	快速创新，如基因编辑技术
市场适应性	调整生产计划和品种选择较慢	快速响应市场变化
组织结构	管理层次分明，决策传递较慢	组织结构扁平，决策迅速
风险管理	依赖经验判断	利用数据分析预测病虫害
客户关系	通过传统渠道与客户沟通	利用社交媒体和数据分析

　　由此带给我们关于新质生产力与传统生产力对比的启示是，首先，我们来看看技术应用的差异。传统生产力就像是一辆老式蒸汽机车，依靠的是机械化和电气化的力量，稳定而可靠，但速度有限。而新质生产力则像是一辆装备了最新导航系统的电动汽车，不仅速度快，还能自动驾驶，它利用信息技术、自动化、人工智能等先进技术，让生产过程变得更加灵活和智能。

　　接着，我们来聊聊生产效率。如果说传统生产力是通过加班加点来赶工的，那么新质生产力就是通过智能化的流水线，优化每一个环节，减少浪费，实现了高效率的同时还能保证员工的休息时间。

　　在资源利用方面，传统生产力就像是用木柴生火做饭，虽然能吃上热乎饭，但浪费了不少木材。新质生产力则像是使用太阳能炉灶，既节约能源又环保，它注重资源的高效利用和循环再利用，推动了绿色生产和可持续发展。

　　谈到生产模式，传统生产力好比"大锅饭"，大家吃的都是一样的，而新质生产力则提供了"私房菜"，可以根据每个人的口味定制，支持个性化和定制化生产，快速响应市场变化和消费者需求。

　　在劳动力需求上，传统生产力需要的是肌肉和汗水，而新质生产力则更看重大脑和创意，尤其是对数据分析、系统管理、创新能力的需求。

创新速度也是一个重要的比较点。传统生产力的创新就像是手工编织一张新的网，而新质生产力的创新则像是用3D打印机代替手工编织，速度快得惊人。

在市场适应性方面，传统生产力调整生产方向和规模就像是大船调头，缓慢而费力，而新质生产力则像是敏捷的快艇，能够快速捕捉市场信息，及时调整生产策略。

组织结构的差异也很有趣，传统生产力的组织结构就像是金字塔，而新质生产力则像是一个扁平的网络，决策迅速，响应灵活。

在风险管理上，传统生产力可能还在用纸笔记录，而新质生产力则是利用数据分析和预测模型，科学管理风险。

最后，我们来看看客户关系管理。传统生产力的客户关系管理通过传统渠道与客户沟通，而新质生产力则是实时的社交媒体互动，通过数据分析和个性化服务，更主动地了解和满足客户需求。

通过这些有趣的比喻，我们可以看到新质生产力与传统生产力之间的差异不仅仅是技术层面的，新质生产力在生产效率、资源利用、市场适应性等多个方面都有显著的提升。随着技术的不断进步，新质生产力的优势将更加明显，对经济社会发展的贡献也将进一步增强。这就像是我们从蒸汽时代进入了数字时代，每一个生产环节都充满了智能和创新的火花。

二、产业的风云：探索新质生产力的竞争优势

对于产业结构，传统生产力，像一位经验丰富的老将，其主战场是重工业、制造业和农业；其策略是规模化生产和低成本竞争，就像一位精于布局、步步为营的棋手。然而，新质生产力，像一位充满活力的新秀，其舞台是服务业、高科技产业和知识密集型产业；其策略是创新、品牌和高附加值，就像一位敢于冒险、善于创新的探险家。举个例子，传统的汽车制造业依赖于大规模的生产线和物理资源，而新兴的电动汽车产业则依赖于先进的电池技术、智能化的生产方式和环保的理念。

对于竞争优势，传统生产力依靠的是低成本劳动力、大规模生产能力和价格竞争。就像一位拥有强大体力的运动员，通过持久的耐力赛跑来获得优势。而新质生产力的优势则来自于技术创新、品牌影响力、知识产权、客户服务和供应链管理。就像一位全能的运动员，通过多项技能和策略来赢得比赛。以手

机产业为例，传统的功能手机依赖于低成本和大规模生产，而现代的智能手机则依赖于创新的设计、强大的品牌影响力和优质的客户服务。

对于创新能力，传统生产力的步伐相对较慢，更像一位稳健的跑者，坚持自己的节奏，稳步前进。而新质生产力则像一位短跑冠军，能够快速吸收和应用新技术，不断推出新产品，引领市场潮流。例如，传统的电视产业更新换代速度较慢，而新兴的流媒体服务则能够快速适应市场变化，提供个性化的内容服务。

总的来说，新质生产力与传统生产力在产业结构和竞争优势上的差异就像一场新旧交替的比赛。新质生产力，作为新的竞争者，通过技术创新、组织优化和市场定位的转变，实现了产业结构的升级和竞争优势的重塑。而传统生产力，作为经验丰富的老将，需要通过技术创新、产业结构调整和人才培养等措施，提高自身的竞争力，迎接新的挑战。

三、创新之路：新质生产力引领未来的战略路径

在经济发展的大舞台上，新质生产力与传统生产力就像两位主角，各自演绎着各自的故事。二者有着共同的目标：推动经济增长和提高生产效率。但是，它们选择的道路和策略却大相径庭。

在发展路径上，无论是新质生产力还是传统生产力，它们都依赖于技术的应用来提升生产力。就像一个熟练的厨师，无论他使用传统的火炉还是现代的电磁炉，他的目标都是烹饪出美味的菜肴。同样，无论是新质生产力还是传统生产力，它们都需要对市场需求做出响应，以满足消费者的需求和期望。然而，当我们深入探究它们的发展路径时，就会发现它们的差异。传统生产力，就像一辆马车，依赖于资源的大量投入和规模扩张，走的是量的扩张道路。而新质生产力，则像一辆跑车，侧重于通过技术创新和流程优化，实现质的提升和效率的改进。例如，传统的汽车制造商可能依赖于大规模的生产线和大量的劳动力来生产汽车。而具备新质生产力特质的汽车制造商，则通过引入先进的自动化设备和人工智能技术，提高生产效率，减少人力成本。

在战略导向上，传统生产力和新质生产力的差异也十分明显。传统生产力的战略导向可能更侧重于成本领先和价格竞争，通过规模经济来获取市场份额。而新质生产力的战略导向更侧重于创新驱动和差异化竞争，通过提供独特的产品或服务来获得市场优势。以手机市场为例，传统的手机制造商可能依赖于低

成本的零部件和大规模生产来降低价格,吸引消费者。而具备新质生产力特质的公司,通过不断的技术创新和优秀的用户体验,赢得消费者的青睐。

总体来说,新质生产力与传统生产力在发展路径与战略导向上存在显著差异,新质生产力更注重创新、可持续性和高质量发展,而传统生产力可能更侧重于规模扩张和成本优势。随着全球经济的发展和科技的进步,新质生产力将成为推动未来经济增长的主要动力。所以,下次当你看到一家公司宣布他们正在采用新的技术或创新的业务模式时,你就知道他们可能正在走新质生产力的道路,开启一场全新的经济增长之旅!

第二章 新质生产力与新兴产业

新质生产力作为推动产业升级的核心动力，对于实现经济发展和社会进步具有深远意义。本章将深入探讨新质生产力与新兴产业的紧密耦合关系，从理论层面分析新质生产力在产业升级中的核心作用，并阐述新质生产力推动产业结构优化和转型的具体路径。此外，还将探讨新质生产力推动产业升级的创新驱动策略，以及政策支持与企业实践的互动。同时，结合实际案例，分析新质生产力在新能源、生物科技、智能制造等新兴产业的创新实践，揭示新质生产力对产业升级和社会发展的深远影响。

第一节 新质生产力与产业升级的紧密耦合

新质生产力在产业升级中发挥着核心作用。本节我们将从新质生产力推动产业升级的现象、作用以及国内产业升级案例三个方面展开论述，剖析新质生产力对产业升级的影响。

一、产业蜕变：新质生产力成为产业升级的核心动力

1. 新质生产力推动下的产业升级现象

在当今时代，产业升级已经成为各国经济发展的重要议题。产业升级意味着通过技术创新、模式创新等手段，提高产业的附加值、生产效率和市场竞争力。在这一过程中，新质生产力发挥了至关重要的作用，它凭借独特的优势，

推动着产业的蜕变和升级。

新质生产力是指那些基于新知识、新技术、新模式的生产能力，它们具有高效、智能、环保等特点。在产业升级中，新质生产力通过引入先进的技术和管理模式，提高生产效率，降低成本，提升产品质量，从而推动整个产业的升级。

以我国的制造业为例。近年来，随着智能制造、工业互联网等新质生产力的快速发展，制造业正经历着前所未有的变革。这些新技术的应用，使得制造业的生产效率得到了显著提升，产品质量也得到了大幅改善。同时，新质生产力还推动了制造业向绿色、环保的方向发展，降低了能耗和排放，提高了资源的利用效率。

2. 新质生产力在产业升级中的作用

从产业经济学的角度来看，新质生产力在产业升级中发挥着核心作用。产业升级的本质是技术进步和效率提升，而新质生产力正是推动这一进程的关键因素。它通过引入新技术、新工艺和新设备，提高生产效率，降低成本，增加产品附加值，从而推动产业升级，如图 2-1 所示。

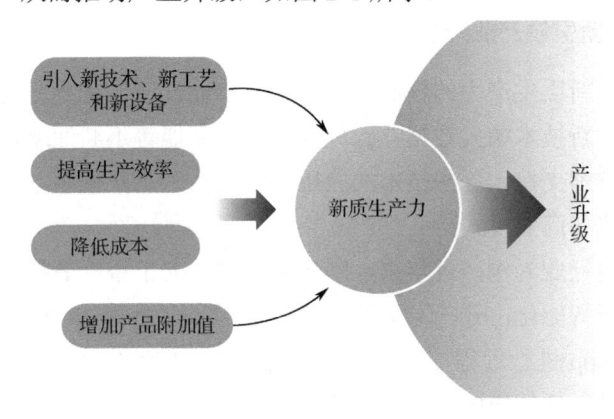

图 2-1 新质生产力对产业升级的作用

此外，新质生产力还具有创新性和先导性，能够引领产业发展的新方向。随着科技的不断进步和市场的不断变化，新质生产力也在不断发展和完善，为产业升级提供源源不断的动力。

3. 国内产业升级案例

以我国的汽车行业为例，随着新能源汽车技术的不断发展，越来越多的汽

新质生产力大变革

车制造商开始将新能源汽车作为未来的发展方向。在这一过程中，新质生产力发挥了关键作用。比如，比亚迪作为我国的新能源汽车制造商，通过引入先进的电池技术、电机技术和电控技术，成功打造了多款具有市场竞争力的新能源汽车产品。这些产品的推出，不仅提高了比亚迪的市场份额和盈利能力，也推动了整个汽车行业的升级和发展。

综上所述，新质生产力已经成为产业升级的核心动力。它通过推动技术创新和模式创新，引领着产业的蜕变和升级。在未来的发展中，我们需要进一步加大对新质生产力的投入和研发力度，推动其不断发展和完善，为产业升级提供更加强大的动力。同时，我们还需要加强政策引导和市场监管，为新质生产力的发展创造更加良好的环境和条件。

二、升级路径：新质生产力引领的产业结构优化与转型

在产业升级的道路上，新质生产力不仅提供了核心动力，还指明了优化与转型的具体路径。这一路径并非一蹴而就，而是一个由多个阶段构成的连续过程，涉及技术革新、产业链重塑以及生态系统构建等多个层面。

1. 技术革新引领产业升级

技术革新是新质生产力的核心要素，也是产业升级的首要驱动力。随着科技的不断进步，新技术如大数据、云计算、人工智能等不断涌现，为产业升级提供了强大的技术支持。这些技术的应用不仅提高了生产效率，还改变了传统产业的生产方式和商业模式。

以国内家电行业为例，近年来，随着物联网、人工智能等技术的引入，传统家电产品逐渐智能化，用户体验得到显著提升。比如，海尔推出的智能冰箱，可以通过手机 App 进行远程控制，实现食物管理、自动生成购物清单等功能，大大提升了用户生活的便捷性。这种技术革新不仅增强了产品的竞争力，也推动了家电行业的产业升级。

2. 产业链重塑与协同发展

新质生产力还通过重塑产业链，推动产业的协同发展。在传统产业链中，各个环节相对独立，缺乏紧密的协同与整合。而在新质生产力的推动下，产业链上下游企业开始加强合作，形成紧密的产业链条。

以国内新能源汽车产业为例，随着电池、电机、电控等核心技术的突破，

新能源汽车产业链逐渐完善。上下游企业围绕核心技术进行协同创新，共同推动产业的发展。比如，宁德时代作为全球领先的电池供应商，与多家汽车制造商展开深度合作，共同研发新型电池技术，提升新能源汽车的续航里程和性能。这种产业链的重塑与协同发展，不仅提高了整个产业的竞争力，也推动了新能源汽车产业的快速崛起。

3. 构建产业生态系统

新质生产力还通过构建产业生态系统，推动产业的全面发展。产业生态系统是一个由多个相关产业、企业、研究机构等组成的复杂网络，各成员之间通过资源共享、协同创新等方式实现共同发展。

以国内互联网产业为例，随着技术的不断进步和市场的日益开放，互联网产业已经形成了一个庞大的生态系统。在这个生态系统中，既有阿里巴巴、腾讯等大型互联网企业，也有众多中小型创新企业和研究机构。这些成员之间通过技术合作、数据共享等方式实现协同发展，共同推动互联网产业的创新和进步。

综上所述，新质生产力通过技术革新、产业链重塑和产业生态系统构建等路径，引领了产业结构的优化与转型。在这个过程中，国内企业积极响应国家产业升级的号召，加强技术创新和协同合作，共同推动产业的持续发展和进步。未来随着新质生产力的不断深入发展，我们期待看到更多产业升级的成功案例和新兴产业的崛起。

第二节　新兴产业的成长轨迹与未来蓝图

新兴产业代表着经济发展的新方向，具有巨大的发展潜力。本节从新兴产业的崛起背景，其内涵、外延及发展现状，以及未来趋势等方面展开论述，深入剖析新兴产业的成长轨迹与未来蓝图，有助于我们更全面地理解新兴产业的发展逻辑，以及其在推动经济和社会进步中的重要作用。

一、产业新篇章：新兴产业的崛起与发展现状

1. 国家战略新兴产业的概念及崛起背景

根据《国务院关于加快培育和发展战略性新兴产业的决定》以及后续的国

新质生产力大变革

家战略性新兴产业发展规划，国家战略性新兴产业是指以重大技术突破和重大发展需求为基础，对经济社会全局和长远发展具有重大引领带动作用，成长潜力大、综合效益好的产业。这些产业主要类别为新一代信息技术、生物技术、新能源、新材料、高端装备、新能源汽车、绿色环保以及航空航天、海洋装备等，如图 2-2 所示。

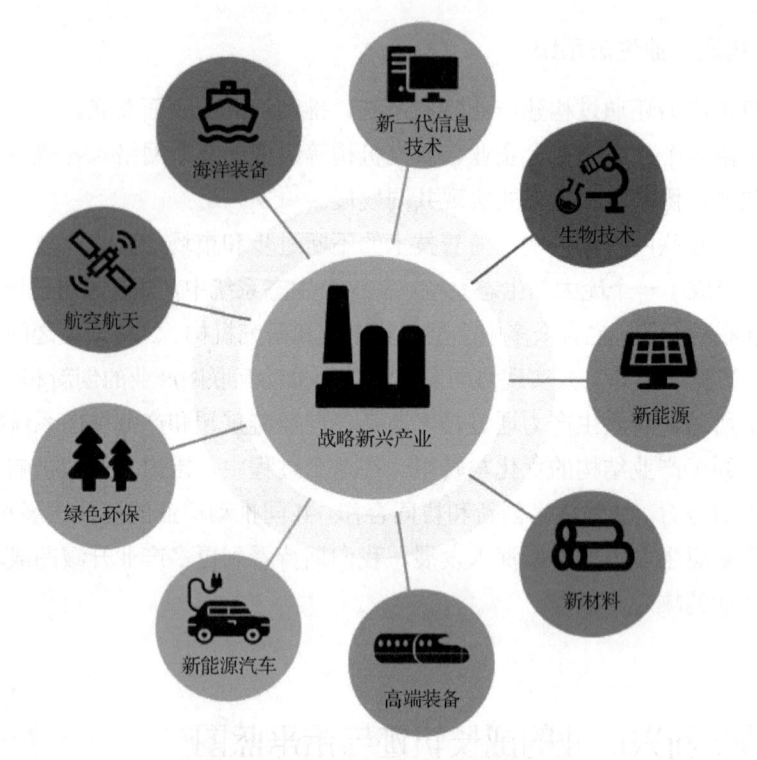

图 2-2 国家战略性新兴产业主要类别

国家战略性新兴产业的崛起，主要得益于全球科技的不断进步、经济结构的深度调整以及国家对于产业升级和可持续发展的迫切需求。特别是在金融危机之后，世界各国都看到了科技创新和产业变革对于经济复苏的重要作用。中国也积极响应这一全球趋势，通过政策扶持和市场引导，大力发展具有战略意义的新兴产业，以期在未来的全球竞争中占据有利地位。

2. 各新兴产业的内涵、外延及发展现状

（1）新一代信息技术产业

内涵：主要包括云计算、大数据、物联网、移动互联网等技术，旨在提高信息处理和传输的效率。

外延：涉及硬件设备、软件开发、信息安全、网络服务等多个领域。

发展现状：近年来，新一代信息技术产业得到了国家层面的大力扶持，国内众多企业纷纷投身其中。例如，我国5G网络的建设和商用已走在世界前列，大数据和云计算技术的应用也日益广泛。

（2）生物技术产业

内涵：利用生物技术对生命体进行研究和应用，包括生物医药、生物农业等。

外延：涉及新药研发、生物育种、生物制造等多个方向。

发展现状：生物医药产业已成为我国新兴产业中的佼佼者，创新药物的研发和上市速度不断加快，生物技术在农业领域的应用也日益广泛。

（3）新能源产业

内涵：主要指可再生能源和清洁能源的开发和利用。

外延：包括太阳能、风能、生物质能等。

发展现状：新能源产业已成为全球能源转型的重要方向，我国在新能源领域的投资和研发力度不断加大，新能源汽车的推广和应用也取得了显著成效。

（4）新材料产业

内涵：指具有优异性能和特殊功能的新型材料。

外延：涵盖高分子材料、纳米材料、复合材料等。

发展现状：新材料产业已成为国家战略性新兴产业的重要组成部分，我国在多个新材料领域都取得了重要突破，为相关产业的发展提供了有力支撑。

（5）高端装备制造产业

内涵：主要指具有高技术含量和高附加值的装备制造产业。

外延：包括航空航天装备、轨道交通装备、智能制造装备等。

发展现状：高端装备制造产业已经得到了国家层面的重点支持，我国在航空航天、高铁等领域取得了举世瞩目的成就。

（6）新能源汽车产业

内涵：主要指采用非常规能源作为动力来源的汽车，如电动汽车、混合动力汽车等。

外延：包括新能源汽车的研发、生产和销售等整个产业链。

发展现状：随着环保意识的提高和政策的扶持，新能源汽车产业得到了快速发展。我国已成为全球最大的新能源汽车市场之一，众多车企纷纷加大在新能源汽车领域的投入和研发力度。

（7）绿色环保产业

内涵：绿色环保产业主要致力于环境保护、资源循环利用和生态修复，包括环保设备制造、污染治理、绿色能源等领域。

外延：涵盖大气治理、水处理、固废处理、环境监测、生态修复等多个细分行业。

发展现状：随着全球环境问题日益严重，绿色环保产业受到了空前的重视。我国政府出台了一系列政策措施，推动绿色环保产业的发展。目前，我国环保产业规模持续扩大，技术水平不断提高，已成为国民经济新的增长点。

（8）航空航天产业

内涵：航空航天产业主要涉及航空航天器的研发、制造、运营及服务，是一个国家科技实力和国防实力的重要体现。

外延：包括飞机、火箭、卫星等航空航天器的设计与制造，以及相关的发射服务、运营管理等。

发展现状：近年来，我国航空航天产业取得了长足进步。国产大飞机C919成功首飞并交付使用，标志着我国在民用航空领域取得了重要突破。同时，我国在航天领域也取得了显著成果，如嫦娥五号月球采样返回任务的成功实施等。

（9）海洋装备产业

内涵：海洋装备产业主要涉及海洋资源开发、海洋环境监测、海洋科学研究等领域所需的各类装备的研发与制造。

外延：涵盖海洋工程装备、海洋监测设备、海洋科学研究仪器等多个方向。

发展现状：随着我国对海洋资源开发的重视和海洋经济的快速发展，海洋装备产业迎来了重要的发展机遇。目前，我国在深海油气开发、海洋环境监测等方面已具备一定的自主研发能力，部分产品已达到国际先进水平。未来，随着我国海洋战略的深入实施，海洋装备产业有望实现更快的发展。

二、趋势前瞻：洞察新兴产业的发展动向与未来趋势

随着科技的不断进步和全球化的深入发展，新兴产业正以前所未有的速度崛起，并展现出巨大的发展潜力。洞察新兴产业的发展动向与未来趋势，对于我们把握时代脉搏、制定合理的发展战略具有重要意义。以下将从多个维度深入剖析新兴产业的未来趋势。

1. 技术革新引领产业升级

（1）人工智能与机器学习。随着人工智能（AI）和机器学习技术的飞速发展，智能化已经成为新兴产业的重要趋势。在制造业中，智能机器人逐渐替代人工进行高精度、高效率的生产作业；在服务业，智能语音助手、智能客服等应用正日益普及。例如，科大讯飞推出的智能语音技术，在语音识别、语音合成等方面达到了业界领先水平，广泛应用于教育、医疗、智能家居等领域。

（2）物联网与 5G 通信。物联网（IoT）技术和 5G 通信的结合，将实现设备间的互联互通和高效数据传输。在智慧城市、智能交通等领域，物联网技术将发挥巨大作用。例如，上海浦东新区通过部署物联网设备，实现了对城市交通、环境监测等方面的智能管理，有效提升了城市运行效率。

2. 绿色可持续发展成为共识

（1）清洁能源。随着全球气候变化问题的日益严峻，清洁能源成为新兴产业的重要发展方向。太阳能、风能等可再生能源的开发利用将进一步加速。例如，中国宁夏的光伏发电项目已经成为全球最大的光伏发电基地之一，不仅为当地居民提供了稳定的电力供应，还带动了相关产业链的发展。

（2）循环经济。循环经济强调资源的最大化利用和废弃物的最小化排放。在新兴产业中，循环经济理念将得到广泛应用。例如，格力电器通过采用先进的环保技术和生产工艺，实现了废旧家电的回收再利用，不仅降低了生产成本，还减少了对环境的污染。

3. 数字化与网络化趋势加速

（1）云计算与大数据。云计算和大数据技术为新兴产业提供了强大的数据处理和分析能力。在电商、金融等领域，云计算和大数据已经成为企业决策的重要依据。阿里巴巴的阿里云作为国内领先的云计算服务提供商，为众多企业提供了稳定、高效的云服务解决方案。

（2）数字创意产业。随着数字技术的不断发展，数字创意产业正逐渐成为新兴产业的重要组成部分。动漫、游戏、影视等领域将迎来更多的创新机遇。例如，腾讯公司推出的《王者荣耀》等游戏产品，不仅在国内市场取得了巨大成功，还走向了国际市场，展现了数字创意产业的巨大潜力。

4．政策支持与市场需求共同推动

（1）政策支持。政府对新兴产业的扶持政策将持续加强。税收优惠、资金扶持、人才培养等方面的政策措施将有助于新兴产业的快速发展。

（2）市场需求驱动。随着人们生活水平的提高和消费观念的转变，市场对新兴产业的需求将不断增长。智能家居、健康医疗、在线教育等领域将迎来更多的市场机遇。例如，小米公司通过推出智能家居系列产品，满足了消费者对智能化生活的需求，赢得了广泛的市场认可。

综上所述，新兴产业的发展动向与未来趋势主要体现在技术革新、绿色可持续发展、数字化与网络化以及政策支持与市场需求等方面。这些趋势将共同推动新兴产业的蓬勃发展，为全球经济注入新的活力。展望未来，这些产业有望继续保持强劲的增长势头，推动经济格局的重塑。

第三节　新质生产力与新兴产业的协同进化

新质生产力与新兴产业之间存在着紧密的协同进化关系。接下来，我们将从新质生产力激发新兴产业活力的方式，以及新兴产业对新质生产力的渴求和推动作用等方面展开论述，剖析两者之间的相互作用关系。

一、动力之源：新质生产力如何激发新兴产业的活力

在新兴产业的成长过程中，新质生产力扮演着至关重要的角色，它是推动新兴产业发展的动力之源。新质生产力以其独特的创新性和高效性，为新兴产业提供了强大的技术支持和增长动力，从而激发出新兴产业的巨大活力。

1．技术革新驱动产业跃进

新质生产力带来的技术革新，是推动新兴产业实现跨越式发展的关键。通过引入新技术、新工艺和新设备，新兴产业得以实现生产效率的显著提升和产品质量的明显改善。这种技术革新不仅优化了生产流程，降低了成本，还增强了产业的市场竞争力。

例如，在新能源领域，随着太阳能电池转换效率的不断提高和储能技术的

突破，光伏发电和储能系统的成本大幅降低，使得清洁能源的应用更加广泛。这不仅推动了新能源产业的快速发展，也对传统能源产业形成了有力的竞争和挑战。

2．优化资源配置提高效率

新质生产力还具有优化资源配置的能力，它可以通过高效的信息处理和决策支持，帮助新兴产业实现资源的优化配置，从而提高生产效率。在互联网+时代，大数据和云计算等技术为新兴产业提供了海量的数据资源和强大的计算能力，使得企业能够更加精准地把握市场需求，从而制定出更加合理的生产策略。

例如，某电商平台通过大数据分析技术，对消费者的购物行为和偏好进行深入挖掘，从而精准地推荐商品和服务。这不仅提高了消费者的购物体验，还提升了企业的销售额。这种基于大数据的精准营销方式，已经成为新兴产业中一种重要的销售策略。

3．创造新的市场需求

新质生产力还可以通过创造新的产品和服务，激发出新的市场需求，从而推动新兴产业的发展。随着科技的进步和消费者需求的多样化，新兴产业需要不断创新，以满足市场的变化。新质生产力以其独特的创新性，为新兴产业提供了源源不断的创新动力。

以新能源汽车为例，随着环保意识的提升，越来越多的消费者开始关注并选择新能源汽车。新能源汽车不仅具有环保节能的优势，还能为消费者提供更加优质的驾驶体验。新能源汽车市场的快速发展，正是新质生产力创造新的市场需求的体现。

综上所述，新质生产力作为新兴产业的动力之源，通过技术革新、优化资源配置和创造新的市场需求等方式，激发了新兴产业的活力。在未来的发展中，新兴产业需要不断创新，以满足消费者的多样化需求，实现新质生产力与新兴产业的协同进化。

二、需求响应：新兴产业对新质生产力的渴求与推动作用

1．新兴产业对新质生产力的渴求

随着科技的飞速发展和全球经济的深度融合，新兴产业如雨后春笋般崭露

新质生产力大变革

头角，它们以独特的创新性和高增长性，引领着经济发展的新潮流。然而，这些新兴产业在迅速崛起的同时，也对生产力提出了更高的要求。这种要求不仅体现在量的增长上，更体现在质的飞跃上，即对新质生产力的渴求。

新兴产业对新质生产力的渴求，首先源于其内在的创新驱动。新兴产业往往以高新技术为基础，追求技术的领先和突破。因此，它们需要更先进、更高效的生产力来支撑其技术的研发和应用。这种新质生产力不仅能够提高生产效率，降低生产成本，还能够推动新兴产业的技术创新和产业升级。

其次，新兴产业对新质生产力的渴求还体现在对市场竞争力的追求上。随着全球化的深入推进，新兴产业面临着更加激烈的市场竞争。为了在竞争中脱颖而出，新兴产业需要不断提升自身的核心竞争力，而新质生产力正是其提升竞争力的重要手段。通过引入新质生产力，新兴产业能够优化生产流程，提高产品质量，从而在市场中占据有利地位。以国内的新能源汽车产业为例，随着环保意识的提高和政府对新能源汽车的大力扶持，新能源汽车市场迎来了前所未有的发展机遇。然而，新能源汽车的制造和销售需要更高效、更环保的生产方式，以适应市场的需求和政府的环保要求。因此，新能源汽车企业对新质生产力的渴求日益强烈，希望通过引入新质生产力来提高生产效率、降低生产成本，并推动新能源汽车技术的创新和突破。

2. 新兴产业对新质生产力的推动作用

新兴产业对新质生产力的渴求不仅促进了新质生产力的应用和发展，还对新质生产力产生了深远的推动作用。这种推动作用主要体现在以下几个方面：

首先，新兴产业的需求推动了新质生产力的技术创新。为了满足新兴产业对高效、智能、环保生产方式的需求，科研机构和企业不断加大对新质生产力的研发和创新力度。他们通过引入新技术、新材料和新工艺等手段，不断优化新质生产力的要素配置和运作效率，使其更好地适应新兴产业的生产需求。

其次，新兴产业的发展也推动了新质生产力的产业化进程。随着新兴产业的快速发展，对新质生产力的需求不断增加，这为新质生产力的产业化提供了广阔的市场空间。越来越多的企业开始涉足新质生产力的研发和生产领域，推动了新质生产力的产业化进程。这种产业化不仅提高了新质生产力的生产效率和质量，还降低了生产成本，进一步促进了新兴产业的发展。

最后，新兴产业对新质生产力的渴求还推动了相关产业链的发展。新兴产业的发展需要完善的产业链支撑，而新质生产力作为产业链的重要环节，其发展和创新也带动了上下游产业的发展。比如，在新能源汽车产业中，新质生产力的引入不仅提高了汽车的生产效率和质量，还推动了电池、电机、电控等核心零部件的研发和生产，从而形成了完整的产业链。

综上所述，新兴产业对新质生产力的渴求与推动作用体现在多个方面。新兴产业的快速发展和对新质生产力的渴求，不仅促进了新质生产力的应用和发展，还推动了新质生产力的技术创新、产业化和产业链的发展。这种推动作用不仅为新兴产业的发展注入了新的动力，也为经济的持续增长和社会的全面进步做出了重要贡献。以华为、比亚迪等国内领军企业为例，它们在新兴产业领域的布局和发展，不仅推动了新质生产力的创新和应用，还为企业自身和整个行业的发展带来了可观的经济效益和社会效益。

因此，探索新质生产力与新兴产业的共融发展路径尤为重要。首先，需要在发展理念上达成一致；其次，要加强技术创新与产业应用的深度融合；再次，要构建互补共生的产业生态系统；最后，要营造有利于融合发展的政策环境。如图 2-3 所示，通过理念融合、技术融合、产业融合和政策融合等多方面的努力，我们可以有效推动新质生产力与新兴产业的深度融合和共同发展。这将为经济社会的持续进步注入新的活力，推动国家产业结构的优化和升级。

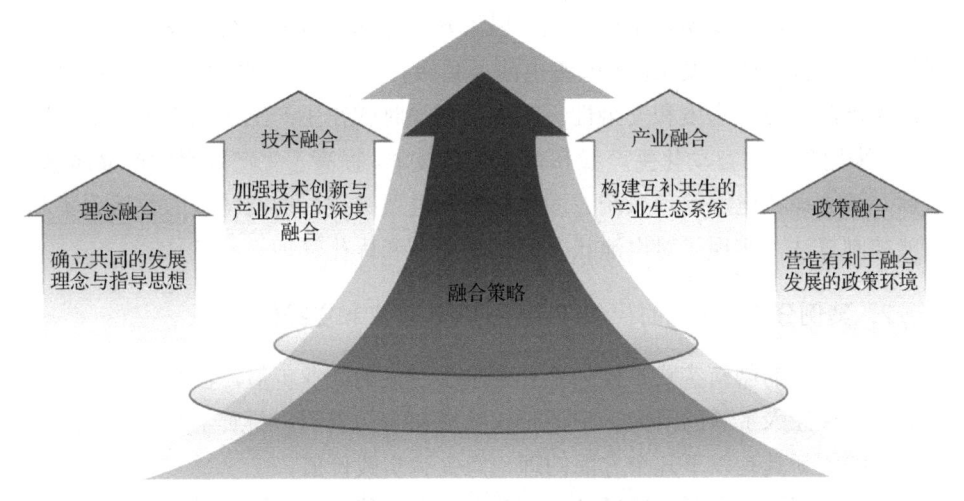

图 2-3　新质生产力与新兴产业的融合发展路径

第四节　案例分析：新质生产力在新兴产业的实践探索

在深入理解新质生产力与新兴产业的理论关系之后，本节将重点分析新质生产力在新兴产业的实践探索。我们将选取具有代表性的新兴产业案例，如新能源和生物科技，深入剖析新质生产力在这些产业中的具体应用和影响。

一、绿色动力：新质生产力在新能源产业的创新实践

随着全球能源结构的转变和可持续发展理念的深入人心，新能源产业已成为当今时代最具代表性和前景的新兴产业之一。在这个领域，新质生产力以其独特的创新能力和技术优势，正在推动新能源产业的快速发展。

1. 案例选取：宁德时代与新能源电池技术的创新实践

宁德时代，作为中国乃至全球领先的新能源电池制造商，其成功正是新质生产力在新能源产业中创新实践的一个缩影。该公司通过持续的技术研发和创新，成功开发出具有高能量密度、长寿命和低成本等优点的动力电池，为全球新能源汽车的普及和发展提供了强有力的支持。

宁德时代的创新实践主要体现在以下几个方面：首先，公司投入巨资进行新材料和新技术的研发，通过改进电池正负极材料、电解液和隔膜等关键部件，提高了电池的能量密度和安全性。其次，宁德时代在生产工艺上也进行了大胆创新，采用先进的自动化生产线和智能制造技术，提高了生产效率和产品质量。最后，该公司在电池管理系统方面也取得了重要突破，通过精确的数据采集和智能控制算法，实现了对电池状态的实时监测和优化管理。

2. 案例分析：宁德时代创新实践的理论意义和实践价值

宁德时代的创新实践不仅为企业带来了巨大的商业价值，也为中国新能源产业的发展注入了新的活力。宁德时代的成功案例表明，新质生产力在新能源产业中的创新具有以下几个方面的理论意义和实践价值。

（1）创新驱动发展。通过技术创新和研发，能够不断推动新能源产业的技术进步和升级。这种创新驱动的发展模式，不仅提高了企业的核心竞争力，也为整个产业的可持续发展提供了动力。

（2）产业链协同。新质生产力在新能源产业中的创新实践，促进了产业链上下游企业的紧密合作和协同发展。以宁德时代为例，其成功不仅带动了上游原材料供应商的发展，也为下游新能源汽车制造商提供了优质的动力电池产品。

（3）绿色发展理念。新质生产力在新能源产业中的创新实践，体现了绿色发展的理念。通过研发和应用清洁能源技术，减少了对化石能源的依赖，降低了环境污染和碳排放，为实现可持续发展目标做出了积极贡献。

（4）国际竞争力提升。新质生产力在新能源产业中的创新实践，提高了中国企业在国际市场上的竞争力。以宁德时代为代表的中国新能源企业，凭借先进的技术和产品，正在逐步占据国际市场份额，展现了中国新能源产业的实力和潜力。

综上所述，新质生产力在新能源产业中的创新实践是推动产业发展和实现可持续发展的重要途径。通过技术创新、产业链协同、绿色发展理念和提升国际竞争力等方面的努力，我们可以期待新质生产力在新能源产业中发挥出更大的作用，为全球能源结构的转型和可持续发展做出更大的贡献。

二、生命科技：新质生产力在生物科技产业的影响力分析

生物科技产业作为 21 世纪最具发展潜力的新兴产业之一，正受到全球范围内的广泛关注。在这个领域，新质生产力以其强大的创新能力和技术推动力，正在对生物科技产业产生深远的影响。以下是一个关于新质生产力在生物科技产业中发挥影响力的国内案例分析。

1. 案例选取：华大基因与基因测序技术的创新应用

华大基因，作为中国领先的基因组学研究机构之一，其成功正是新质生产力在生物科技产业中发挥影响力的一个典型案例。该公司通过持续的科研投入和技术创新，成功将先进的基因测序技术应用于多个领域，包括医疗健康、农业育种、生态环境等，为人类社会的发展做出了重要贡献。

华大基因的创新实践主要体现在以下几个方面：首先，公司投入大量资源进行基因测序技术的研发和优化，提高了测序的准确性和效率。其次，华大基因将先进的基因测序技术应用于医疗健康领域，为疾病的预防、诊断和治疗提供了全新的手段。此外，该公司还积极拓展基因测序技术在农业育种和生态环境等领域的应用，推动了相关产业的快速发展。

2. 案例分析：华大基因成功案例的理论意义和实践价值

华大基因的成功案例表明，新质生产力在生物科技产业中的创新具有以下几个方面的理论意义和实践价值。

（1）技术革命引领产业升级。新质生产力通过技术创新和研发，推动了生物科技产业的技术革命。以华大基因为例，其先进的基因测序技术不仅提高了医疗健康领域的诊疗水平，还为农业育种和生态环境等领域带来了前所未有的发展机遇。

（2）跨界融合拓展应用领域。新质生产力在生物科技产业中的影响还体现在跨界融合上。华大基因通过将基因测序技术与医疗健康、农业育种等多个领域相结合，拓展了生物科技产业的应用范围，为相关产业的发展注入了新的活力。

（3）个性化医疗的实现。新质生产力推动了生物科技产业向个性化医疗方向的发展。华大基因利用基因测序技术，可以为每个患者提供精准的诊疗方案，实现了医疗的个性化和精准化。

（4）产业链条的完善与协同。新质生产力在生物科技产业中的影响力还体现在产业链条的完善与协同上。以华大基因为核心的生物科技产业链，涵盖了科研、技术开发、生产制造、服务等多个环节，实现了产业链的协同发展和优化。

综上所述，新质生产力在生物科技产业中的影响是深远的。通过技术革命、跨界融合、个性化医疗的实现以及产业链条的完善与协同等方面的努力，我们可以期待新质生产力在生物科技产业中发挥出更大的作用，为人类社会的发展做出更大的贡献。同时，这也需要政府、企业和社会各界共同努力，加强合作与交流，推动生物科技产业的持续创新和快速发展。

第三章
从未来产业洞察新质生产力

未来产业，作为创新和技术的先锋，正日益成为推动新质生产力生成的关键力量。随着科技的飞速发展，尤其是人工智能、大数据、物联网和生物科技等领域的突破，未来产业不仅在塑造着新的经济增长模式，也在重新定义生产力的内涵和外延。

首先，未来产业通过技术创新直接推动了新质生产力的形成。例如，人工智能的应用使得生产过程更加智能化，提高了生产效率和产品质量，降低了成本。自动化和智能化的生产线不仅极大提升了产能，还减少了人为错误，增强了生产的可靠性和稳定性。这样的技术进步，为新质生产力的提升奠定了坚实的基础。其次，未来产业的融合发展促进了跨界创新，为新质生产力的生成提供了丰富的土壤。例如，传统制造业通过与互联网、大数据等技术的深度融合，形成了智能制造、服务型制造等新模式，这些新模式不仅提升了制造业的附加值，也推动了产业链的优化和升级。再次，未来产业的快速发展催生了新的产业生态，为新质生产力的成长提供了广阔的平台。新兴产业如共享经济、绿色能源等，不仅在创造新的就业机会，也在推动经济结构的转型升级。这些新兴产业的发展，为新质生产力的培育和壮大提供了新的机遇和挑战。

综上所述，未来产业不仅是经济增长的新引擎，更是新质生产力的孵化器。它通过技术创新、产业融合和新生态构建，不断推动生产力的革命性变革。因此，积极拥抱未来产业，加快科技创新和产业升级，对于培育新质生产力，实现经济持续健康发展具有重要意义。

新质生产力大变革

第一节 揭秘未来产业

随着电子信息技术的普及，新一轮科技革命即将到来。新一轮科技革命最可能发生在智能制造技术、信息技术、生物技术、新能源技术、新材料技术等交叉融合的"未来技术"领域，旨在探索研发着眼于未来的，能够重塑人类生活、工业生产、商业消费模式乃至推动全球经济革命性进步的技术，而这些未来技术的发展必将催生新业态、新模式，并形成产业链条，展现广阔前景。

一、何为未来产业：未来产业的内涵与特征

未来产业是以尖端科技为引擎的新兴产业，它们尚处于探索起步或初步商业化阶段，具备显著的前瞻性、革新性、不确定性和战略价值，将有力地支撑国家经济并激发巨大的增长潜力。在新一轮科技革命和产业变革的推动下，全球颠覆性科技创新成果不断涌现，未来产业已成为世界主要国家重点布局的战略领域。

未来产业具有以下重要特征：

（1）前沿性。未来产业的核心驱动力在于创新，科学技术的主导与应用构成了其坚实的基础，技术的瞬息万变和不断提升构成了产业演进的源泉。与传统行业形成鲜明对比，未来产业依赖于尖端技术的基石，这些先进技术对既有的成熟技术产生革命性的冲击。随着商业化的推进和产业化的深化，前沿技术不断重塑生产模式，提升生产效率。此外，各领域的尖端科技因市场需求和产业演进而跨越界限，相互融合，以更高效的方式应对现实挑战，满足人类日益多元化的诉求。

（2）成长性。技术革新的前沿与核心地位预示着未来的产业革命将以全新的方式重塑生产与消费的基本框架，通过前所未有的效能和成本优势，推动性能卓越且用户体验超凡的产品和服务的诞生。特别是在那些关乎国家命脉和个人福祉的关键领域，新技术将更精准地对接人类对未来发展基石的需求。每一次技术飞跃都会催生出蕴含巨量潜能且增长势头强劲的市场空白地带。新兴产业，其知识密集与技术创新的本质，赋予了其更高的经济价值。随着社会经济的稳步前行，这一特性将进一步强化新兴产业的强劲成长动力。

（3）外部性。未来的行业革新往往植根于核心的基础科学研究，具备广泛的适用性和强劲的发展潜力。随着关键技术的前沿探索不断取得突破，相关应用研究和技术开发的不断深入，这些行业将塑造出一个错综复杂的创新生态系统和产品架构。科技与产业的深度交融促使产业链条在横向和纵向双向扩展，逐渐构筑起一个多层面的产业格局。在这个体系中，未来产业以其在创新生态的核心角色，引领着产业网络内的其他参与者实现协同进步。因此，新兴的未来行业通过内外部的技术扩散，自然而然地构建了一个以尖端技术为基石的共享平台，产生了显著的外部增长效应。

（4）战略性。科技较量是全球争霸的关键，而其核心则体现在产业领域的角逐。因此，未来的行业不仅承载着增强国家竞争力的重任，还要力争在科技和产业的巅峰占据一席之地。鉴于科技进步的多元性和早期介入的优势，未来产业的发展能够推动关键技术的革新，主导相关规范的设立，通过产业化策略在国际舞台上抢占先机，掌握战略主动性，巩固并增强竞争优势。未来产业的战略意义在于，它们将从根本上重塑各国的工业地位，改革国际分工体系，并提升国家在全球议程中的影响力。

（5）风险性。未来产业通常在产业发展序列的初期阶段，需长时间的孕育才能发展为关键产业和主导力量。在新技术颠覆传统技术，推动产业交替的进程中，常遭遇市场构建、法规制约及结构优化等多重难题，这使得未来产业的成长充满了未知和风险。政府的产业政策能够助力新兴行业的加速成型，减轻新旧技术转换期间的市场障碍。不过，创新行为固有的不可预测性暗示着，政府在支持前瞻性产业，特别是在选择重点发展方向时，可能会产生新的政策风险。

二、发展格局：未来产业的发展现状

"未来产业"的概念在2018年《杭州市人民政府关于加快推动杭州未来产业发展的指导意见》中被提出，该文件强调未来产业是推动创新型经济发展、谋求竞争新优势的重要战略方向，是优化完善产业体系、促进经济提质增效的重要举措。特别提出要大力发展人工智能、量子技术、虚拟现实、区块链、增材制造、商用航空航天等前沿领域。在《中华人民共和国国民经济和社会发展第十四个五年规划和2035年远景目标纲要》里，也提出了相似的前瞻性策略：在类脑智能、量子信息、基因技术、未来网络、深海空天开发、氢能与储能等前沿科技和产业革命领域，组织实施未来产业孵化与加速计划，谋划布局一批

新质生产力大变革

未来产业。

以安徽省未来产业发展现状为例。据安徽省科技厅报道,近年来,安徽深入学习贯彻习近平总书记关于科技自立自强的战略部署,认真落实科技创新在引领经济社会发展和提升大国综合实力中的关键作用,充分发挥世界领先的大科学装置和顶尖高校、科研院所、龙头企业的科技创新策源能力,加强"政产学研用金"六位一体融合发展,着力打造未来产业发展生态圈,提出实施"4+N"未来产业培育工程计划,前瞻布局量子科技、人工智能、未来能源、生物医药等未来产业,着力打造世界量子中心、科大硅谷、中国声谷、蚌埠传感谷等未来产业名片,培育未来产业创新主体,积极抢占未来产业发展先机。

1. 打造"源头创新-技术开发-成果转化-产业集聚"的量子信息未来产业生态圈

依托国家实验室量子信息基础研究优势资源,借助中国科学技术大学量子信息技术科研团队的带动辐射作用,量子信息源头成果持续涌现,量子信息成果转化卓有成效。在源头创新方面,率先实现地面跨度4600公里的星地一体的大范围、多用户量子密钥分发,已成功执行500公里级别的实地无中继光纤量子密钥分发任务,创建了拥有76个光子的量子计算机原型机"九章",如图3-1所示,并且研制出全球最多的62量子比特超导计算机模型"祖冲之号"。在成果转化方面,设立了总规模100亿元的量子科学产业发展基金。截至2020年底,在量子信息产业的专利申请量已经突破450项,位列全国第一;有关企业牵头或参与了国内首批量子通信行业标准制定。目前,安徽已集聚了一批以国盾量子、国仪量子、本源量子、问天量子等为代表的量子企业,约占全国量子企业总量的三分之一。合肥量子城域网、"京沪干线"总控中心等示范应用项目均已建成,量子信息未来产业雏形显现。

2. 打造从基础设施、技术、产品到应用的人工智能未来产业生态圈

发挥中国科学技术大学等科研资源优势,依托语音及语言信息处理、类脑智能技术及应用国家工程实验室等研发平台,成功创建合肥国家新一代人工智能创新发展试验区,集聚了以科大讯飞为代表的数百家上下游相关企业。在基础层方面,依托科大讯飞建设的智能语音国家人工智能开放创新平台,已聚集开发者团队194万,累计覆盖终端用户数达31.5亿。在关键核心技术支撑方面,还拥有中科类脑、华米科技等优势企业,"中国声谷"集聚了千家人工智能企业,产值超千亿，核心技术优势明显。在应用场景方面，安徽智能机器人产业处于全国第一梯队，形成了合肥、芜湖、马鞍山等产业集聚区，主营业务收入超200亿元。江淮、奇瑞、蔚来汽车等在智能网联汽车方面持续发力。华米科技智能穿戴设备拥有全球领先的智能穿戴技术。科大讯飞发布的"顺风耳"图聆工业云平台入选工信部"特色专业型工业互联网平台"，已在智慧教育、智慧医疗、智慧城市、智慧司法等领域进行布局突破。

图 3-1　量子计算机原型机"九章"光量子干涉实物图

3. 打造以先进核能为代表的未来能源产业生态圈

安徽充分发挥世界领先的大科学装置优势，在核聚变技术研究等未来科技前沿方向取得重要突破，技术水平位居全球先进行列。全超导托卡马克装置（EAST）致力于解决 ITER 及未来聚变堆高性能稳态运行相关的关键物理和工程问题，将为中国未来聚变实验堆的设计和运行提供重要的依据，位列未来能源研究前沿。2021 年 5 月 28 日，EAST（见图 3-2）实现可重复的 1.2 亿摄氏度 101 秒和 1.6 亿摄氏度 20 秒等离子体运行，再次创造新的世界纪录。以全超导托卡马克、聚变堆主机关键系统综合研究设施等装置和合肥综合性国家科学中心能源研究院为先导，以阳光电源、通威太阳能、江淮大众新能源汽车、蔚来汽车、国轩高科等科技企业为主体，安徽正围绕新型能源、新型储能、新能源汽车等产业领域，加快推进氢能制备和存储、太阳能和风能高效利用、先进核能、新能源电池等产业化进程。同时，围绕"碳达峰、碳中和"等国家战略

新质生产力大变革

目标和未来能源高效利用的社会需求,把握能源供应清洁化、低碳化、数字化、智能化趋势,积极推进规模化储能、碳捕集利用与封存等科技发展与应用。

图 3-2 全超导托卡马克装置(EAST)

4. 打造以精准医疗、基因编辑、创新药研制、新型医疗器械等为重点的生物医药未来产业生态圈

安徽把精准医疗、基因编辑、创新药研制、新型医疗器械等未来生物医药科技发展作为重点方向,基本形成以原料药及中间体、化学药、中药及中成药生产为基础,以生物药、医疗器械为培育对象,以细胞和基因治疗、医疗人工智能、脑科学与类脑科学为前瞻布局,以医药流通和医药外包服务为协同的生物医药产业体系。已培育集聚了环球药业、丰原涂山等化学原料药及中间体重点企业,安科生物、天麦生物、智飞龙科马等生物药创新研发生产企业,济人药业、华佗国药、九方制药等中药生产制造企业,欧普康视、伊普诺康、美亚光电等医疗器械研发生产企业。这些企业在靶向医药、免疫细胞治疗、基因检测、再生医学与干细胞治疗等领域取得了积极进展,在超导质子治疗系统、干细胞技术、高端医疗器械等领域取得巨大进步,引领生物医药未来产业发展新方向。如利用超导技术与回旋加速器技术成功研发世界先进紧凑型医用超导质子治疗系统,实现了国产 SC200 质子治疗癌症装备的规模化应用。

目前，科技革命和产业转型正在快速推进，新的前沿技术和颠覆性技术层出不穷，科技与产业的融合日益深化，开创了元宇宙、人形机器人、脑-机接口、量子信息等新兴产业领域。发展未来产业已成为驱动科技进步、推动产业升级、开拓新领域、塑造新型生产力量的关键策略。我国拥有完整的工业体系、庞大的产业规模以及丰富的应用场景，为未来产业的发展提供了肥沃的土壤。多个省（自治区、直辖市）已着手培育未来产业，如北京、上海、江苏、浙江等地已发布相关政策文件。同时，我国还积极参与全球科技合作与交流，引进并吸取国际先进的技术和经验。尽管如此，我国在发展未来产业的过程中仍存在缺乏全局规划和核心技术基础不稳固等问题，我国在未来产业的发展上还面临诸多挑战。一是技术创新能力不足，部分核心技术仍依赖进口；二是产业生态系统尚不完善，跨领域、跨行业的合作机制还需进一步加强；三是市场培育风险防控机制尚不健全，需要进一步完善相关政策法规和市场环境。

三、展望明天：未来产业在全球经济中的地位

未来产业的兴起与发展将改变全球产业布局，推动各国经济结构升级和转型，为全球经济增长注入新活力。未来产业将会催生更新的商业模式并彻底改变传统的商业模式，进而创造新的就业机会和经济增长点。同时，未来产业也会伴随着效率提升和成本降低，进一步推动全球经济的变革性发展。

未来产业对国际贸易的影响体现在如下三个方面：

（1）促进国际贸易增长。未来产业的发展将推动高精尖科技型跨国公司的兴起和国际投资的加速，带动国际贸易的增长。

（2）推动技术交流。未来产业将会促进国际技术的深度交流与合作，加速全球科技创新的步伐，使各国都能受益良多。

（3）改变国际经济秩序。未来产业的崛起必将改变传统的国际经济秩序，使得新兴经济体在全球舞台上占据越来越活跃的位置，发挥越来越重要的作用。

第二节 未来产业——新质生产力的试金石

未来产业版图充满了无限可能，国家层面的战略蓝图已经明确指引了前行的方向。"十四五"规划强调了对前沿科技领域的投资和对一系列前瞻性产业的

新质生产力大变革

布局。紧接着,中央经济工作会议进一步拓宽了视角,倡导探索量子科技与生命科学等新兴领域的全新赛道。《工业和信息化部等七部门关于推动未来产业创新发展的实施意见》明确了六大关键领域:未来制造业、信息革命、新型材料、清洁能源转型、空间科技拓展以及健康科技的未来发展导向。

这些领域的发展路径,正是在全球科技创新浪潮与我国独特发展条件的交织中,构建出的未来产业发展战略框架。它既反映了国际科技竞争的新格局,也充分挖掘了我国本土的技术优势和市场潜力,有助于我们行之有效地提升新质生产力。

一、人工智能:大数据模型驱动下的人工智能平台

人工智能作为新一波科技革命与产业变革的重要战略性技术,其辐射带动作用极强,形成了"头雁"效应,在我国经济社会发展中占有重要地位。近年来,我国人工智能技术取得了长足发展,在安防、金融等领域的应用较为成熟。在农业、制造业等实体经济领域,人工智能应用尚处于起步阶段,还未孕育出成熟的商业模式,这也意味着人工智能在促进实体经济发展方面具有较大潜力。在制造业领域,人工智能正在逐步融入产品设计、生产、销售、售后服务等环节,技术成熟度不断提升。生成式人工智能是近年来人工智能发展的一个重要方向,主要是通过数据挖掘寻找规律并适当泛化,从而生成相关的文字、图像、音频等内容。以 ChatGPT 为代表的大语言模型正是生成式人工智能商业化应用的方向之一。

人工智能科技领域实现了重大进展。我国在人工智能研究与开发方面展现出强大的产出能力,期刊论文发表数量长期位居全球首位,顶级会议论文产出不断逼近美国,专利申请量占全球的 50% 以上。在人工智能理论、算法、框架、芯片等领域构建起体系化研发能力,类脑智能、量子计算等前沿领域取得一批原创性成果。语音识别、图像识别、视频分析、文本分析等关键技术世界领先。"DeepSeep""文心一言""悟道 3.0""盘古"等大型预训练模型的参数规模和综合性能达到国际先进水平。"GR-1"、"CyberOne(铁大)"、人形机器人等新智能形态加速涌现。"飞桨(PaddlePaddle)""思昇(MindSpore)"等国产开发框架用户规模不断扩大,"昇腾""昆仑芯"等人工智能芯片填补国内市场空白。我国研究团队设计制造的硅光人工智能芯片如图 3-3 所示。

图 3-3　我国研究团队设计制造的硅光人工智能芯片

人工智能的创新生态系统日臻完善。专业化的创新平台和众创空间如雨后春笋般涌现，建立起了促进科技成果转换和创业孵化的网络系统。社会资本对人工智能核心技术研发和初创企业的投资力度逐年加大，为人工智能创业开辟更多融资渠道，人工智能风险投资大幅增加，占全球比重从2013年的不到5%增长至2022年的25%，跃居世界第二。基于国产软硬件的加速库、算子库、工具链等逐步丰富完善，涵盖硬件、软件、算法、模型和应用的开源开放体系正在形成。国际化科研环境日趋完备，学术交流与合作愈发紧密，对全球头部人工智能企业和创新资源的吸引力不断增强。法律法规和伦理治理规范逐步完善，有利于人工智能科技创新和健康发展的环境加快构建。

多层次人工智能人才队伍持续壮大。我国人工智能学者数量由2018年的2.2万人增至2022年的4.5万人，在全球占比由2013年的24.36%增至2022年的31.33%。人工智能人才自主培养体系愈合完善，截至2022年年底，全国共有498所高校设置人工智能本科专业、人工智能技术应用专业，一批高校新增人工智能博士学位交叉学科和"人工智能+X"复合专业，近几年培养人工智能硕士生上万名。对人才的吸引力持续升高，众多世界级人工智能专家和顶级团队选择回国发展，为国内人工智能领域注入强大动力。

二、生物制造：赋能未来健康，加速突破生物科技瓶颈

生物制造被认为具有引领"第四次工业革命"的潜力，市场规模将达到万亿级别，是世界各国竞争的热点。中国也把生物制造列为重点发展的未来产业，是提升新质生产力的重要手段之一。2024年政府工作报告提出，"积极打造生物制造、商业航天、低空经济等新增长引擎"。生物制造、生命科学、低空经济等是政府工作报告首次提到的行业。

生物制造是一种全新的"造物"技术，融合了生物学、化学、工程学等多种技术，以可再生生物质为原料，以生物体作为生产介质，旨在利用廉价原料，以菌种、细胞、酶为制造工厂，规模化发酵获得目标产品，具有清洁、高效、可再生等特点。乙肝疫苗、胰岛素、玻尿酸、胶原蛋白、燃料乙醇等等，都是利用生物制造技术生产出来的产品。生物工业一旦可以落地复制，会产生巨大的经济效应。例如，莫德纳（Moderna）一家公司，短短两年内对疫苗行业的颠覆，创造了至少上百亿美元的经济回报。制药、化工、食品、农业……都是万亿级别的规模，只要一个应用找到了规模化可复制的路径，就会在很短时间内颠覆极大的市场结构。生物制造一旦达到计算机行业的发达程度，等于人类可以直接对现实物理世界进行编程，将会出现什么样的市场，是难以想象的。因此，生物产业被提升到了国家安全的层面。

生物制造有巨大的产业吸引力，生物制造在国际上的地位越来越重要。目前全世界已有超过20个国家制定了关于工业生物技术的国家发展战略。美国、欧盟等布局实施了"生命铸造厂"和"微生物细胞工厂"等行动计划。国外大型公司均投入大量人力和高额资金构建先进的菌种创制研发平台，打造核心菌种竞争优势。例如美国杜邦公司历时12年、投入4亿美元，成功突破了"1,3-丙二醇"的核心生产菌株，彻底颠覆了传统石化合成路线，至今垄断全球。日本味之素公司专门建立1700人的大规模研发队伍，年投入研发经费3亿美元，在氨基酸等核心菌种的技术水平长期保持国际领先优势。欧洲《工业生物技术2025远景规划》提出，至2025年，预计生物能源将替换化石能源的20%份额，而化工原料的替代率将达到6%~12%，且精细化学品的替代率不少于30%。进一步到2030年，计划可再生资源在整体化学生产原料中的占比提升至30%，在高价值化学品和聚合物中占据50%，大宗化学品占比10%，以及在运输能源领域达到25%的比重。根据美国的生物质技术路线图，到2030年，生物基产

品将覆盖25%的有机化学品市场，并取代20%的化石燃料。2024年3月23日，美国政府发布了《美国生物技术和生物制造的明确目标》报告，设定了新的具体目标和重点任务，旨在推动美国在生物技术和生物制造业的发展。

生物制造是促进传统产业绿色转型升级，提升工业制造竞争力的重要途径。生物制造具备原料可持续、生产过程环保高效的特性，能够从源头上转变化工、医药、能源、轻工等传统产业对化石燃料的严重依赖，以及其高污染、高排放的生产方式。通过生物技术的介导，能够促进产业的转型、升级及新业态的出现。生物制造技术可以赋能各行业的绿色转型升级，包括化学品、材料、食品、医药、营养保健、农业、环境等。化工行业可持续发展面临结构性制约，主要包括原料受限高、过程污染大、高端产品少，需要新的原料路线和绿色工艺，生物制造技术可助力化工行业绿色转型。

三、未来能源：构建全链条未来能源装备体系

创新驱动新能源高质量发展，构建能源新质生产力是保障国家能源安全的迫切需要。鉴于我国丰富的煤炭资源、有限的石油和稀缺的天然气条件，能源领域正遭遇需求紧迫、供应约束多、环保低碳转型艰巨的多重难题。要以科技创新推进新能源高质量发展，构建清洁低碳安全高效的新型未来能源体系。

经过不懈努力和技术创新，中国的多种可再生能源技术及设备制造能力已位居世界前列，构建起了全球规模最大的清洁电力网络。新能源汽车、锂离子电池和光伏产品的国际市场地位稳固，展现了强大的竞争优势。

1. 建设新型能源体系

2023年度的中央经济工作会议强调了构建创新性能源架构的重要性，同时提倡能源资源的高效节约和循环利用，以强化能源资源的安全保障。在新型能源体系的构建中，中国正大力推进核能、氢能及生物质能的开发。

据《中国核能发展报告2024》蓝皮书披露，2023年中国启动了5座新的核电站建设，核电工程投资总额达到949亿元，创下近5年来的新高。至2023年底，中国在建的核电站有26座，总装机容量达3030万千瓦，两项数据均居全球首位。商业运行的核电机组在中国持续安全稳定运作。2023年，新增2座商业运行的核电机组，总数增至55座，总装机容量提升至5703万千瓦。核电设施的年平均运行小时数为7661小时，全年的核电发电量达

新质生产力大变革

到了 4334 亿千瓦时，全球排名第二，占全国总发电量的 4.86%。这些核电站的运行相当于减少了大约 3.4 亿吨的二氧化碳排放。2023 年，有 33 座机组在全球核电运营商协会的综合评价中取得满分，满分率及综合指数平均值均位于世界前列。

近年来，中国的氢能技术革新与应用领域持续拓宽，包括在碱性水解氢、PEM 制氢及高压氢储存等关键技术上的研究不断取得进展。据国家能源局科技司数据显示，中国在氢能专利方面已居世界领先地位，核心技术创新步伐加快。目前，中国的氟化法制氢效率不断提高，能源消耗逐渐降低；35 兆帕和 70 兆帕的氢气加注技术正逐步成熟，而超过 200 千瓦的燃料电池系统也开始进入市场应用。

2. 新型储能产业发展

推动未来的能源转型，新型储能扮演了关键角色。近年来，中国新能源产业的强劲增长，使得新型储能迎来了大规模部署的黄金时期。"十四五"期间，新型储能设备的新增安装不仅带动了超过千亿元的投资热潮，还在能源结构优化中起到了决定性作用，成为了驱动经济增长的新引擎。

新型储能技术是指除传统抽水蓄能之外，以电力输出为核心，服务于社会的各类储能解决方案。它凭借快速部署、灵活性高、反应迅速等特点，在电力系统的动态平衡中发挥着调峰、调频和电压稳定等多重作用，是构建智能电网的核心技术支柱。其主要形式包括锂离子电池、液流电池、压缩空气储能和飞轮储能等。

太阳，作为地球的天然宝藏，尽管能量丰富，但其能量密度相对较低。提高太阳能电池的转化效率，实质上是通过吸收更少的光线产生更多的电力，从而降低成本。在过去的十年间，光伏电池的主流转换效率从 13%～14% 飞跃至 23%～25%，显示出该技术的显著进步。以 2022 年全球新增的 240 吉瓦太阳能装机为例，每提升 0.01% 的效率，就意味着每年额外发电约 14 亿千瓦时。在 25% 的效率基础上，每增加 1 个百分点，能为下游电站节省超过 5% 的成本。2023 年 12 月，隆基绿能科技股份有限公司创下了单晶硅太阳能电池效率的世界纪录，这标志着中国在探索新型储能应用领域、推动产业创新以及加速新型能源体系构建上的积极进取。

根据最新的国家能源监管机构发布的数据，截至 2023 年末，我国新型储能设施的累计安装容量已达到 3139 万千瓦，储能总量达到了 6687 万兆瓦时，平均储能周期达到了 2.1 小时。这一年，新增的储能装置容量约为 2260 万千瓦，相较于 2022 年底实现了惊人的 260%以上的增长。新型储能的迅猛发展以及其应用场景的广泛扩展，背后是科技创新的强大推动力。

3. 积极发展清洁能源

当前，全球范围内的绿色能源革命已成为对抗气候变迁的紧迫任务，中国积极响应这一趋势，致力于推进清洁能源的发展与应用，打造创新的能源体系。

在东北地区，我国最大规模的陆地风电场已全面投入运营，其强大的发电能力成为绿色能源版图中的重要支柱；而在西南的长江流域，六座世界级梯级水电站联手构建出全球最大的清洁能源走廊，全力保障电力供应，并发挥着显著的环保效益。在东南沿海，一艘划时代的 16 兆瓦巨型海上风力发电机首次实现商业运行，标志着中国在海洋能利用上实现了重大突破。

据统计，2023 年，中国可再生能源的累计装机容量突破了 14 亿千瓦大关，占据了全国总发电设备的半壁江山，甚至超越了传统火力发电的份额，这是历史性的里程碑。

据国际能源署的《2023 年可再生能源》年度报告显示，中国在全球可再生能源市场上占据主导地位。2023 年，中国的风电新增装机容量相较前一年激增 66%，而同年中国的太阳能光伏新增装机容量相当于 2022 年全球的总和。报告强调，中国对于全球可再生能源目标的三倍增长具有决定性影响作用。中国光伏产业持续快速发展，保持着国际先进水平，全球约 90%的光伏产能集中于中国，且全球光伏组件制造商十强中有七家为中国企业。这些企业不仅致力于降低成本和提高效率，还在积极研发新一代光伏电池技术。

能源电子产业的深度融合与升级，为中国实现更绿色、低碳的发展路径提供了新的策略选择。通过融合运用先进的信息通信技术、能源技术，提升电网智能化水平，不仅能更好地适应新能源大规模并网的需要，有效支撑分布式电源、电动汽车、储能等设施需要，还能够推动"源网荷储"协同互动，提高城市能源资源配置效率，支撑新能源的大规模开发。智能电网的愿景旨在孕育出革新性的技术和市场策略，如同互联网对信息时代的颠覆。预计将来，这类技术将引领风能发电、电动汽车、太阳能光伏、环保建筑以及智慧家居等领域实现质的飞跃，并促进智能电网构建平台的技术演进，进一步推进工程学、电子科学等领域的尖端探索。

屋顶上，繁茂的草坪之下铺设着透明的光伏薄膜，它们在提供遮阳并保证底层庭院光线充足的同时，持续将太阳能转化为电力，供应主要办公区域的需求。步入停车场，醒目的"车网互动"标识吸引视线，这里新能源车辆能够将其车载的剩余电量反哺给电网，实现能源的双向流动……这一幕幕场景未来将不再是梦想。

第三节　未来产业发展面临的挑战与对策

一、技术创新：未来产业发展面临的技术瓶颈与突破

技术创新在科技创新链条上是"从1到10"的阶段，其主要特征是需求导向性、结构规范性和功能变革性。技术创新是工程科技、产业创新的先导。尤其是颠覆性技术和前沿技术的产生，会从根本上改变社会生产的技术路径、产品形态、产业模式，创造新产品、产生新业态、引发新需求。加强技术科学研究、打好关键核心技术攻坚战，是提高技术创新能力、积累智力资本、赋能未来产业的重要途径，也在很大程度上决定了一个国家能否为应对大国未来产业竞争提供强大的技术体系支撑。

当前，我国未来产业的发展瓶颈主要在于核心技术基础薄弱，经常受制于人以及市场培育困难。因为未来产业往往会在重大颠覆性技术的突破中孕育而生，未来产业发展始终与颠覆性技术本身的特点密切相关。颠覆性及尖端技术的诞生，会使社会生产的技术路线、产品形式和产业结构产生根本性变革，催生新产品、新模式，激发全新的需求。强化科技研究、攻克核心关键技术是提升创新能力、积累智慧资本、赋力新兴产业的关键步骤。

未来产业在成长阶段往往遭遇技术制约，需要重视颠覆性技术可能带来的负面效应。只有克服这些障碍，才能实现真正的创新突破。颠覆性技术的突破与未来产业的繁荣紧密相关，但其内在的高度风险性为产业发展引入了显著的不稳定性。一旦颠覆性技术的进展受阻，创新资源可能转化为无法回收的沉没成本，更可能阻碍预期中的新兴产业进入实质性发展阶段，导致其在初期就被"扼杀"。

颠覆性技术的快速迭代和时效性特点，给我国在国际竞争中抢占先机带来了紧迫感。全球各国都在抢占颠覆性技术的高地，科技竞争日趋激烈。如果其

他国家在关键技术的颠覆性创新上取得重大进展并快速实现商业化,而我国未能及时跟上,就可能丧失发展机遇,在全球产业竞争中陷入被动,甚至可能对我国的国防安全和产业安全构成威胁。

深入理解颠覆性技术的本质对于催生未来产业的革新至关重要。在探讨此类技术时,必须尊重技术创新的内在逻辑,充分认识到其潜在的不确定性与复杂性,同时不应低估其在塑造未来行业方向上的导向作用和推动力。在推动颠覆性技术进步的战略规划中,我们需要强化全局性的深度研究,提高对这类技术的科学洞察和战略认识。应强化顶层政策设计,增强政府间的协同合作,专注于前沿科技的创新,并注重技术储备。设定分层次、分阶段的颠覆性技术发展目标,有序推动其实现。

二、市场机遇:未来产业发展的市场培育与拓展

党的二十大以来,中国经济已进入追求高质量发展的新阶段,正处于转变发展模式、调整经济结构、激发新增长点的关键时期。借鉴全球发展经验,构建强大的国内需求市场必须以高品质的供给体系为基石。当前,我国传统生产行业在世界范围内的相对优势,正随着"人口红利"的减弱和资源成本等的上升而不断减弱,过剩产能的出现预示着传统产业正脱节于革新的市场需求。未来产业通过推动传统产业的技术改造和创新,可进一步加快国内生产与消费的协调发展,促进国内生产与需求之间的融合升级。以供给侧结构性改革撬动经济结构转变,进而改善需求结构,推动供给与需求两侧的对接,是培育强大国内市场的根本保证。

推动传统产业技术创新,可以通过工业化与信息化的融合发展,加大未来技术对传统产业的改造力度,从而全面提升传统产业的竞争优势,稳住国内支柱产业的相对竞争优势,为消费者提供更多"价廉物美""科技感强"的好产品。当前,我国传统支柱产业在提供经济动能、推动技术创新、促进就业等方面仍具有不可替代的作用,未来产业的发展不能以牺牲传统产业为代价,新兴技术对传统支柱产业的改造升级,应成为未来一段时间内我国经济体系的一个重要特征。以传统行业的供给创新推动消费升级、以消费升级带动传统行业供给能力的持续增强,二者形成良性循环,从而实现高质量供需平衡的不断深化。

经济下行之时亦是技术进步发展最快之时,目前数字经济、新能源、人工智能、生物技术等领域快速发展和空间加速分化趋势明显,能否抓紧这一轮技

术创新机遇，形成地方根植性强的未来产业群，对于培育未来新的消费市场增长点和经济增长极其关键。未来产业的快速涌现，必将极大推进我国经济结构转型和新兴消费市场的出现。

积极布局未来产业，根本在于保障持续的研发投入。研发创新投入的增大与合理利用及多层次研发创新体系的构建，有助于科技成果尽快向产业发展转化，发挥技术产业动能。通过新老产业的升级更替，不断创造新的消费增长点，不断做强国内市场，可以为我国未来经济的长期增长提供不竭动力。

三、宏观调控：未来产业发展的政策支持与引导

从各地区可查到的官方消息梳理统计，在新一轮的发展战略中，全国多个行政区已将目光聚焦于新兴的未来产业，尤其是量子通信、AI等前沿技术，被视为各地区的关键发展驱动力。政府部门敏锐地捕捉到这一历史性的机遇窗口，积极进行顶层策略设计，将基础研究、创新突破与产业转化紧密结合，通过试点项目和示范工程，塑造了一批具有全球竞争力的未来产业发展区。诸如北京、深圳等城市，正积极推动开放创新生态的构建，加大对基础研究和应用基础研究的资源投入，同时实施一系列重大技术攻关项目，致力于营造一个有利于未来产业繁荣的优质环境。

目前，未来产业正处于爆发前的孕育期或初期增长阶段，其潜在的爆发力和影响力不容忽视，对于推动全社会的进步起着至关重要的作用。"十四五"规划纲要详尽勾勒出未来产业的发展路径，强调前瞻谋划未来产业，着重在类脑智能、量子信息、基因技术、未来网络、深海空天开发、氢能与储能等前沿科技和产业变革领域，组织实施未来产业。孵化与加速计划，谋划布局一批未来产业。

政府部门和地方政府正全力以赴，积极采取切实措施，以抓住当前的有利时机，大力推行政策导向和资源倾斜，致力于未来产业的培育和发展，以此提升全社会的生产效率，推动产业结构的深度转型，构建适应新时代的经济体系，并为实现高质量发展注入源源不断的动力。强化科技创新的核心地位，引领未来产业的创新趋势，通过整合学术界、企业界和研究机构的多元创新资源，强化基础研究和前沿技术的攻克，鼓励跨学科合作，通过重大科技突破和实际应用，为未来产业的繁荣提供坚实的科技支撑。

鉴于未来产业的前瞻性及高度不确定性，构建一个完整的创新生态环境至

关重要。一些地区如火如荼地创建适合未来产业发展的生态系统，尝试设计顺应行业规律的包容性制度，将基础研究、技术创新和产业化紧密结合，实施试点项目，力图在竞争激烈的全球市场中脱颖而出，成为未来产业的聚集地。

第四节　前瞻布局未来产业，发展新质生产力

一、趋势前瞻：未来产业的长期发展趋势预测

随着科技革命和工业变革的飞速推进，全球科技创新正经历前所未有的活跃阶段。"用明天的科技锻造后天的产业"——这不仅描绘了那些源自尖端科技创新的新兴产业形态，也是人类对未来自我发展的深远构想。尽管道路崎岖，但只要前行，终将抵达；持之以恒，未来可期。与科幻电影中的虚构世界不同，未来产业并非空中楼阁，而是持续探索创新以及前沿技术产业化进程的结晶。

1. 全球未来产业变革趋势及政策跃迁

未来的行业进步源于科技创新，这将重塑行业结构，对经济模式产生深远影响，进而触发技术与产业的革新。各国均希望通过未来产业的发展在新一轮变革中占得先机，纷纷将焦点对准智能、健康、绿色三大主导技术群和战略空间领域。由于未来产业会引发技术经济社会的整体性、系统性转变，政府公共政策不能局限于科技和产业，这种变革要求我们提升至更高层次，实施系统性的改革，整合科技、教育、产业、金融、能源和社会等多个领域的策略，以激发各类主体，如企业、高校和研究机构的创新活力和动力。

2. 量子计算技术的产业变革与生态建构

如果把量子信息技术比作一架飞机，那么量子计算技术则是这架飞机的"发动机"，其重要性不言而喻。作为一种基于量子力学原理的计算方式，量子计算与传统的二进制计算有着本质差异。在因子分解、量子化学模拟、大规模数据分析等领域，量子计算机所拥有的超级计算能力能够解决传统计算机难以解决的问题，也为科学研究提供了新的手段和思路。全球各国的政府和企业已经开始投入大量资金和人力物力，推进量子计算机的研发和应用。但量子计算

机的硬件和软件都需要长时间的研发和优化，当前我国量子计算机发展尚处于初级阶段，真正构建起一个成熟的量子计算机产业生态，需要国家政策、软硬件研究、行业应用开发、教育培训等多环节共同发力。

3. 空天信息科技创新与产业发展布局

空天信息产业是新时代战略性新兴产业的重要表现，它在推动全面互联进程中起着关键作用，也是促进产业和社会数字化转型的基础设施。这一产业不仅能够促进科技革新，催生新的经济增长点，而且是夺取未来竞争优势的战略步骤。随着卫星和星链项目的推进，信息产业已全面进入空天信息的新纪元，各地政府纷纷采取行动，加速构建空天信息产业链，以抓住新的发展机遇。科技创新与产业发展的关系如同双生子，二者互相依赖，互相促进，共同发展壮大。在科技引领的空天信息领域，人工智能技术的协同作用更加凸显，产业与科技的相互配合至关重要。

4. 机器人产业：技术、市场及竞争格局新趋势

新一轮科技革命和产业变革突飞猛进，机器人技术作为其中的关键技术，将会保持快速发展势头，在互补性技术的推动下，机器人功能更加丰富和强大，向着云化、智能化、协同化等方向演进。中国已是全球最大的工业机器人市场，在要素禀赋、人口结构、收入水平以及数字技术发展等因素作用下，未来中国机器人市场规模将持续增长、创新能力稳步增强、产业地位不断提升。

5. 价值互联网的"价值"所在

历经数据互联网、信息互联网，当前发展进入了"价值互联网"阶段。在数据与应用解耦的趋势背景下，互联网基础技术亟须从支撑网间互联、网站互联到支撑数岛互联，数据互操作技术是支撑数岛互联的基础性技术。数据互操作解决数据的标识确权、认证授权、安全交换三大核心问题，在技术实现上基于现有的 DNS（域名系统）向 DIS（数据互操作系统）演进，并形成 DIP/RDF（数据互操作协议/资源描述框架）协议规范，支持数据应用模式从"数据中台"向"数据中枢"转变。随着经济社会对高质量数据的需求进一步提升，未来的能源格局将发生深刻变革，数据不再是附属于网络的附属品，而是独立且至关重要的基石，数据交互技术作为其核心要素，将驱动数据基础设施行业的繁荣进程。市场化的运营模式在推动数据基础设施产业壮大中扮演着决定性角色。

数据基础设施将独立于网络基础设施，其中，数据交互技术将扮演着不可或缺的角色，推动其市场化的运营模式，进而促进整个数据基础设施行业的繁荣，并支撑数字技术、数字产业等上层应用的蓬勃发展。

6. 脑机接口技术的未来前景

脑机接口技术是当代最重要的前沿技术之一，近年来不断取得新的进展和突破。脑机接口技术主要用于肢体、言语和感知方面残疾的治疗，还可用于教育、娱乐和军事等领域，其巨大的现实用途和潜在价值使其成为多国竞争的战略高地和重点支持的创新领域。脑机接口技术发展需要围绕提高安全性和有效性上攻克一系列技术难题，也需要处理好若干人文社会问题，尤其是伦理问题。随着技术水平的提高，脑机接口技术将会在治疗疾病、增强人的能力等方面发挥越来越大的作用，由此预示着"脑机接口的时代"即将到来。

7. 脑科学和类脑智能的发展前景展望

脑科学和类脑智能作为人类发现自身机能、激活创造力的源头，是现代科学研究最具挑战性的领域之一。随着新一轮科技革命和产业变革的深入发展，世界主要经济体竞相加大投入力度，前瞻布局"脑计划"，大国科技竞争呈现向基础端前移的态势。近年来，我国脑科学研究日益活跃，确立了"一体两翼"的研究体系和战略架构，在"理解脑、修复脑、模拟脑"三个方向上积极寻求突破。鉴于脑科学的基础性、系统性和复杂性，应做好顶层设计，加强协同创新，鼓励开展多学科交叉研究，推动生命科学、医疗健康、人工智能等前沿科技创新和未来产业发展，促使脑科学和类脑智能的重大成果持续惠及产业变革、人类健康和社会进步。

8. 绿色能源的技术突破和未来能源产业前瞻

在绿色能源领域，技术革新与商业规模的扩大是效能提升、成本降低及安装量激增的核心驱动力。未来，构建以储能为支柱的多元绿色能源互补系统将成为第三次能源变革的战略走向。储能技术、绿色能源、智能电网等领域的关键技术突破将决定能源转型的成败。此外，先进的核能技术以及二氧化碳捕获、利用和储存的创新将产生长远效益，而可控核聚变一旦实现技术突破并商业化，将引领一场全新的能源革命。资源、人口、环境、政治与经济通过技术的催化与扩散，加速能源产业的绿色发展。

二、国家布局：国家层面的未来产业发展战略规划

目前，未来产业主要关注的是那些具有革命性和原创性的技术，它们在新兴领域和新趋势中开辟出新的行业赛道，对增强国家整体实力和国际竞争优势至关重要，同时也是确保社会经济持续发展的关键驱动力。自"十四五"规划倡导"预见并规划未来产业"以来，从科技部、工业和信息化部、教育部等多个部门发布的未来产业专项行动计划，到地方政府在量子科技、新型储能技术、合成生物学等关键领域的密集布局和积极举措，未来产业已成为推动发展的关键策略。

建立协同联动的未来产业发展工作推进体系，发挥新型举国体制优势实现系统能力提升。聚焦我国未来产业发展战略目标，发挥有为政府与有效市场的关键作用，强化国家战略科技力量，优化创新资源配置，强化整体设计、系统部署和工程化组织实施，加强与各部门、各地方在未来产业任务布局、发展政策等方面衔接与协同，汇聚全社会力量，提升未来产业方向科技创新体系化能力。还要不断加强与各部门在重大基础设施建设、产业推广应用、人才教育培养、安全风险防范等方面的工作协同，围绕政策制定、产业培育、标准建设等形成有效工作合力，一体化构建未来产业发展的良好政策环境。深化央地工作联动，指导和引导地方加大对未来产业发展的投入和支持力度，北京、上海、深圳等科技创新高地示范发布促进未来产业发展的条例并提出具体实施措施，为相关领域发展营造良好的环境。

强化未来产业方向关键核心技术攻关。持续加强系统性布局，全链条部署基础研究、技术研发和重大攻关任务。实施未来产业重大专项，前瞻布局开展未来技术研究和产业培育。聚焦国家重大战略需求，在各层级重大专项和重点研究与开发计划中单列量子信息、未来能源、人工智能、生物医药等领域，支持科研机构和企业开展未来科技前瞻研究和未来产业应用研究。通过"揭榜挂帅"等形式，重点支持未来产业科技成果中试、熟化与转化，攻克其中的关键核心技术。统筹协调各界相关创新资源，引导和吸引企业和社会资本参与未来产业前沿研究、成果转化、产业化。

加强未来产业国家战略科技力量建设。组建面向未来产业的国家实验室，布局全国重点实验室建设，推动以国家战略需求为导向，聚焦重大科学难题和底层关键技术的持续攻关。建设一批前沿科学中心和协同创新中心，开展未来

产业战略性和前瞻性基础研究。充分发挥综合性国家科学中心、大科学设施等平台作用，提高未来产业发展的原始创新供给能力。充分发挥一流大学基础研究深厚、相关学科丰富的优势，开展学科交叉和人才培养。支持未来产业领军企业牵头承担重大科技任务，攻克颠覆性关键技术，牵头组建创新联合体，带动产业链上下游企业协同发展。

面向未来产业加大人才引进和培养力度，发挥高层次科技人才引领作用。面向未来产业，实施顶尖人才引进"一事一议""一人一策"，探索提供专业实验室定制、科研项目定向服务的扶持政策。依托知名高校或者科研机构建设未来技术学院、未来产业研究院等，强化产学研合作，提升未来技术人才培养力度。大力培育未来产业领军科学家和企业家，依托高层次科技人才团队的示范效应，专设未来产业领域人才团队，提升人才培养支持力度。

积极拓展未来产业国际合作。全方位、多层次深化国际交流合作，促进未来技术造福人类。建立未来科技和未来产业联盟，举办未来产业论坛，碰撞思想，交流前沿进展，探讨交叉趋势，共推未来产业发展。比如我国主办首届"一带一路"科技交流大会，发布了《国际科技合作倡议》，举办中国—东盟技术转移与创新合作大会，发布了《面向东盟的人工智能发展合作倡议》。推荐专家参加联合国等多边机构未来产业领域专项工作，积极贡献中国智慧。搭建高端未来产业合作平台，支持举办北京中关村论坛、世界创新大会等主场活动。

三、产业规划：产业层面的未来产业发展战略规划

纵览各地出台的未来产业发展规划，其核心策略主要包括"优中培精引领型产业""有中育新先导型产业"以及"无中生有潜力型产业"这三个方向。这涉及提前规划未来产业发展所需的关键因素，目标是在若干前沿领域取得显著进展，培育出一批具有强大领导力、良好经济效益和核心竞争力的未来产业链集群，以期创建国家级的未来产业先导实验区，以技术迭代和赋能应用加快形成新质生产力。

1. 优中培精引领型产业

立足具有一定基础、能够抢抓机遇率先布局的量子信息和氢能及储能领域，强化对尖端技术的多元化研究和跨领域整合，同时增强颠覆性技术的创新源头，培育一批初步具备国际引领作用的龙头企业和创新平台，力争产出一批

新质生产力大变革

原创性、颠覆性成果，抢占产业发展制高点。

（1）量子信息。重点依托知名高校、科研机构等推进量子通信、量子计算重大研究测试平台建设，在全球及国内量子信息标准制定中发挥积极作用，集中力量攻克量子芯片、量子编程、量子精密测量、量子计算机及其相关组件制造的核心技术，构建基于量子计算和量子通信的量子网络与信息安全架构。创建一个以量子技术应用为目标，包容多元参与者的开放式协同创新平台。

（2）氢能与新型储能。聚焦氢能重点领域和关键环节，构建多层次、多元化创新平台，支持高校、科研院所、企业加快建设重点实验室、前沿交叉研究平台，开展氢能应用基础研究和前沿技术研究。依托龙头企业整合行业优质创新资源，布局建设各类重点实验室、工程研究中心等创新平台，争创国家级创新平台，构建高效协作创新网络，支持行业关键技术开发和工程化应用。扎实推动氢能技术发展和规模化应用，集中开展氢源低成本高效制备、低温和高温燃料电池电堆、关键材料、零部件及其系统集成的技术攻关，加快质子交换膜氢燃料电池电堆和高压储罐、低压固态储氢、低温液氢系统等技术装备研发，探索建设高效、智能氢气输送管网和加（液）氢站。开展低成本高效可再生能源制氢示范、高可靠高环境适应性燃料电池客车整车开发及示范、燃料电池商用车整车开发、长寿命高可靠燃料电池系统开发及整车应用，推动氢燃料电池在城市公交、厢式物流车、港区集卡车等商用车及分布式能源站应用。开展大型氢电解槽及相应配套设施的研发与制造。推动全新正负极材料配方、纳米级安全隔膜、新型高阻燃耐高温电解液等技术突破和推广。加大制、储、输、用氢全链条安全技术开发应用力度。积极发展安全有效的储能技术，坚持储能技术多元化，推进储能技术的理论创新和关键材料、组件、模块、系统的短板技术研发，加速核心技术的自我掌控。结合多元化的能源、电网和负荷情景，规划一系列储能设施，提升电力系统的灵活性，推动新型储能从初期商业化向大规模应用的转型。

2. 有中育新先导型产业

结合当前产业基础和技术成熟度，紧跟国内外最新前沿技术、颠覆性技术发展趋势，加快释放类脑智能和未来网络的产业潜能，快速壮大产业规模，在产业链和创新链上占据一定位置，不断丰富场景创新和示范应用。

（1）类脑智能。鼓励高校、研究机构与产业界联合创新，联手打造类脑智能科技研究院等新型研发平台，共同挖掘大数据智能、多模态感知处理、混合智能系统、群体智慧协作与自主控制等领域的深层理论，致力于在人工智能算法创新、精准大脑疾病诊断、前沿智能硬件及药物研发等方面实现重大技术创新，驱动类脑智能的全面发展与广泛应用。

（2）面向未来网络基础设施，强化对新型材料如类脑芯片、超导器件和石墨烯存储的研发，提前布局6G通信技术、碳基电子、空天信息以及虚拟现实等前沿方向，构建覆盖研发、生产、示范应用和服务体系的综合发展框架。积极参与国家级6G技术重大项目，争取在关键核心技术如芯片设计、设备测试和移动终端方面抢占先机。同时，集中力量攻克加密算法、分布式管理以及大安全防护等前沿挑战，着力于提升安全隐私保护计算能力、区块链的跨链协作效率、智能合约审核以及漏洞识别等核心技术，以推动区块链技术的整体进步和行业定制化解决方案的开发，建立面向产业的区块链基础技术研发检测平台和自主可控区块链应用服务平台。

3. 无中生有潜力型产业

紧密跟踪世界科技前沿，把握未来产业变革趋势，超前部署发展生命健康、前沿新材料，加快新技术产业化进程，力争在重大领域、细分领域"换道抢滩"，打造新赛道。

（1）生命科学的革新。我们将重点投入于基因改造、蛋白质优化、精准健康管理和生物医学创新材料的探索，目标是攻克生命数据解析、生物构建、基因操控及靶向传递的关键技术壁垒。我们将加速推出一系列自主研发、填补市场空白的突破性成果和产品，包括细胞疗法的临床实践、细胞工厂的建设以及合成生物学在工业领域的应用。这些将带动重组蛋白药物、高效影像技术、免疫疗法等领域的新技术与产品的研发与商业化进程，同时推动智慧医疗、健康管理以及生物安全监管等领域的示范应用，助力生命健康产业迈向精准、高效、智能和预防式发展模式。

（2）前沿材料的未来展望。我们将致力于前沿材料的研究，包括智能生物启发材料、3D打印材料、量子信息载体、高熵合金、石墨烯衍生新品、功能化的金刚石、第三代半导体、超导复合材料、液态金属以及高效能储存材料等领域的前瞻性探讨。我们力求突破新型人工晶体、电子信息显示材料、生物降解高性能材料以及石墨烯增强材料和创新电子元件等核心技术，推动材料科技向规模化、高端化和集群化发展。通过新材料催生新一代技术装备，我们将建设

新质生产力大变革

前沿材料的研发验证中心和应用示范平台,引领材料科技的前沿潮流。

未来产业,作为科技进步与产业转型的集大成者,其核心要素、产物和规模的形成并非一蹴而就,而是长期演进的结果。其成长路径本质上是技术革新驱动产业化进程的深化过程。在这个进程中,关键在于优化政策实施策略,提升政策的精准度,同步推进技术创新和产业孵化,以建立稳固的未来产业发展支持体系。具体来说,对于未来产业的战略规划,我们应避免笼统处理,而是立足于市场的自我调节机制,实施有针对性的产业政策,从技术、组织架构和地域布局三个维度出发,实现资源的最优化配置。

在技术规划层面,我们需要强调的是协作创新与融合发展的协同效应。未来产业能否茁壮成长,取决于市场对其接受度,这就要求我们积累大量的前沿技术应用场景,形成技术供给与市场需求的良性互动。首先,鼓励各地如京津冀、长三角、粤港澳等活跃区域进行技术创新实验和应用先行,强化传统产业与新兴领域的交叉融合,比如在制造业、金融业、零售业和物流业中推行新技术试点。其次,大力推动公共创新平台的建设,如未来产业研究院和国家产业创新中心,为各类创新主体,尤其是中小企业,提供全方位的技术支持和服务,成为创新的孵化器。最后,积极支持技术应用场景的创新,挖掘出前沿产业发展的潜在需求,如消费升级和城市管理的精细化,为科技创业创新提供实践平台,通过整合政府、企业、学术研究和用户各方力量,推动科研成果的转化应用。比如,可率先在数字政府、数字社会等领域试点创新人工智能、人形机器人、量子云、元宇宙等应用场景,为未来产业发展打下基础。在数字政府建设方面,可依托量子云和人工智能技术,建立健全国家公共数据资源体系,构建智能集约的平台支撑体系,提高数据处理和业务办理能力,促进政务服务标准化、规范化、便利化水平持续提升。在数字社会建设方面,可深入推进智慧社区建设,将人形机器人、元宇宙等融入智能楼宇、智能家居、智慧养老、智能护理等诸多领域,打造面向未来的全新生活方式;利用量子云赋能云计算平台,提升"城市大脑"计算速度与效率,提高风险预判能力,探索建设数字孪生城市。此外,还可开拓新型工业化场景、打造跨界融合场景、建设标志性场景,以产品规模化迭代应用促进未来产业技术成熟。

产业组织规划应立足于前瞻性视角。观察现况,各地对新兴产业的规划期限差异显著,有的设定为3至5年,有的则长达10至15年。在布局前瞻产业时,务必避免将长期战略简化为短期考量。对于一些经济欠发达、产业基础相对薄弱、高端人才相对紧缺的地区,更要立足区域优势,找准布局未来产业的发力点，如果一味追逐热点盲目上马，就可能导致要素配置不合理、重复建设、资源浪费等问题。同时，我们需要减少对外部关键核心资源的依赖，构建更为自主且全面的产业结构。根据产业的发展速度和成熟程度，我们需要灵活调整规划，分层次、分步骤、分领域地培育具有潜力的未来产业，确保这些优势产业能无缝对接到战略性新兴产业的发展之中。

在规划产业布局时，强调区域创新中心的影响力和拓展作用至关重要。未来的产业发展高度依赖于科学的产业结构，这首先要求通过市场机制实现要素资源的高效配置。在此基础上，进一步优化布局，将有利于产业的长期可持续发展。因此，我们需要并行推进国际和区域科技创新中心的建设，使之成为全球科技前沿和新兴产业创新的热点以及科技资源的集聚地。以开放和共享为原则，我们需要改进科技创新的基础设施环境。加速构建一个分布均衡、技术先进、运作顺畅、支持全面的重大科技基础设施系统，提高设施集中布局的效率。同时，以市场需求为指引，建立一个涵盖产学研一体化、科教结合、产教结合的开放式创新合作网络。为了实现这一目标，应迅速设立一系列国家级实验室，并不断优化国家科研机构、顶级研究型大学和科技领军企业的角色定位及空间分布。

四、企业战略：企业层面的未来产业发展策略

企业作为我国经济发展与科技创新的重要主体，具备较强的支撑能力和产业融通能力，是现代化产业体系建设的核心力量。企业应充分利用在科技创新投入、规模体量、产业影响力等方面的优势，前瞻布局、加快培育未来产业，走出一条具有中国特色的未来产业发展之路。

企业层面在布局未来产业方面，有如下发展策略：

1. 原创技术"策源地"企业是布局未来产业的先导

未来产业的发展需要突破一系列基础研究和原始创新的难题，需要有强大的科技创新能力和资源整合能力。链主企业在一些关键领域具有国际领先的技术优势和市场影响力，在技术识别、市场应用前景判断方面有着重要优势，是未来产业的"策源地"。央企、专精特新中小企业要落实未来产业孵化与加速计划，加强协作，组织实施一批重大科技项目和重大工程，要加速培养一支拥有国际竞争实力的"未来"产业龙头企业及创新队伍，以集群发展带动整个产业

链的整体创新实力。

2. 以企业为主体，构建未来产业协同发展的生态圈

不同类型的企业在未来产业的布局中，不仅要发挥自身优势，还要与科研院所、高校等形成合力，构建开放共享、协同创新、合作发展的一体化组织生态圈。打造大中小企业跨领域技术交叉融通发展生态，支持领航企业整合产业链资源，联合中小企业建设先进制造业集群、创新型产业集群、未来产业联合体等，开展供应链配套对接。推动各类所有制企业、科研院所、高校等开展深度合作，建立联合攻关、联合孵化、联合投资、联合转化等机制，简化创新链条，缩短创新周期，共同推进未来产业的发展。提升开放合作水平，积极在全球布局研发设计中心、生产网络和供应链体系，参与国际技术规范和标准制定，共建"一带一路"，牵头建设境外经贸合作区。

3. 探索建立企业主导的未来产业园区

培养未来产业发展的土壤，加快培育一批未来产业"独角兽"企业。利用好未来产业园打造成点燃全域创新引擎的未来科创大脑，勇当未来产业发展的探路先锋。依托科学城、国家自主创新示范区、国家大学科技园等各类科技园区，强化高端科研机构与园区合作，围绕产业孵化集聚、未来场景实验等功能应用，加大资金支持和优化配置，厚植产业资本赋能机制，重点培育孵化一批引领未来产业发展的"独角兽"企业，打造从未来科技到未来产业全链条、一体化、协同化、多元化创新发展（即创新链-产业链-资金链-人才链有机融合）的路线格局。

4. 加强未来产业的监测评估和政策支持

企业在未来产业的布局中，面临着市场需求不确定、技术风险较高、回报周期较长等挑战，需要有科学有效的监测评估和政策支持。要不断完善未来产业的统计监测体系，建立动态调整机制，及时跟踪分析各类企业在相关领域的投入产出情况，评估企业在相关领域的核心竞争力和市场地位，为政策制定提供依据。同时，企业要加强与相关部门的沟通协调，争取更多的财税、金融、人才等政策支持，为自身在未来产业的布局营造良好的环境。

第四章
新质生产力与数字经济发展、产业链供应链优化

"新质生产力"这一概念指的是在新的时代背景下,凭借新技术、新业态、新模式不断涌现,推动生产力水平整体提升的新动能。数字经济的发展、产业链供应链的优化紧密与新质生产力的形成和拓展相关联。

数字经济发展则指的是以数字化知识和信息为关键生产要素,以现代信息网络为重要载体,以信息通信技术的有效应用为重要推动力,促进经济效益、效率和竞争力提升的经济形态。数字经济可以提高生产效率,促进资源优化配置,带动传统产业升级和转型,同时孕育出新产业、新业态、新模式。

在数字经济的推动下,企业通过对供应链和产业链的数字化改造提高了管理和运营效率。产业链供应链优化是指借助大数据分析、区块链、物联网等技术手段,企业能够实时监控供应链状态,预测市场变化,响应客户需求。优化供应链有助于降低成本、提高响应速度和服务水平,提升整个产业链的竞争力。

本章探讨数字经济和产业链供应链中的新质生产力特征,以及如何继续拓展和融合其中的新质生产力,使得数字经济和产业链供应链的优化相互促进,形成良性循环,最终推动整个社会经济的高质量发展。

第一节 数字经济中的新质生产力特征

数字经济指的是以数字化信息和通信技术为基础的经济模式。它以数据为核心生产要素,利用互联网、大数据、云计算、人工智能等现代信息技术推动各个行业的创新发展。数字经济中的新质生产力特征体现在社会经济生活中的多个方面。

首先,数字经济是一种由数据驱动的经济。在传统经济中,生产要素主要包括劳动、资本、土地和技术。而在数字经济中,数据成为新的核心资产,可以提高资源配置效率,驱动创新发展。

其次,数字经济提升了网络化合作效率。数字经济通过网络连接不同的主体,实现资源共享、信息互通和协同工作,提高了生产的灵活性和效率。

再次,平台经济模式成为新的生态模式。数字经济往往以平台为媒介构建生态系统,平台经济模式利用互联网技术降低交易成本,优化供给侧和需求侧的匹配。

另外,人工智能、机器学习等先进技术的应用,使生产管理和服务更加智能化,生产力得到有效提升。而借助大数据分析,企业能够更精准地理解消费者需求,提供个性化的产品和服务。数字技术使得传统产业价值链得以重新配置,形成更高效的生产和服务模式,促使产业向更高端发展。数字经济加速了知识的积累和技术的更新换代,新的商业模式和服务不断涌现,促进经济的持续创新和发展。

当然,数字经济带来了数据安全、隐私保护、网络安全等新挑战,也要求构建更加完善的法律和监管框架。总的来说,数字经济的发展为传统产业转型升级提供了新机遇,同时也提出了对人才、技术和管理模式等方面的新要求。这些新挑战、新机遇、新要求,体现了数字经济是一种新质生产力。本节从高效能、高科技、高质量三个维度说明数字经济的新质生产力特征。

一、高效能:数据处理与分析能力

中国在数据处理与分析能力方面的迅速发展是多维度的,如果要提出一个有影响力的案例,不得不提到阿里巴巴集团的大数据处理平台——"阿里云"。

阿里巴巴是中国乃至全球电子商务和云计算的领军企业，建构了庞大的在线商务平台。随着2014年阿里云正式成立，阿里巴巴集团在数据处理与分析能力方面迈入了新的阶段。阿里云不仅支持阿里集团内部巨大的电商数据、物流数据、支付数据等的处理，而且向外提供云服务，帮助其他企业和组织高效地处理和分析数据。

阿里云采用了大数据处理技术，例如分布式计算框架、机器学习算法和AI，实现了海量数据的快速处理和分析。在"双十一"这样的高流量时段，阿里云展现了其数据处理的强大能力，能够在短时间内处理亿级别的订单和交易，实现了高并发的交易处理，订单分配，安全防护等关键任务的稳定运行。

不仅如此，阿里云还在智能城市建设、智慧交通、医疗健康、精准农业等领域提供数据解决方案，通过数据分析和人工智能技术，帮助改善城市管理、提高交通效率、优化医疗资源配置、提升农业生产效率等。阿里云的数据处理与分析能力的高速发展体现了中国数字经济和科技进步的速度，同时对社会各个层面的产业升级和效率提升产生了深远的影响。

阿里云的案例说明了高效的数据处理与分析能力在数字经济时代成为了重要的生产力之一，它能够为社会发展带来多方面的好处。下面简单介绍几个例子。

通过收集和分析大量的数据，企业和政府能够更准确地了解市场趋势、消费者行为和社会动态，从而做出更为科学合理的、数据驱动的决策。数据处理与分析能够帮助企业识别效率瓶颈和流程中的不合理环节，从而优化生产流程，减少资源浪费，降低成本。在零售、金融、教育等领域，数据分析能够帮助企业更好地理解客户需求，提供更为个性化的产品和服务，满足消费者的个性化需求。数据分析能帮助企业揭示产品或服务的新鲜见解和未被瞄准的市场潜能，从而推动产品创新和新业务模式的发展。

高效的数据分析能够预测潜在风险和危机，帮助企业和政府及时采取措施避免损失，比如金融市场分析、自然灾害预测、公共安全等。政府的开放数据与分析不仅能提升政府服务效率，还能增进公众对政府工作的了解和监督，提高政府透明度和责任制。利用数据分析，可推动更多智能化的产品和服务出现，如智能家居、智能制造等，这些智能产品和服务往往能提供更高的便利性和用户体验。数据分析帮助机构更有效地监测环境影响、资源消耗等指标，促进资源的合理利用和环境保护，实现社会可持续发展。

总结来说，高效的数据处理与分析能力不仅能够大幅提升社会经济活动的效率和效益，而且能加强社会经济体的透明度、创新力和可持续性。随着数据技术的进步和应用范围的拓展，这些好处将会更加显著地影响社会的各个方面。

二、高科技：创新的数字化商业模式

创新的数字化商业模式涉及利用数字技术创造新的价值提案、收入模式和运营方式。二十一世纪以来已经涌现出以下创新数字化商业模式：

1. 平台经济模式（Platform Business Model）

例如 Airbnb，该公司利用线上平台连接全球各地房东和旅客，提供住宿预订服务。Airbnb 不拥有实体酒店，但通过数字化平台将分散的住宿资源聚合起来，实现价值。又比如 Uber，该公司借助移动应用程序连接司机和乘客，提供交通服务。Uber 不拥有车队，但通过技术平台改变了传统打车服务的模式。

2. 订阅服务模式（Subscription Business Model）

例如 Netflix，该公司通过订阅模式提供流媒体服务，用户按月支付费用以观看电影、电视剧等内容。Netflix 通过收集用户数据和算法，为用户个性化推荐内容，提高用户体验和黏性。又比如 Adobe Creative Cloud，该公司原先以一次性购买软件的方式销售，现转变为基于云服务的订阅模式。用户付费订阅后，可以访问最新的创意软件，并获得云存储空间。

3. 众包模式（Crowdsourcing Business Model）

例如 Wikipedia，该公司是全球最大的在线百科全书，内容由用户群体贡献，采用众包方式收集知识，形成广泛的参与和合作。又比如 Kickstarter，该公司为一个众筹平台，允许创业者发布项目并集资且通过社群支持助推创意项目的实现。

4. 数据驱动模式（Data-Driven Business Model）

例如 Google，该公司提供搜索引擎服务，并通过分析用户数据来实现针对性广告投放，广告收入占公司绝大部分营收。又比如 Tencent，该公司通过社交平台如微信和 QQ 收集大量用户数据，再利用这些数据推动广告业务，开展金融、游戏和其他商业活动。

5. 共享经济模式（Sharing Economy Model）

例如 Zipcar，该公司提供共享汽车服务，让会员可以按小时或按天租用车辆，减少私人拥有车辆的必要性。又比如 Mobike 和 Ofo 等共享单车服务提供者，通过 App 让用户能轻易租借附近的单车，采用无桩共享系统，大大减少了单车的固定停车站点需求。

6. 个性化定制模式（Customization Business Model）

例如 Nike By You，该公司的在线定制服务允许消费者选择鞋子的设计、颜色和材质，创造独一无二的产品。又比如 Stitch Fix，该公司使用算法和人类时尚顾问相结合，个性化推荐服装。客户填写风格调查表，然后接收定制化的衣物箱，选择喜欢的保留，不喜欢的退回。

创新的数字化商业模式往往植根于强大而先进的数字技术内核，这些技术可以推动传统行业的变革，创造全新的服务或产品，并提供前所未有的用户体验。在创新数字化商业模式中被应用的关键高科技包括但不限于：人工智能和机器学习、大数据、云计算、区块链、物联网、边缘计算、5G 通信技术、增强现实和虚拟现实、数字孪生技术、自动化和机器人技术、无接触技术、生物识别技术等。

这些高科技内核不仅能推动现有商业模式向数字化转型，还能激发全新商业模式的创造。例如，基于人工智能和大数据的个性化推荐算法使得网上购物体验更加贴合个人喜好，而基于区块链的数字货币和智能合约，则在金融领域开创了去中心化金融的新格局。随着技术的不断进步，数字化商业模式将会继续涌现，推动各行各业的持续创新和发展。

三、高质量：融合发展的产业生态

阿里巴巴的"新零售"战略是一个关于融合发展的产业生态的商业案例——打造出了中国的"智慧零售"平台。这一战略旨在通过深度整合线上线下商业，运用大数据、人工智能和物联网等高新技术，重构零售业的生产、分销和销售过程，创造一个无缝衔接的全渠道购物体验。

阿里巴巴于 2016 年提出"新零售"概念，旨在通过技术手段融合在线电子商务和传统的线下实体店，打造一个全新的零售生态系统。

阿里巴巴通过收购或建立合作关系，将这一模式应用到各个领域，比如大型超市连锁品牌"盒马鲜生",在其实体店内,顾客可以现场挑选商品或通过手机 App 下单,实现半小时内的即时配送服务。

在供应链端,阿里巴巴通过整合线上线下数据,实现精准的库存管理和商品配送,减少过剩库存,提升供应链效率。

数字支付是新零售模式的重要部分,阿里巴巴通过旗下支付宝服务,为顾客提供便捷的支付方式,同时收集用户支付数据,进一步优化用户购物体验。

"新零售"模式下的门店,还运用了人脸识别技术,以及虚拟现实和增强现实技术来丰富顾客的购物体验。

阿里巴巴的"新零售"战略中的生态系统融合表现在以下几个方面:线上与线下的无缝对接增强了顾客的购物便利性;大数据分析帮助预测用户行为,促进了个性化推荐和库存管理;快速高效的物流网络满足了消费者对即时配送的需求;各类科技应用,比如云计算、AI 聊天机器人等提高了运营效率和用户体验。

从战略实施结果来说,阿里巴巴的"新零售"模式是一个将技术创新与传统零售业务融合的著名案例,它重塑了零售产业的生态,并推动了整个产业的转型升级。这种融合发展的商业模式让阿里巴巴能够更好地满足消费者多样化的购物需求,同时提升了企业的竞争力。

融合发展的产业生态的内核是从各个维度提高了服务质量。阿里巴巴的"新零售"模式融合了最新的技术,如人工智能、云计算和大数据,为零售生态提供了技术支撑;始终围绕着提升顾客体验进行创新和布局,通过数字化手段提升服务质量;构建了一个线上线下一体化的生态系统,不同组成部分之间相互协力,共享数据和资源;以数据为基础进行决策和运营优化,确保了各项业务适应市场需求和用户偏好;定期评估市场趋势和客户反馈,快速迭代产品和服务,保持业务的领先地位。

第二节 新质生产力对数字经济的作用

本节说的新质生产力指的是在数字化转型和技术进步的过程中涌现出的新动能、新行业和新业态。这些新质生产力在数字经济中扮演着举足轻重的角色,主要体现在创新驱动、效率提升、产业融合、生态系统构建、商业模式创新、就业与技能发展等方面。

通过研发投入和技术创新，推动产业结构优化和经济增长模式的转变，不断产生新的产品和服务。例如，人工智能、大数据、云计算等技术的应用正在推动各个行业的变革。

数字技术通过对信息的高效处理，优化资源配置，提高生产效率，降低运营成本。它能够帮助企业更好地管理供应链，预测市场需求，从而减少浪费并快速响应市场变化。

新质生产力促进了跨界融合，促使传统产业与现代信息技术深度结合，形成产业生态系统，这些系统以网络化、平台化、智能化为特征，如电子商务、智能制造、在线教育等产业均是产业融合的例证。

新质生产力以平台经济和网络效应为基础，构建起产业生态系统。这些系统能吸引大量用户和合作伙伴，形成强大的网络效应，推动经济的良性循环。它还带来了新的商业模式，如分享经济、按需经济等，这些模式变更了价值创造和交付的方式，创造了新的价值链和商业机会。

新质生产力创造新的工作机会，并要求劳动力具备新的技能和专业知识，促进了劳动市场的转型与升级。在新质生产力的作用下，数字经济正在迅速发展，并逐渐成为推动全球经济增长的关键力量。它改变了消费者的消费习惯、企业的经营方式和政府的治理模式，从而对经济的各个领域产生深远影响。以下从新技术、新动能、新赛道三个角度阐述其深远影响。

一、新技术：新兴技术涌现

二十一世纪新兴技术的多元化涌现深刻改变着人类的生产方式和生活模式。这些技术变革主要包括人工智能、物联网、区块链、云计算与边缘计算、新能源技术、生物技术、虚拟现实与增强现实、自动化与机器人技术、先进材料、3D打印、5G通信技术等。下面分别介绍这些新兴技术。

（1）人工智能是研究、开发用于模拟、延伸和扩展人的智能的理论、方法、技术及应用系统的一门新的技术科学。人工智能正不断进步，实现从简单的机器学习到深度学习和神经网络的发展。现在人工智能可以在视觉识别、自然语言处理、决策支持系统等许多领域中找到应用。

（2）物联网是指通过信息传感设备，按约定的协议，将任何物体与网络相连接，物体通过信息传播媒介进行信息交换和通信，以实现智能化识别、定位、跟踪、监管等功能。物理设备的互联互通创建了一个全新的智能设备网络。这些设备收集、交换数据，并能够在没有人类干预的情况下自主操作。

（3）区块链是一种块链式存储的、不可篡改的、安全可信的去中心化分布式账本，它结合了分布式存储、点对点传输、共识机制、密码学等技术，通过不断增长的数据块链（Blocks）记录交易和信息，确保数据的安全和透明性。区块链技术负责创建加密的、去中心化的数据记录，这在推动金融服务的透明度，跟踪供应链，以及创建"智能合约"等方面有着重要作用。

（4）云计算是分布式计算的一种，指的是通过网络"云"将巨大的数据计算处理程序分解成无数个小程序，然后，通过多部服务器组成的系统处理和分析这些小程序得到结果并返回给用户。边缘计算，是指在靠近物或数据源头的一侧，采用集网络、计算、存储、应用核心能力为一体的开放平台，就近提供最近端服务。云计算与边缘计算技术提供了强大的数据处理能力和灵活的资源配置平台，使得从大型公司到小型企业都可以有效地存储和分析数据。

（5）新能源技术包括太阳能、风能、电动汽车和能源存储技术等，这些技术在对抗气候变化和推进可持续能源解决方案方面发挥着关键作用。

（6）新兴的生物技术包括基因编辑、合成生物学和生物制药。这些技术正在彻底改变医疗、农业和生物材料开发。

（7）虚拟现实（VR）是指所有借助计算机等设备产生一个逼真的三维视觉、触觉、嗅觉等多种感官体验的虚拟世界，从而使处于虚拟世界中的人产生一种身临其境的感觉的技术。增强现实（AR）指所有将计算机生成的文字、图像、三维模型、音乐、视频等虚拟信息模拟仿真后，再应用到真实世界中，从而实现对真实世界的"增强"的技术。这些技术正在改变娱乐、教育、制造业和零售业等多个领域，提供更加沉浸式的体验和交互方式。

（8）机器人技术在当前也有非常显著的进展。从制造业机器人到服务业机器人，自动化正在改变工作场所的面貌，并提高效率与安全性。

（9）新材料如石墨烯、纳米材料等的开发，已经在电子、医疗设备、清洁能源等众多领域中得到应用。

（10）3D 打印是一种以 3D 模型文件为基础，运用粉末状金属或塑料等可黏合材料，通过逐层打印的方式来构造物体的技术。3D 打印技术现在可以用来生产从简单工具到复杂的零部件，甚至食品和人体组织，这项技术正在彻底改变制造业和医疗行业。

（11）5G 通信技术提供了比以往任何时候都快得多的网络速度和更低的延

迟，这对自动驾驶汽车、智能城市、遥控手术等领域至关重要。

这些技术及其融合和相互作用都属于新质生产力的一部分，正在催生全新的经济活动和商业模式，推动着数字经济的飞速发展。

二、新动能：人力资本提升

中国经济时报在 2023 年发表的《我国居民人力资本的发展特点及其提升路径》中给出了准确测度居民人力资本水平、把握人力资本发展规律、促进人口高质量发展的基础性方法。该文从我国随机抽取了 10 万名居民进行了能力测试，将人体能力分为流体能力、晶体能力。其中流体能力是个体与生俱来的先天禀赋，如感知能力、注意能力、决策能力、执行能力、想象能力、记忆能力、高级记忆能力、归纳能力和高级归纳能力等；晶体能力是指人通过教育和社会经验而获得的能力，包括计算能力、数感能力、识字能力、词汇能力、联想能力、逻辑能力、洞察能力等。这些能力的水平体现了人力资本水平的测度。

从测试结果看，我国居民人力资本具有明显的差异性且服从正态分布，2009—2022 年居民流体能力和晶体能力的基尼系数分别为 0.2979、0.2623，流体能力的差异化程度明显高于晶体能力，且流体能力和晶体能力的基尼系数均表现为随年龄增长呈先降后升的 U 型走势。从不同年龄组居民能力水平发展特点看，流体能力呈倒 U 型发展，晶体能力随着年龄的增长不断提升，共同特点是能力快速提升期均为 12 周岁以前的早期教育阶段。鉴于人力资本是经济社会发展的基础要素，提升居民人力资本水平是促进人口高质量发展的核心要义，也是应对人口规模下降和人口结构老龄化、提升经济社会可持续发展能力的根本路径，应在遵循人力资本基本发展规律的前提下，以提升劳动者素质和社会人力资本积累水平为重点，着力改革教育培训体制机制。

人力资本主要是指个人的教育、技能、健康状况等无形资产。人力资本的提升在社会发展中扮演着新的动能角色，因为它对经济增长、技术创新、社会适应能力、国际竞争力、社会问题解决以及可持续发展等都具有重要的推动作用。

随着全球经济由工业化转向知识化和信息化，知识与技能成为了提升生产效率和增加经济价值的关键因素，已经成为了创新与发展的驱动力。创新是推动科技进步和产业升级的核心动力，而高质量的人力资本则是创新活动的主体。受教育水平高的劳动力能更有效地进行研究与开发活动，助力新技术、新产品和新服务的产生。

　　同时，全球经济结构正在发生变化，需求从传统行业转向更加高端的服务业和技术密集型产业。拥有高水平人力资本的社会能更好地适应这种转型，促进经济增长。随着全球化不断深入，国家间的竞争日益激烈。高质量的人力资本使一国能够在全球市场中保持竞争优势，吸引外国直接投资，推动贸易平衡发展。

　　当今社会面临许多复杂的问题，如气候变化、人口老龄化、公共卫生问题等。提升人力资本水平能培育出具备解决这些问题所需复杂技能与创新思维的人才。提升教育和健康水平是提高人力资本的重要途径，它们对提升人们的生活质量和实现可持续发展目标起着决定性作用。

三、新赛道：数据要素价值提高

　　亚马逊的智能推荐算法利用了大量客户行为数据，以提高产品推荐的相关性和个性化体验，这极大提高了购物的转换率并帮助公司实现了销售的增长。此外，亚马逊通过云计算平台 AWS，对外提供存储和计算服务，这不仅为公司本身创造了巨大的价值，也推动了整个数字经济的增长。亚马逊云技术的使用，优化了数据处理和分析的效率，为各类企业提供了强大的计算能力与存储解决方案。

　　另一个数据要素价值提高的案例是 Spotify 公司。Spotify 利用其广泛的用户数据来提供个性化的音乐推荐。它通过跟踪用户的听歌习惯、搜索历史、播放列表创建、歌曲跳过行为等来理解用户的音乐偏好。此外，它还分析用户和其他用户之间的相似性，以及音乐曲目之间的属性，如音乐类型、节奏、音调等。Spotify 通过算法为每个用户定制"发现周一"播放列表，其中包含根据其历史喜好挑选的推荐曲目，从而提高用户体验。其个性化推荐功能促使用户回归，增加了平台的用户黏性和活跃度，有助于 Spotify 的持续增长。用户对个性化内容的高满意度推动了订阅服务的增长，直接增加了 Spotify 的收入。它还能够实现对广告的精确定价，提供对目标受众的详细分析，从而提高广告销售的价值。Spotify 通过收集的数据做出有信息支持更有效的决策，如关于哪些艺术家或音乐曲目应该被更多地推广，以及根据用户兴趣发现新的潜在市场。Spotify 通过分析数据并将其产品化，创造了独特的音乐体验，这使得数据本身成为一个有价值的产品特性。通过这些策略，Spotify 将数据要素的内在价值转化为实际收入，提高了商业表现，并在音乐流媒体行业中确立了自身的竞争优势。这个案例清楚地展示了在数字经济中数据的重要性和价值。

数据要素价值提高被视为一条新的赛道，主要因为数据作为生产要素，对企业竞争力和产业发展具有重要影响。随着数字化、信息化的发展，数据量剧增，人们开始更加注重数据的搜集、分析和利用能力。

在创新驱动发展、个性化服务、运营效率提升、决策支持系统、价值链重组、风险管理等方向，数据要素价值提高起到了关键作用。数据通过分析和处理可以帮助企业识别新的商机，支持产品研发和创新过程，进而驱动行业进步。通过对客户数据的分析，企业能够提供更加个性化的服务和产品，满足不同客户的需求，提高客户体验和忠诚度。利用数据分析，企业可以优化生产流程、物流配送、库存管理和供应链管理等，减少浪费，提升整体运营效率。企业领导层可以基于大数据分析结果进行更加科学和精准的决策。数据的流通可以使得整个产业链的合作方式发生改变，推进价值链的重组，形成新的商业模式。数据还可以用来识别风险，比如通过历史数据分析来预测市场风险、信用风险等，帮助企业制定相应的风险管理策略。

随着对数据的需求日益增长，一个关注数据收集、处理、分析和交易的全新市场正在形成。

第三节 产业链供应链优化中的新质生产力特征

新质生产力特征在产业链供应链优化中是指那些可以显著改善生产性能和效率的特性和能力。产业链供应链优化中典型的新质生产力特征包括数字化与智能化、灵活性和适应性、精益生产、可持续性、协同合作、定制化和个性化、透明度与可追溯性、风险管理能力等。

数字化与智能化指的是产业链供应链优化中会采用先进的信息技术，如物联网、大数据、人工智能和机器学习，来实现生产流程的自动化和智能化，从而提升效率和减少错误。

灵活性和适应性指的是优化后的供应链能够迅速适应市场变化，如消费行为的改变、新产品的引入或原材料价格波动。

精益生产指的是产业链供应链优化会去除生产过程中的一切浪费，包括不必要的库存、过度加工等，从而最大化效率和价值。

可持续性指的是产业链供应链优化强调环保和资源的有效利用，包括降低能源消耗、减小碳足迹、循环经济等。

协同合作指的是产业链供应链优化确保产业链上下游以及供应链各环节之间通过高效的信息共享和协调合作，增强整体的响应速度和效率。

定制化和个性化指的是产业链供应链优化能够满足市场对于个性化和定制化产品的需求，以小批量、多样化的方式快速生产。

透明度与可追溯性指的是产业链供应链优化通过使用区块链等技术，提高供应链的可视化水平，确保物流信息的透明度和产品的可追溯性。

风险管理能力指的是优化后的产业链供应链借助高级的分析工具和模型，预测和应对潜在的供应链风险，以维护供应链的稳定性。

产业链供应链优化利用这些新质生产力特征，能够提升竞争力，满足市场需求，同时实现经济效益和社会效益的双重目标。随着技术的进步，上述特征会不断演进和刷新，推动产业的创新和发展。本节从高效能、高科技、高质量三个方面阐述产业链供应链优化中的新质生产力特征。

一、高效能：数字化、智能化改造升级产业链

数字化、智能化改造升级产业链是指运用信息技术和智能技术对传统产业链和供应链进行优化与提升，这样的改造升级可以提高效率、降低成本、增加灵活性和提升客户满意度。以下是一些大家熟知的案例。

亚马逊在其物流中心采用了高度自动化的机器人技术，如 Kiva 机器人，这些机器人能够自动搬运货物，选择最有效的路径和方式完成仓库作业。亚马逊还使用复杂的算法和数据分析来预测需求、进行库存管理和优化配送。

通用电气（GE）推出 Predix 平台，构建工业互联网体系，采集设备数据，进行大数据分析和实时优化。通过这种智能化改造，GE 可以提高工业生产过程中的效率，减少停机时间，预测维护需求。

宝马集团采用自动化和人工智能技术在汽车生产过程中进行数字化改造。例如，利用机器人自动化车身制造、涂装，以及引入智能物料搬运系统来提高生产线的灵活性和效率。

西门子运用其数字化企业组合在自己的电气开关设备工厂实践数字化转型。通过模拟技术和数字孪生概念实现产品设计、生产流程以及工厂运营的全

面数字化管理和优化。

施耐德电气运用云计算、物联网和大数据分析，建立智能供应链系统。他们的 EcoStruxure 平台能够实时监控供应链情况，优化库存管理，并加强与供应商的协同。

瓦克化学通过数字化转型，推进其化学生产流程的智能化。公司运用过程控制系统、先进的分析技术及机器学习优化生产流程，提高了能效和生产能力。

这些案例显示了数字化和智能化在各行各业中的广泛应用，不仅涵盖了消费品、电子商务、工业生产等多个领域，也展示了如何通过技术进步实现生产方式的根本性变革。数字化、智能化改造升级产业链，本质上是通过技术手段实现生产流程的优化，降低成本，提高产出效率与产品质量，从而强化整个产业链的竞争力。

这种改造的核心目标是高效能：数字化手段允许信息在产业链各环节间实时、准确传递，确保决策基于最新数据制定，减少库存和等待时间；通过数据分析和机器学习算法，企业能更精准地预测市场需求，实现产能和库存的动态调整，有效减少资源浪费；智能化生产线的引入通常会伴随着质量检测的自动化，这有助于实时监测和保证产品质量，减少人为或流程上的缺陷；自动化与智能化设备的使用可以快速响应市场变化，实现快速切换生产线，以适应多样化的产品需求，提高生产的灵活性；自动化和智能化可减少对人工的依赖，降低由人为错误或低效率作业导致的成本；智能系统能更精确地控制能源的使用，避免过度消耗，从而降低能耗。

二、高科技：绿色、低碳技术推动供应链可持续发展

当今社会，绿色、低碳技术正在推动供应链可持续发展，太阳能与风能、循环经济、绿色包装、电动车辆、生产过程节能、水资源管理都是大众熟知的绿色、低碳技术。

全世界有很多绿色、低碳技术的应用案例。苹果公司大力使用可再生能源，在全球范围内的办公室、数据中心及零售店中，使用太阳能和风能发电。丰田汽车公司通过循环经济的概念，实现了零部件的回收再利用，减少了生产过程中的浪费。Unilever 等消费品公司致力于使用可回收或生物降解材料来替代传统塑料包装，减轻对环境的压力。特斯拉公司一直在推动电动车辆的普及，减

少了交通运输中对化石燃料的依赖,从而降低了碳排放。乐高集团承诺到 2030 年生产的所有乐高积木将使用可持续材料,同时在生产过程中减少能源消耗。可口可乐公司通过改善其全球运作中的水效率、实施水源保护项目,努力实现水的可持续利用。

以上述绿色、低碳技术推动的供应链可持续发展案例可见,其实现过程采用了多种高新技术,比如企业安装太阳能电池板或风力发电来减少对化石燃料的依赖,采用电动车辆、氢燃料运输工具或通过优化运输路线来减少碳排放,对产品进行设计以便它们可以更容易地被修理、回收或再利用,研发和使用可降解或可回收材料作为包装材料,减少塑料等有害材料的使用,研发减少水和能源消耗的生产技术,减少污水和废物的产生。这些高科技的利用反映了绿色、低碳技术的高科技特性。

三、高质量:协同、共享模式促进产业链供应链协同发展

协同、共享模式在全球范围内得到了广泛应用,促进了产业链供应链的协同发展,并涌现了很多的应用案例。

阿里巴巴通过其电子商务平台,构建了一个庞大的 B2B、B2C 交易平台,实现厂商直连、减少中间环节,通过大数据分析帮助商家和制造商更好地预测市场需求,实现供应链的优化与协同。

亚马逊运用先进的物流体系和数据分析技术,实现卖家、供应商与仓储物流的高效配合,提升供应链的响应速度和配送效率。它的亚马逊物流服务使得小规模卖家可以共享亚马逊的物流网络,提升整体供应链效率。

宝洁与其供应链伙伴共享需求计划和库存信息,通过实施供应链协作计划(Collaborative Planning,Forecasting and Replenishment,CPFR)实现协同补货,减少库存和提高效率。

联邦快递(FedEx)推出了一系列的物流解决方案,如 FedEx Supply Chain,帮助企业构建响应迅速的供应链,同时促进合作伙伴之间的信息共享与实时数据交换。

丰田生产方式(Toyota Production System,TPS)中的 Just-In-Time(JIT)库存管理模式使得生产过程中的供货与需求高度协同,减少了库存成本和浪费。丰田与供应商的紧密合作也是该公司供应链成功的关键。

SAP Ariba 提供一个全球采购解决方案与市场，帮助企业在全球发现、联系合作伙伴，并与合作伙伴建立商业关系，并通过云平台实现信息共享与交易自动化。

戴尔（Dell）的直销模式曾经是一个颇具代表性的供应链协同案例，它允许客户定制自己的计算机配置，然后 Dell 根据订单信息来组织生产和物流，大大减少了成品库存，实现了生产与销售的紧密协同。

京东构建了集自有物流和合作伙伴资源于一体的分布式智能物流网络，通过数据共享和算法优化实现资源最大化利用，提高了供应链的整体响应速度和效能。

合作性策略模式（Vendor Managed Inventory，VMI）是常见的供应链协同模式之一，厂商直接负责管理零售商的库存，根据实际销售和库存情况自动补货。例如，沃尔玛与其供应商在 VMI 方面有着大量的合作。

这些案例展示了通过不同途径与策略实现产业链供应链协同的多样性，涉及信息技术、物流、库存管理、合作伙伴关系等多个层面。协同、共享模式促进产业链供应链协同发展的内核是高质量，具体体现在效率提升、弹性增强、风险分散、创新促进、价值最大化、可持续发展等方面。

协同共享使得资源配置更高效，供应链中的各方可以共享信息、技术和资源，降低重复投资，减少浪费，提高生产效率和反应速度。通过协同共享，供应链能够更灵活地应对市场变化，快速调整产品和服务，满足客户需求，提高供应链的整体响应能力。协同共享模式能够使风险在供应链各参与者之间分散，减少单一环节的故障对整条供应链造成的冲击，从而提高整体的稳健性。信息和资源的共享为合作双方甚至多方创造了更多的创新机会，促进了新产品、新技术和新业务模式的产生，从而提高产业链的整体创新能力。通过协同共享，可以优化产品和服务的价值链，每个环节都能够发挥其最大价值，从而提升整个供应链系统的价值创造和竞争力。协同共享模式鼓励了环境友好和社会责任的实践，有助于实现资源节约和循环利用，推动整个供应链朝着可持续发展的方向前进。

整体来说，协同共享模式通过整合资源、流程和信息系统，实现供应链上下游之间以及横向合作伙伴之间的全方位协同，持续提升产业链的质量和效能，是推动产业高质量发展的关键。

第四节　新质生产力在产业链供应链优化中的作用

新质生产力的概念可能会根据不同的上下文和应用领域有所变化，从字面上理解，新质指的可能是新的、有质的差异或改进的，而生产力通常指的是生产商品和服务的能力。在产业链供应链优化这个领域，新质生产力的作用大约涉及新技术应用、流程优化、供应链协同、可持续发展实践、教育和培训、管理和组织创新等方面。

产业链供应链优化中有很多新技术的应用，例如自动化、人工智能、物联网、大数据分析等技术的应用可以提高生产效率，减少错误和浪费，从而优化产业链供应链。产业链供应链优化还需要通过对生产及物流流程的重新设计，例如采用精益生产方法、敏捷生产战略等，以减少不必要的步骤和提升整体效率；通过加强供应链伙伴间的信息共享和协作，可以提高响应速度，减少库存，提升客户满意度；通过采用更加环保的生产方式和材料，企业可以降低对环境的影响，同时可能会降低能源成本以及满足越来越严格的法规要求；投资人力资源，提供新技能培训，使员工能够有效地应用新技术和新方法，是提高整体生产力的关键；改进决策流程，采用平台化管理，以及更加灵活的组织结构，可以提升企业的竞争力和适应性。

本节从新动能、新业态、新技术三个方面阐述新质生产力在产业链供应链优化中的作用。

一、新动能：提升创新能力

在当今快速变化的全球化环境中，产业链供应链对于企业尤其是制造商来说至关重要。它们不仅支持产品从原材料到成品的转变，还确保产品能及时、高效、地到达市场。然而，产业链和供应链面临的挑战越来越大，这包括新技术的不断涌现、消费者需求的多样化、市场竞争的激烈，以及全球性问题如贸易政策变动、资源稀缺环境问题等。

在这种背景下，提升创新能力成为产业链供应链优化的新动能。创新能力可以帮助企业更快适应市场变化和消费者需求。通过快速的产品开发和定制化服务，企业能够及时提供客户所需，抓住市场机遇。创新能力建立在新产品、服务、流程或业务模型上，可以使企业在激烈的市场竞争中脱颖而出，提供与众不同的价值主张。通过研发新技术和改进生产流程的创新，企业可以提高生产效率和降低成本。例如，利用自动化、人工智能和物联网技术可以优化库存管理，减少浪费，提高资源利用率。创新是推动企业可持续发展的关键。企业可以通过开发更环保的材料、改进回收利用过程和减少碳排放等方式，提升环境绩效，这也越来越成为满足法规要求和消费者期望的必要条件。创新能力使供应链更具韧性，能够抗击和适应外部冲击。比如开发多元化的供应商网络、实施先进的风险管理工具和策略，企业就能更好地预防和应对潜在的供应链中断。创新往往需要跨学科、跨行业的合作。通过建立合作伙伴关系和创新生态系统，企业可以共享知识、资源和技术，共同开发新的解决方案。

提升创新能力意味着企业不断寻找改进其产品、流程和商业模式的方法。借助创新，企业能够提高其整体竞争力，并保持在动态市场环境中的领先地位。因此，创新在产业链供应链优化中被视为一种新动能。在产业链供应链中提升创新能力，可以从研发投入、人才建设、外部合作、自主创新、信息技术应用、灵活生产、绿色供应链等方面着手，即增加研发资金投入，为创新提供资金保障；吸引和培养创新型人才，提供创新环境和激励机制；与科研机构、高校及其他企业进行合作，引进外部知识和技术；鼓励企业独立进行技术创新，拥有自主知识产权；利用互联网、大数据、云计算、物联网等信息技术，优化供应链管理；采用先进的制造技术，如 3D 打印、智能制造，实现定制化和灵活生产；推动环境友好型产品和流程的创新，强化可持续发展。

二、新业态：优化结构与布局

结构和布局优化是在产业链供应链管理中的重要因素，因为它们直接影响着成本、效率、响应速度和灵活性。已经有很多企业在优化产业链供应链结构与布局方面的案例，下面介绍几个比较知名的。

Dell 的按需生产模式。Dell 是按需生产策略的先驱，该公司通过实施直销模式与客户直接交互以定制计算机。Dell 优化了供应链结构，将存货保持在较低水平，并将组装工作推迟至收到客户订单之后。这种模式允许 Dell 快速响应市场变化、减少过时风险，降低整体成本。

宜家的平板包装设计。宜家通过其创新的平板包装和自我装配的家具设计，优化了供应链结构。这种设计降低了运输和仓储成本，因为产品占用的空间更小，货物装载效率更高。加上宜家在全球的分布式生产和仓储设施，有效降低了物流成本并提高了交付速度。

Zara 的快速反应供应链。Zara 的供应链模式以快速反应市场需求而闻名。通过将设计、生产和分销中心布局在接近市场的地理位置，Zara 能够快速实现从产品设计到店铺铺货。这种供应链结构和布局的优化使得 Zara 能够在几周内推出新产品，而不是几个月，从而在时尚产业中取得竞争优势。

亚马逊的分布式仓储系统。亚马逊通过在关键市场布置大量分布式仓储中心来优化供应链布局。通过智能预测算法，亚马逊能够在各地的仓库中提前储备商品以应对需求波动，从而缩短了交付时间，提高了客户满意度。

丰田的精益生产系统。丰田的精益生产系统旨在消除浪费、优化流程和提高生产效率。通过整合供应商网络和实行准时制生产原则，丰田能够减少库存、降低成本并提升生产的灵活性。这一系统被广泛认为是供应链结构优化的典范。

苹果的全球供应链管理。苹果通过精细化管理其全球供应链实现了巨大成功。苹果对设计、组件采购、制造、物流和零售环节进行了仔细规划与优化，提高了运营效率并缩短了产品上市时间。

每个案例都表明了通过优化供应链结构和布局，公司能够实现成本控制、灵活性提升、客户服务改善和市场响应速度加快等多种效益。在产业链供应链优化中，优化结构与布局已经被认为是新业态，其原因是企业运营必须响应市场变化、利用新技术、提高效率和灵活性、促进可持续发展、消费者需求驱动、增强竞争优势。

随着全球化和技术的发展，市场需求快速变化。产业链供应链的结构与布局必须灵活地适应这些变化，以保持竞争力。因此，采用新的结构和布局方式可以视为对变化趋势的回应。

数字化、大数据、人工智能、物联网和云计算等新兴技术的应用推动了供应链管理的优化和创新。这些技术可以促进更加高效、透明和可持续的供应链结构。

通过优化供应链结构与布局，企业可以更有效地管理资源，降低运营成本，增强供应链的韧性，以应对不确定性和潜在的供应链中断。

新业态下的供应链优化还需要注重环境保护和社会责任，促进绿色供应链和循环经济的发展，这对企业的长期可持续性发展至关重要。

现代消费者更加注重产品的定制化、服务质量和速度。供应链结构和布局的优化能够更好地满足这些需求，如通过本地化生产、仓储和配送来缩短交付时间。

通过创新的供应链结构与布局优化，企业能够提高产品和服务的差异化，从而在市场上获得竞争优势。

在供应链中构建战略性合作伙伴关系可以获得资源共享和协同效应，提升整个产业链的效果。

三、新技术：增强韧性与安全性

产业链供应链优化通常需要新技术的加持以提升效率、安全性以及应对突发事件时的韧性。下面介绍一些应用新技术来增强供应链韧性与安全性的案例。

IBM Food Trust 使用区块链技术跟踪食品的整个供应链。它允许生产者、供应商和零售商对食品来源和运输路径保持透明，实现了可追溯性，提高了食品安全性。丹麦航运巨头 Maersk 与 IBM 合作开发了 TradeLens 平台，应用区块链技术改善全球贸易流程，减少需要纸质处理的流程，降低成本并提高效率。

DHL（敦豪，Deutsche Post DHL 旗下公司）运用物联网技术，配合传感器和实时数据分析，优化仓库管理，实现库存和设备健康状况的自动监控，减少中断时间，并提高物流效率。Michelin（米其林）的 Track Connect 是一款智能轮胎监控系统，使用传感器收集数据以优化轮胎维护和使用寿命，降低货运中的意外和延误。

Google（谷歌）的 Cloud AI 和 Project44 项目使用机器学习算法分析大数据，帮助客户优化库存管理，预测市场需求，并及时响应天气等外部事件的影响。Flexe 为企业提供灵活的仓储和配送服务，运用机器学习技术动态优化库存分布，减轻供应链中断的风险。

UPS 使用先进的分析工具来优化送货路线，减少行驶距离和成本，同时减少对环境的影响。P&G 建立了一个供应链控制塔，它整合了来自外部和内部的大量数据，并用高级分析来优化其全球供应链。

Porsche（保时捷）技术人员使用 AR 眼镜与远程专家实时沟通，快速解决生产线上的问题，从而减少停机时间并提高生产效率。

GE 航空使用 3D 打印技术制造发动机零件，这样可以在需要时快速制造部件，减少库存和物流成本，同时还能快速响应设计变更。

亚马逊正在开发无人机送货服务，以实现 30 分钟内的快速交付，大幅提升物流速度和效率。

以上所罗列的每种技术都针对供应链中的特定环节进行优化，旨在增强整体的透明度、效率、响应速度以及对不确定性事件的应对能力。随着技术的不断进步，未来将有更多创新的应用出现，进一步推动供应链优化。

第五节　新质生产力、数字经济与产业链供应链优化的融合发展

新质生产力、数字经济与产业链供应链优化之间的融合发展是一个多维度、互动性强的过程。大多数企业在融合发展中采用数字化转型、智能化升级、平台化服务、数据驱动等方式。

数字化转型指的是应用新一代信息技术，对产业链供应链的各个环节进行数字化升级，从而实现信息的快速精准流通和数据共享。例如，通过云计算平台整合供应链上下游的数据资源，使用大数据分析预测市场需求和库存水平，从而优化生产计划和库存管理。

智能化升级指的是利用人工智能、机器学习等技术优化决策制定和工作流程。例如，在生产制造过程中，智能工厂可以通过机器视觉和传感器技术实现自动检测和品质控制，通过智能算法优化设备维护和能源管理。

平台化服务指的是构建以数字技术为支撑的平台，协助企业协同合作，例如电子商务平台、供应链管理平台等，帮助企业减少信息不对称，改善交易效率和降低交易成本。

数据驱动指的是基于海量数据的分析和应用，可以精准把握市场变化和消费者需求，提高产品和服务的匹配度，推动研发和创新。

综合来看，新质生产力、数字经济与产业链供应链优化的融合发展，不仅能够提高生产效率和反应速度，降低经营成本，而且还能够推动产品和服务创新，改善用户体验，加强企业的市场竞争力。这种融合发展的过程是全球化和科技进步共同推动下的必然趋势，对经济持续发展具有重要的推动作用。本节从现状、路径、前景三个角度阐述新质生产力、数字经济与产业链供应链优化的融合发展的细节。

一、现状：高度融合，快速发展，面临挑战

截至 2023 年，新型生产力的概念已经深入到数字经济以及产业链供应链的优化中，推动着全球经济的转型和提升。新质生产力、数字经济与产业链供应链优化融合发展表现在很多方面。

首先，数字技术驱动生产力提升，数字化转型已经成为提升新质生产力的关键因素。云计算、大数据、物联网、人工智能、区块链等数字技术正在重新定义产品设计、生产流程、服务交付和客户体验。

其次，数字经济规模迅速扩大，随着技术的发展，越来越多的行业和企业利用数字工具和平台来优化运营，降低成本，提高效率。数字经济的规模持续增长，已成为推动全球经济增长的关键因素。

再次，端到端供应链优化，在供应链管理方面，企业正通过数字化途径进行端到端优化，实现更加灵活和响应快速的供应链。采用机器学习和预测分析等技术帮助企业预见潜在风险，并能够更好地应对市场变化。

另外，制造业通过引入智能生产线、数字孪生、自适应机器人等技术，实现了生产过程的智能化、自动化。而服务行业则通过数字化转型实现了服务创新，例如线上线下融合、个性化推荐、即时配送等。数字经济促进了跨企业之间的数据共享和合作，通过区块链等技术保障数据的安全与透明度，协助业务合作伙伴之间建立更紧密的合作关系，优化整个产业链的运行效率。数字技术的应用也扩展到绿色经济和可持续发展领域，企业通过优化资源利用和减少废弃物产生，推进环保与经济发展相结合。数字经济还影响了国际贸易模式，传统的贸易壁垒逐渐减少，电子商务和跨境电商得到发展，新的贸易协议开始关注数字经贸规则。各国政府也逐步建立起支持数字经济发展的政策环境，例如数据保护法、网络安全法和鼓励技术创新的税收优惠政策等，以促进新质生产力的发展。

未来，随着技术的不断进步和政策的进一步优化，新质生产力将继续提升，数字经济会持续发展，产业链供应链的优化将更加精细化和高效化。

二、路径：技术创新，市场推动，政策支持

新质生产力、数字经济与产业链供应链优化融合发展是未来经济发展的重要方向。下面具体介绍促进融合发展的途径。

新质生产力大变革

首先需要强化技术创新。要增加研发投入,加大科技创新力度,特别是在人工智能、大数据、云计算、物联网等技术上;还要拓展技术应用,鼓励企业尝试将新技术应用于生产过程中,以提高效率。

其次需要促进数字经济深度融合。一是要将数字技术扩散,促进数字技术在各个行业的广泛应用,尤其是制造业、物流、零售等领域;二是做好数据驱动管理,依托数据分析,打造智能化的生产流程和供应链管理体系。

再次需要完善产业链供应链升级。升级过程中需要优化资源配置,通过供应链管理平台,实现资源在供应链上的优化配置,还要提高透明度,利用区块链等技术提高供应链的可追溯性和透明度,从而减少不确定性。

第四,需要培育新型业态和模式。要发展共享经济,鼓励共享资源和能力,以降低成本并提高资源使用效率。还要发展平台经济,通过互联网平台整合上下游产业链资源,促进产业链的协同发展。

第五,需要政策引导和环境优化。要争取政策支持,制定相关政策,引导和鼓励数字经济与产业链供应链的融合,还要优化商业环境,降低企业数字化转型的门槛。

第六,需要跨界合作与整合。这种合作和整合不仅包括行业协同,即促进不同行业之间的合作,实现资源共享、能力互补,还包括国际合作,即推动全球供应链的合作,通过国际交流与合作获取先进经验和技术。

第七,需要加强人才培养与引进。既要加强教育培训,在教育体系中加强对数字经济相关技能的培训,满足产业转型的人才需求;还要提高人才吸引力,即制定激励政策,吸引和留住高水平的数字技术和管理人才。

第八,完善智能化物流系统。实现物流自动化,即利用自动化设备和机器人技术提高仓储和配送效率。还要实现物流信息化,即建立完善的物流信息系统,以实现精确的需求预测和库存管理。

通过这些途径,可以有效促进新质生产力、数字经济与产业链供应链的融合发展,实现经济的高效、可持续增长。

三、前景:经济、社会、环境效益提升,产业升级

新质生产力、数字经济与产业链供应链的融合发展正在成为推动全球经济增长的新引擎。这种融合对企业、行业乃至全球经济都具有重大意义,将对各行各业造成深远影响。

第一，效率提升。通过数字化工具和技术，比如物联网、人工智能、大数据分析等，可以优化产业链供应链的运作，提升生产效率和响应速度，减少浪费，降低运营成本。

第二，灵活性增强。数字化能力可以使企业更灵活地应对市场变化和不确定性，实时调整生产计划和库存管理，提升客户满意度。

第三，个性化与定制化。结合大数据分析，企业可以更好地了解消费者需求，发展个性化和定制化的产品和服务，占领市场先机。

第四，创新驱动。利用数字技术和应用，企业能够发展新的商业模式，如以数据为核心资产的服务化模式，同时推动产品和流程创新。

第五，协同与合作。数字经济下，企业可以通过平台和生态系统更紧密地与供应商、分销商、顾客等合作伙伴协同工作，实现信息共享和资源优化配置。

第六，可持续发展。通过智能化管理，企业更容易实施绿色生产，减少资源消耗和环境影响，提倡循环经济和可持续发展。

尽管融合发展的前景广阔，但也面临不少挑战。这包括技术标准与规范尚未统一、数据安全与隐私保护的担忧以及企业在转型过程中的人才和文化适配问题。此外，对于发展中国家来说，技术和资本的限制可能会成为阻碍发展的重要因素。

为了充分利用新质生产力、数字经济与产业链供应链优化的融合发展机会，政府、行业协会和企业需要共同努力，制定出相应的政策支持、投资引导、教育培训，打造公平竞争的市场环境。

第五章 新质生产力带来的新力量、新未来、新格局

本章我们将深入探讨新质生产力如何为社会带来深远影响。新质生产力的涌现，充分激发了科技人才的创新创业活力。科技创新引领着产业创新，悄然改变着我们生活中的方方面面。新质生产力描绘着未来社会的崭新画卷，让我们深切感受到科幻般的未来已触手可及。同时，新质生产力正成为推动区域深度融合与国际经济新格局形成的强大引擎，它所带来的深远影响将不断推动着全球经济体系的变革与发展。

第一节 新质生产力释放的强劲新动能

在科技飞速发展的今天，新质生产力正以其独特的魅力和强大的动力，引领着时代前行的步伐。在这样的背景下，无数创新创业者纷纷投身于高技术、高效能和高质量的领域，他们怀揣梦想，以智慧和勇气书写着创新的篇章，为这个世界创造出无限的可能。

一、遍地开花：双创支撑平台显现澎湃活力

新质生产力的崛起，离不开政府对创新创业的高度重视和大力支持。自提出"大众创业，万众创新"至今的十年间，我国在简政放权和强化服务的改革

上跑出了"加速度",持续为大众创业、万众创新清障搭台,政府出台了一系列政策,鼓励创新创业,推动新质生产力的发展。中国政府网的"双创"政策库中,国务院和国家部委下发的文件就累计近 200 个。这些政策不仅为创新创业者提供了资金、技术、人才等方面的支持,还为他们营造了良好的创新创业环境。

为加快实施创新驱动发展战略,全面落实推动双创的各项政策措施,构建双创发展生态,各级政府都十分重视双创支撑平台建设。《中华人民共和国2022年国民经济和社会发展统计公报》显示,截至 2022 年年末,大众创业万众创新示范基地有 212 家,国家级科技企业孵化器有 1425 家,而根据 2023 年该统计公报的数据,国家级科技企业孵化器已增至 1606 家,仅一年的时间增长了近200 家。

这里我们以杭州万轮科技园(以下简称"万轮")为例了解双创支撑平台的勃勃生机。万轮科技园成立于 2006 年,是杭州市高新技术产业园、杭州市第一家大学生创业园,先后获评国家级科技企业孵化器、国家小型微型企业创业创新示范基地、全国创业孵化示范基地、浙江省五星级小微企业园,是滨江区极具代表性的高新产业示范基地。

万轮最初是一家传统的小轮车及配件制造企业。2006 年,随着滨江高新区的蓬勃发展,万轮审时度势,摒弃传统厂房建设模式,转而精心打造园区,旨在为来自全国各地的年轻创业者提供一方施展才华的创业平台,进而创建了杭州市首个大学生创业园。经过十多年的磨砺和探索,园区已建立起了"创业苗圃+孵化器+加速器+产业园"一站式孵化与培育的科技创新服务链和生态圈,新兴产业集聚、人才精英汇聚,已成就了一批像宇视科技、启明医疗、圣兆药物、浙江双视、德诺睿华、堃博医疗等高端知名企业。根据园区官网上的介绍,130 多亩的空间里已培育上市企业 5 家,高新技术企业 46 家,国家级重点软件企业 2 家,准独角兽企业 3 家,瞪羚企业 30 家、5050 企业 25 家,拥有"国千"人才 2 人,"省千"人才 5 人(来自园区官网"园区介绍"2024 年 4 月 28 日的数据)。

二、引领潮流:独角兽企业蓬勃发展

当前,新一轮科技革命和产业革命带来了新产业、新业态和新模式的兴起,推动着新质生产力的加快形成。而独角兽企业逐渐成为新经济发展的风向标,引领着产业发展的潮流与变革。

　　独角兽企业通常具备成长性高、创新性强、发展潜力巨大等特点。这些企业往往掌握着独特的核心技术或拥有颠覆性的商业模式，因此成为投资者争相追逐的目标。胡润研究院发布的《2024全球独角兽榜》列出了全球成立于2000年之后、价值10亿美元以上的非上市公司。榜单显示，截至2023年12月31日，全球共有1453家独角兽企业，分布在53个国家的291个城市。其中，美国拥有703家独角兽企业，位居榜首。中国位居第二，共有340家独角兽企业上榜。在榜单的城市排名中，北京、上海、深圳、广州、杭州等五个城市的独角兽企业数量跻身全球前十，其中北京位列第三，仅次于旧金山和纽约，在中国城市中拥有独角兽企业数量最多。总部位于北京的字节跳动位居独角兽企业榜首，连续三年成为全球最有价值的独角兽企业，企业估值达1.56万亿元（本书写作时的数据）。

　　目前，全球独角兽企业主要来自金融科技、软件服务、人工智能、电子商务、健康科技等行业，其中金融科技、软件服务和人工智能独角兽企业占全球独角兽企业的三分之一。值得注意的是，人工智能在2024年超过电子商务，位居第三。在中国独角兽企业主要行业排名中，位列前三的依次为人工智能、半导体和新能源。

三、崭露头角——硬科技领域的创业者奋发图强

　　硬科技是基于科学发现和技术发明的，需要长期研发投入和持续积累形成，具有较高的技术门槛和明确的应用场景，难以被复制和模仿，对经济社会发展具有重大支撑作用的关键核心技术。目前，硬科技的代表性领域涵盖了光电芯片、人工智能、航空航天、生物技术、信息技术、新材料、新能源、智能制造等多个前沿领域。

　　在产业转型升级的背景下，创业者看到了产业的机会和宏观环境的利好，纷纷投身于硬科技这一正在风口之上的领域。硬科技领域的创业者一般分为两大类：一类是经验丰富的产业端从业者，另一类是来自学界的科学家、大学教授等。

　　芯片公司云豹智能的创始人萧启阳有二十多年的半导体行业经验，是产业老兵的代表。他在硅谷创办的芯片公司RMI于2009年被美国纳斯达克上市公司NetLogic（NetLogic Microsystems）并购。2011年，他又促成了NetLogic被

世界芯片大厂博通高价并购。2015 年离开博通后，他一直在思考芯片领域未来的发展走向、客户需求和解决方案。2019 年底至 2020 年初，新冠疫情暴发，全球产业数字化转型对算力的需求急剧上升，这让他对 DPU（数据处理器）这一细分领域有了更加坚定的信念。在这个新兴领域中，萧启阳迅速获得了投资者的青睐，拿到了融资，他创立的云豹智能也迅速崭露头角，成为国内 DPU 领域的代表性企业之一。在半导体领域，还有很多创业者与萧启阳有类似的经历，众多曾效力于华为海思、英伟达、AMD 等大厂的人才也纷纷踏上了自主创业的道路，投身安防芯片、Wi-Fi 芯片等领域。

接下来，再简要介绍几位量子计算领域的创业者。中国科学技术大学的郭光灿院士、杜江峰院士和潘建伟院士被誉为量子计算领域的"中科大三巨头"，也被称作"量子 GDP"，他们分别创立了自己的公司，已经走在技术成果转化的路上。当下，硬科技领域不断涌现像三位院士这样的创业者，我们也期待"下海"的创业者们一浪接着一浪，在各个硬科技领域发挥引领作用，推动技术进步与产业升级，为新质生产力的发展贡献力量。

第二节　新质生产力领航下的未来社会画卷

随着科技的飞速发展，我们正站在新时代的门槛上，未来社会的模样正逐渐展现在我们眼前。这里我们将探索新质生产力如何引领我们走向一个充满科幻色彩的现实世界，了解"AI+教育"带来的个性化学习革命，以及智慧医疗带来的便捷与个性化的医疗服务。让我们一起揭开未来社会的神秘面纱，感受新质生产力带来的无限可能。

一、未来已来：科幻中的未来世界走进我们的生活

科幻电影常常为我们展现一个充满想象力的未来世界，各种令人叹为观止的科技和文明进步令人神往。而今天，这些曾经只存在于科幻中的未来世界，正逐步走进我们的现实生活。新质生产力的发展推动了科技革命的深化，进而潜移默化地改变着我们的衣、食、住、行等生活中的方方面面。

首先，让我们来看看"衣"。《星际迷航》系列中的制服设计，以其未来感十足的外观和实用性，深受观众喜爱。这种制服不仅外观时尚，还考虑了功能

新质生产力大变革

性和舒适性，比如可能集成的生命支持系统或防护功能。未来，我们的服装也将更加智能化，比如能够根据环境和个人需求自动调节保暖或散热，具备检测身体状况的性能等，为人们提供更多健康保护。《黑客帝国》中的虚拟现实服装能够与虚拟世界无缝连接，《头号玩家》中的体感手套和体感服也都曾令人梦寐以求。随着虚拟现实技术的不断发展和普及，这种连接现实与虚拟世界的服装有可能在娱乐、教育或职业培训等领域得到广泛应用。此外，随着智能纺织技术、3D打印技术等的应用，服装的定制将变得更为便捷和个性化。你可以根据自己的喜好和需求，定制出独一无二的服装，无论是款式、颜色还是材料，都可以随心所欲。传统的服装制造业正经历着一场由新质生产力引领的革新。广东省工业和信息化厅制定出台了《2024年开展"穿粤时尚潮服荟"打造纺织服装新质生产力行动方案》，推动各地因地制宜，着力在新产业、新制造、新技术、新模式、新消费、新服务等方面实施六大专项行动，推动纺织服装产业提质升级，打造纺织服装产业新质生产力。纺织服装产业是广东省的传统优势产业，在新质生产力的加持下，期待广东"穿粤时尚潮服荟"能为我们带来更多智能时尚体验。

再来看"食"。在《钢铁侠》中，托尼·斯塔克的豪宅内有一个高科技的厨房，这个厨房装备了先进的智能设备和系统。通过语音识别技术，托尼能够简单地通过语音指令操控厨房设备，实现自动化的烹饪过程。厨房内的智能设备能够精准地按照他的要求准备食材、烹饪食物，并在完成后自动送到他的面前。现在的智能厨房虽然也具备了一定的智能化功能，如智能识别食材、智能推荐菜谱、智能控制烹饪过程等，但大多还需要用户进行一定的操作和干预，无法实现完全自动化。未来，家庭厨房将实现更高程度的自动化，机器人和智能设备将协助完成烹饪、清洁等工作。此外，新质生产力在食品领域的应用也将使我们的饮食方式发生巨大变化。智能农业技术的出现让农业生产更为高效和环保，提高了农作物的产量和质量。同时，食品加工的智能化也使得食品的口感和营养更为均衡和丰富。更重要的是，通过基因编辑技术，我们可以培育出更多营养丰富、口感独特的食品，满足人们的多样化需求。

接着是"住"。科幻电影中那些智能化的家居设施，如今已经不再是遥不可及的梦想。智能家居系统的出现，使得我们的生活更为便捷和舒适。无论是智能照明、智能空调，还是智能安防系统，都在为我们创造一个安全、舒适、节能的居住环境。智能家居系统可以监测用户的健康状况，如睡眠质量、心率、血压等。通过数据分析，系统可以为用户提供个性化的健康建议。AI技术还可以使智能家居系统具备学习能力。系统可以根据用户的使用习惯和反馈，不断优化自身的性能和功能，以提供更好的服务。在一些未来感十足的电影中，家庭成员可以与全息图像互动，或在家中通过虚拟现实技术体验不同的环境。虽然全息技术尚未完全进入家庭，但虚拟现实（VR）和增强现实（AR）技术已经在游戏、教育和娱乐领域取得了显著进展。而新质生产力在建筑行业的应用也使得我们的房屋更为环保，比如绿色建筑材料的使用、建筑垃圾的资源化利用等。

最后是"行"。在电影《第五元素》中，空中出租车穿梭于高耸入云的摩天大楼之间。在观看完这类科幻电影后，当遇到交通拥堵时，你是否也曾憧憬过乘坐低空飞行器成为日常出行的寻常之选？新质生产力在交通领域的应用将使得我们的出行方式发生巨大的变化。2022年9月，上海发布的《上海打造未来产业创新高地发展壮大未来产业集群行动方案》提出，要突破倾转旋翼、复合翼、智能飞行等技术，研制载人电动垂直起降飞行器，探索空中交通新模式。2023年10月，中国首个倾转旋翼载人电动飞机的首轮试飞成功，其时速与高铁相当，比出租车快五倍。这类电动飞机在未来极有可能演变为城市内部以及城市间短途出行的全新交通方式，为人们的移动带来前所未有的便捷与高效。2023年12月，中央经济工作会议明确提出打造若干战略性新兴产业，其中就包括低空经济。在政策的大力支持下，伴随着技术的不断突破，我们有理由相信，实现空中飞翔的梦想已经触手可及，我们将很快迈入一个新的航空时代。

其实，我们不难发现，新质生产力已悄然融入我们的交通出行：世界上第一条时速350千米的智能化高速铁路——京张高铁已经全线运营，智能建造技术目前已推广应用到所有新建高铁，智能客站、智能综合调度等成果已全面推广到全国铁路；自动驾驶技术的日益成熟，使得驾驶更为安全和便捷，减少了交通事故的发生；电动汽车、氢能源汽车等新能源交通工具的普及，使得我们的出行更为环保和节能；智能交通系统的建设，也使得我们的城市交通更为高效和有序。

总的来说，新质生产力正在逐步改变着我们的生活方式，让科幻中的未来世界逐步成为现实。相信新质生产力将继续引领我们走向一个更加美好的未来。让我们一起期待并努力创造这个充满科技魅力的新世界吧！

二、因材施教："AI+教育"让孔子的教育理想成为现实

两千多年前，伟大的先哲孔子提出了"因材施教"的教育理念，并一直传承至今。习近平总书记强调，教育家要有启智润心、因材施教的育人智慧。因材施教是广大教育者的理想。它意味着教师要尊重学生的个性，在教学中根据不同学生的认知水平、学习能力和自身素质，开展适合每个学生特点的有针对性的教学。因材施教需要丰富的教育资源来满足不同学生的需求。长久以来，在庞大的基础教育规模背景下，由于教育资源有限，因材施教的实现面临诸多挑战。而随着人工智能技术的飞速发展，"AI+教育"已经成为推动教育现代化的重要力量。AI技术的应用不仅为教育领域带来了革命性的变化，更是在实现孔子"因材施教"教育理念上迈出了坚实的步伐。

AI如何在教育领域发挥作用，以实现更高效、更个性化的学习体验呢？目前来看，主要体现在以下三个方面。

1. 个性化学习：AI的精准匹配

个性化学习是AI在教育中应用的核心。通过分析学生的学习数据和行为模式，AI能够为每个学生量身定制学习内容和教学计划。这种个性化的方法有助于学生根据自己的知识掌握程度和学习习惯，更高效地学习和掌握新知识。

个性化学习是现代教育中的一个重要趋势，它强调根据每个学生的独特需求和能力来设计和实施教学活动，在这一过程中，AI技术的应用为实现精准匹配提供了强大的支持。以下是AI在个性化学习中精准匹配的几个关键方面。

（1）学习风格的识别与适应。每个学生的学习风格都是独一无二的，有的学生可能更喜欢视觉学习，有的则可能偏好听觉或动手操作。AI可以通过分析学生的学习行为和反馈，识别出他们的偏好，并提供相应风格的学习材料和活动。例如，对于视觉学习者，AI可以推荐更多的图表和视频内容；而对于动手操作型学习者，AI可以提供更多的实验和模拟活动。

（2）知识点掌握程度的个性化评估。AI可以通过智能测试和分析，精准评估学生对特定知识点的掌握程度。这种评估不仅包括学生是否掌握了知识，还包括他们理解的深度和能够应用的范围。基于这些信息，AI可以为学生推荐适合其当前水平的学习资源，确保他们在学习过程中既不会感到无聊，也不会感到过于困难。

（3）学习路径的动态调整。随着学生的学习进度和能力的变化，他们的学

习路径也需要相应调整。AI 系统可以根据学生的表现和反馈，动态调整学习计划和目标。如果学生在某个领域表现出色，AI 可以推荐更高阶的学习材料；如果学生在某个知识点上遇到困难，AI 则可以提供额外的练习和辅导。

（4）学习资源的个性化推荐。AI 可以分析大量的学习资源，包括教科书、在线课程、视频讲座等，根据学生的兴趣和学习目标，为他们推荐最合适的学习资源。这种推荐不仅基于学生的历史数据，还可以考虑到当前的学习状态和心理状态，确保推荐的内容既有吸引力又具有教育价值。

（5）情感和心理状态的考虑。除了认知方面的匹配，AI 还可以关注学生的情感和心理状态。通过分析学生的语言和行为模式，AI 可以识别学生的情绪变化，并相应调整教学策略，以保持学生的学习积极性和动力。

（6）个性化的辅助教育。AI 技术可以为有特殊需求的学生提供个性化的辅助教育，如针对残障人士的语音识别和图像识别等技术，使他们能够更好地融入教育体系。

2. 智能辅导：AI 的及时反馈

大家在学生时代可能都会有这样的经历，课后写作业时遇到难题，自己百思不得其解。这个时候如果有他人提供及时的帮助，引导你解决难题，你会豁然开朗，对那道难题印象也会格外深刻。当学生遇到难题或存在学习误区时，AI 能够提供及时的个性化辅导和解答。这种智能辅导不仅帮助学生克服学习难题，还提高了他们的学习动力和兴趣。下面具体介绍 AI 及时反馈在智能辅导中的主要优势和应用。

（1）即时性。AI 系统能够立即对学生的学习行为作出反应，提供实时反馈。这意味着学生可以在进行练习或解答问题的同时，立即得知自己的答案是否正确，从而迅速调整学习策略。

（2）个性化反馈。AI 可以根据学生的学习进度、能力水平和错误类型，提供个性化的反馈。例如，对于某些常见错误，AI 可以解释错误原因并提供纠正建议；对于更复杂的问题，AI 可以提供详细的解题步骤或引导思路。

（3）数据驱动的反馈。AI 能够收集和分析大量的学习数据，从而识别学生的学习模式和弱点。基于这些数据，AI 可以提供有针对性的反馈，帮助学生更好地了解自己的学习情况，并制定相应的提升计划。

（4）激励与鼓励。AI 的及时反馈还可以起到激励和鼓励的作用。当学生取得进步或正确回答问题时，AI 可以给予积极的反馈和奖励，从而增强学生的学习动力和自信心。

（5）多模态反馈方式。现代 AI 系统不仅可以通过文字提供反馈，还可以利用语音、图像和视频等多种模态进行反馈。例如，对于语言学习，AI 可以模拟真实的对话环境，即时纠正学生的发音和语法错误；在数学学习中，AI 可以展示动态的解题过程，帮助学生更好地理解抽象概念。

（6）跨平台与移动性。随着技术的发展，智能辅导系统已经可以在多种平台上运行，包括计算机、平板和手机等。这使得学生可以在任何时间、任何地点进行学习，并获得 AI 的及时反馈。这种移动性和灵活性极大地提升了学习的便捷性。

然而，尽管 AI 的及时反馈具有诸多优势，但也存在一些挑战和限制。例如，AI 在逻辑和数据处理方面表现出色，但在情感理解和人文关怀方面仍有待提升；过度依赖 AI 反馈可能导致学生失去独立思考的能力；AI 智能辅导中学生的学习数据和隐私保护也是不可忽视的问题。因此，在使用 AI 进行智能辅导时，需要合理把握其使用方式和范围，确保其在提高学习效果的同时，不会对学生的全面发展产生负面影响。同时，我们也要认识到 AI 的及时反馈并不意味着教师的角色将被完全取代。相反，它使教师有更多机会专注于高级思维的培养、情感交流和个性化指导。AI 技术通过大数据分析能力，为教师提供了深入的学生评估和指导。教师可以利用 AI 收集到的学生数据，了解每个学生的潜在能力、学科偏好和学习瓶颈，从而制定更加个性化和有效的教学计划，实现人机协同的教学新模式。

3. 教育资源的优化配置

AI 技术促进了教育资源的共享和合作，有助于教育资源的优化配置。借助 AI 技术，不同地区、不同学校之间的教育资源可以实现共享和互通，优质的教育资源可以跨越地域限制，传播到更广泛的地区。无论是城市还是农村，学生都可以通过网络平台获得高质量的教育资源，从而缩小城乡之间的教育差距，有效促进教育公平。

AI 技术正在重塑教育的未来，它不仅让教育更加个性化和精准化，还帮助每个学生充分发挥潜力，实现个人的成长和发展。随着 AI 技术的不断进步和应用，我们有理由相信，教育将进入一个更加智能化、高效化和公平化的新时代。让我们拭目以待，AI+教育将如何继续推动教育革新，为全球学习者带来更加丰富和多元的学习体验。

三、智慧医疗：更高效、更便捷、更个性化的医疗体验

当新质生产力与健康医疗相遇，会擦出怎样的火花？近年来，随着人工智能、大数据等技术在医疗领域创新应用，医疗服务逐步走向智能化。智慧医疗通过打造健康档案区域医疗信息平台，利用最先进的物联网技术，实现患者与医务人员、医疗机构、医疗设备之间的互动，逐步实现信息化。2024 年 3 月 22 日，中国互联网络信息中心在京发布了第 53 次《中国互联网络发展状况统计报告》。该报告显示，数字技术的发展使公共服务更加便捷与包容，智慧医疗等领域的持续发展让网民数字生活更幸福，互联网医疗用户规模增长明显，较 2022 年 12 月增长了 5139 万人，增长率达 14.2%。智慧医疗提升了人们的健康生活品质，为人们带来了更高效、更便捷、更个性化的医疗体验。

1. 智慧医疗在预防医疗方面的应用

为推进健康中国建设，提高人民健康水平，中共中央、国务院于 2016 年 10 月 25 日印发并实施了《"健康中国 2030"规划纲要》。该纲要在指导思想中明确指出"坚持预防为主、防治结合的原则，以基层为重点，以改革创新为动力，中西医并重，把健康融入所有政策"。预防医疗以治"未病"为主，让人不得病，或者是只得小病。智慧医疗在预防医疗方面的体现主要展现在以下方面。

（1）健康管理。智慧医疗通过可穿戴设备、智能硬件、移动应用等手段，实现对个体健康数据的持续监测和记录。这些设备可以监测心率、血压、血糖、睡眠等关键指标，从而为用户提供个性化的健康管理建议，帮助他们及时发现健康隐患并采取措施。例如，在母婴健康管理方面，智慧医疗系统能够实时监测孕妇和胎儿的生理数据，为孕妇提供个性化的健康建议，有效预防孕期并发症的发生；对于慢性病患者，智慧医疗系统能够实时监测其病情进展，提醒患者按时服药、定期复诊，并提供相关的健康教育，这种持续性的管理与监测有助于患者更好地控制病情，降低并发症的风险；智慧医疗还可以通过睡眠监测、运动管理等功能，帮助用户实时了解自身的健康状态，及时发现并纠正不良的生活习惯，从而预防慢性病的发生；智慧医疗系统还能够根据个体的身体状况和需求，提供个性化的营养和饮食建议，这不仅有助于预防营养不良或过剩，还能通过合理搭配食物，改善个体的健康状况。

（2）健康风险评估与干预。智慧医疗系统能够收集并分析个体的生活习惯、家族病史、基因信息等多维度数据，为个体提供定制化的健康风险评估报告。

基于这些评估结果，系统可以进一步提供有针对性的健康干预建议，如调整饮食、增加运动等，以预防潜在的健康问题。

随着生活节奏的加快，心理健康问题日益受到关注。在心理健康的评估与干预方面，智慧医疗系统能够通过问卷调查、心理测试等方式，评估个体的心理健康状况，并提供相应的心理干预和咨询服务，帮助个体缓解压力、改善情绪。

（3）公共卫生监测与应急响应。智慧医疗系统能够实时收集并分析公共卫生数据，如传染病发病率、疫情分布等，为政府部门提供决策支持。在突发公共卫生事件时，系统能够迅速响应，提供紧急医疗资源和指导，降低疫情的扩散风险。

智慧医疗还可以通过大数据分析，对人群的健康状况进行监测和预警。例如，通过对某种疾病的发病数据进行分析，系统可以预测出疾病的高发地区和高发人群，从而提前采取相应的预防措施，降低疾病的发病率。

综上所述，智慧医疗在预防医疗方面的应用广泛且深入，不仅关注个体的健康管理，还注重对整个社会的健康监测和预警。这些应用有效地提高了预防医疗的效果，降低了疾病的发生率和传播风险，为人们的健康保驾护航。而伴随着人工智能和机器学习技术的进步、大数据分析的深入应用、物联网和传感器的普及、自然语言处理和语音技术以及基因测序等技术的提升和不断成熟，未来智慧医疗在预防医疗方面的应用将更加智能，从而为公众提供更加精准、个性化的预防服务，有效提升人们的健康水平和生活质量。

2. 智慧医疗在临床医疗方面的应用

智慧医疗在临床医疗方面的应用非常广泛，涵盖了多个领域，为患者提供了更为高效、个性化的治疗方案。以下是几个关键的应用领域。

（1）辅助诊断系统。借助先进的机器学习算法和大数据分析，人工智能辅助诊断系统能够综合分析患者的病历资料、影像学图像等，为医生提供快速且准确的初步诊断。这不仅大大提高了医生的工作效率，还有助于降低误诊率，为患者提供更可靠的诊疗体验。

（2）基因测序与个性化治疗。通过对患者基因进行深度分析，智慧医疗技术能够帮助医生更好地了解患者的遗传特征和疾病风险，从而制定更具针对性的治疗方案。这种个性化治疗不仅提高了治疗效果，还降低了不良反应的发生，为患者带来更好的预后。

（3）远程监控技术。智慧医疗借助远程监护技术，能够实时监测患者的生理参数和健康状态。这对于需要持续观察或处于偏远地区的患者来说尤为重要，确保了他们能够得到及时的医疗关注和支持。

（4）移动医疗应用。借助移动设备和应用程序，患者可以与医生实时沟通，获取健康咨询和诊疗建议。同时，医生也可以利用这些工具进行患者管理、病历查阅和处方开具等工作，使医疗服务更加便捷高效。基于移动互联网技术，患者能够与专业的医生进行线上交流和咨询，从而避免了因地域限制而无法及时就诊的情况，特别适用于偏远地区或医疗资源相对匮乏的地方。医生可以通过视频通话、共享病历资料等方式，为患者提供远程诊断和治疗建议。

（5）手术机器人与远程手术。智能手术机器人能够辅助医生进行精细的手术操作，减少人为误差，提高手术的准确性和安全性。它们通常配备高清摄像头、传感器和精密的机械臂，能够执行复杂的手术任务，如缝合伤口、切除病变组织等。利用手术机器人和高清音视频交互系统，医生还可以开展远程手术操作。这种技术不仅降低了手术风险，还使得优质医疗资源得以更加公平地分配，让更多患者受益。

综上所述，智慧医疗在临床医疗方面的应用涵盖了从诊断到治疗再到患者管理的多个环节，为患者提供了更加便捷、高效和个性化的医疗服务。随着技术的不断进步和应用的深化，智慧医疗将在未来发挥更加重要的作用，推动医疗行业的持续创新和发展。

3. 智慧医疗的未来展望

智慧医疗作为医疗健康服务与信息技术紧密结合的创新成果，正在逐步革新传统的医疗服务方式，开辟出提升医疗服务品质、降低医疗成本、增强公共健康福利的新途径。目前，在中国，智慧医疗产业正处于一个迅猛发展的时期，行业发展前景广阔。

（1）市场规模不断扩大。中商产业研究院发布的《2022—2027年中国智慧医疗产业发展趋势及投资风险研究报告》显示，2023年中国智慧医疗行业市场规模达到62.85亿元，2019—2023年的年均复合增长率达53.37%。中商产业研究院分析师预测，2024年中国智慧医疗市场规模将增长至111.37亿元。这表明智慧医疗正在经历快速增长，具有巨大的市场潜力。

（2）政府支持力度增大。国家层面正积极推进智慧医疗领域的政策实施，以促进智慧医院的建设和发展，实现医疗健康数据的整合与共享，并推动医保与商业健康保险的数据融合应用，为智慧医疗的快速成长创造了有利的政策环境。以 2023 年 3 月中共中央办公厅、国务院办公厅印发的《关于进一步完善医疗卫生服务体系的意见》为例，该政策文件明确指出"发展'互联网+医疗健康'，建设面向医疗领域的工业互联网平台，加快推进互联网、区块链、物联网、人工智能、云计算、大数据等在医疗卫生领域中的应用，加强健康医疗大数据共享交换与保障体系建设。"根据该文件的指导意见，预计各相关部门和各级政府将陆续出台一系列具体实施方案和配套政策，这些也将成为智慧医疗发展的重要助力。

（3）技术创新催化发展。技术创新是推动智慧医疗发展的关键动力，随着人工智能、大数据、云计算、物联网、区块链等技术的不断发展，智慧医疗领域将迎来更加广阔的发展前景。比如，在脑科学、神经科学和人工智能的迅速发展中，脑机接口技术有望实现更快速、精确和个性化的医疗诊断和治疗，为患者提供更好的医疗服务。再比如，数字孪生通过模型"复制"，利用机器学习和深度算法，包括数据预测、监测和反馈、构建孪生体等，为医生提供个性化医疗方案，进行疾病预测和诊断，降低疾病风险，提高治疗质量。科技创新日新月异，此类案例不胜枚举，技术创新已推动智慧医疗走上发展的快车道。

综上所述，智慧医疗的发展趋势是多元化、个性化和数字化的。随着技术的不断进步和应用场景的不断拓展，智慧医疗将为人们的健康提供更全面、更高效的保障。同时，智慧医疗的发展也将推动医疗行业的转型升级，促进医疗服务的普及和优化。

第三节　新质生产力强力驱动区域大融合进程

新质生产力作为当前社会经济发展的重要驱动力，正日益成为推动区域大融合的关键力量。在新质生产力的引领下，区域间的壁垒逐渐消除，资源和信息流通更加顺畅，资源配置不断优化，各地的发展潜力得到充分挖掘，从而有力推动了区域大融合的进程。这种融合不仅有利于提升整体经济实力，还能促进区域间的文化交流和合作，共同迈向更加繁荣和谐的未来。

一、东数西算：欠发达地区跨越式发展迎来新机遇

随着信息技术的迅猛发展，数据已成为数字经济时代的"石油"，是推动经

济社会发展的重要驱动力。算力作为数据处理能力的集中体现，随之成为重要的生产力。在这一背景下，"东数西算"战略应运而生，它不仅是一项创新性的信息技术布局，更是一次对欠发达地区发展模式的深刻变革，为这些地区实现跨越式发展提供了新的历史机遇。

"东数西算"中的"数"指的是数据，"算"指的是算力，即对数据的处理能力。"东数西算"工程旨在通过建立一个集数据中心、云计算和大数据于一体的先进算力网络体系，将东部地区的计算需求有计划地转移到资源丰富的西部地区。该工程的目标是优化数据中心的地理分布，缓解东部地区能源紧张、算力需求大的问题，同时带动西部地区算力、数据、应用等资源的集聚，进而推动中国东西部地区之间的协调发展。

2022年2月，国家发展改革委、中央网信办、工业和信息化部、国家能源局联合印发文件，同意在京津冀、长三角、粤港澳大湾区、成渝、内蒙古、贵州、甘肃、宁夏等8地启动建设国家算力枢纽节点，并规划了10个国家数据中心集群。至此，全国一体化大数据中心体系完成总体布局设计，"东数西算"工程正式全面启动。2022年9月26日，国家发展改革委在发布会上介绍，"东数西算"工程的8个国家算力枢纽节点建设方案均已进入深化实施阶段，起步区新开工数据中心项目达到60余个，新建数据中心规模超过110万标准机架，项目总投资超过4000亿元。2023年12月，国家发展改革委、国家数据局、中央网信办、工业和信息化部、国家能源局联合印发《关于深入实施"东数西算"工程 加快构建全国一体化算力网的实施意见》（以下简称《意见》）。《意见》提出，到2025年底，普惠易用、绿色安全的综合算力基础设施体系初步成型，东西部算力协同调度机制逐步完善，通用算力、智能算力、超级算力等多元算力加速集聚，国家枢纽节点地区各类新增算力占全国新增算力的60%以上，国家枢纽节点算力资源使用率显著高于全国平均水平。1ms时延城市算力网、5ms时延区域算力网、20ms时延跨国家枢纽节点算力网在示范区域内初步实现。算力电力双向协同机制初步形成,国家枢纽节点新建数据中心绿电占比超过80%。用户使用各类算力的易用性明显提高、成本明显降低，国家枢纽节点间网络传输费用大幅降低。算力网关键核心技术基本实现安全可靠，以网络化、普惠化、绿色化为特征的算力网高质量发展格局逐步形成。

"东数西算"工程的深入实施为欠发达地区开辟了一条充满希望的跨越式发展之路。首先，在数据中心和云计算等新型基础设施的建设方面，西部地区迎来了前所未有的发展机遇。这些基础设施的建设不仅为西部地区的数字经济发

新质生产力大变革

展提供了坚实的物质保障，还推动了从硬件设备生产、软件开发到运维服务等整个产业链的蓬勃发展。西部地区的企业可以借此机会积极参与到这一产业链中，通过技术创新和产业升级，提升自身的核心竞争力，从而在市场竞争中占据有利地位。

其次，数据资源的跨地域流动和共享打破了地域限制，使得西部地区得以与东部乃至全球的数字经济紧密联系。西部地区可以积极引进东部和全球的先进技术和管理经验，通过消化吸收再创新，提升自身的发展水平。同时，西部地区也可以将自身的资源和优势转化为数字资产，参与全球数字经济的合作与竞争，提升在全球价值链中的地位。这种跨地域的流动和共享不仅促进了资源的优化配置，也为西部地区带来了更多的发展机遇和合作空间。

再次，"东数西算"工程的实施加强了西部地区与东部地区的经济联系和合作。通过数据资源的共享和交换，东西部地区实现了优势互补和协同发展。东部地区可以依托西部地区的数据中心和云计算资源，满足其日益增长的数据需求和算力支持；而西部地区则可以通过提供这些服务，获得更多的经济收益和发展机会。这种合作不仅促进了区域经济的均衡发展，也推动了全国经济的整体发展。

最后，数字经济的发展为西部地区传统产业的转型升级提供了强大动力。传统产业可以通过引进数字化技术，进行技术改造和模式创新，提高生产效率、降低运营成本、优化产品质量。例如，制造业可以通过智能制造、工业互联网等技术实现生产过程的数字化和智能化；农业可以通过物联网、大数据等技术实现精准种植和养殖；服务业可以通过电子商务、在线教育等方式拓展市场和服务范围。这些转型升级不仅有助于提升传统产业的附加值和竞争力，也为西部地区经济的可持续发展注入了新的活力。

国家数据局发布的数据显示，截至 2023 年底，全国在用数据中心机架总规模超过 810 万标准机架，算力总规模达到 230EFLOPS（EFLOPS 指每秒进行 10^{18} 次浮点运算），我国算力基础设施建设取得显著成效。根据国家数据局 2024 年全国数据工作会议的报道，国家数据局计划打造高质量的算力供给体系，加快构建全国一体化算力网，促进数据、算力、算法等相关产业从东部向西部有序流动。在"东数西算"战略和城市算力中心的协同发展框架下，将重点发展那些拥有丰富绿色能源、优越地理位置和良好产业基础的非国家枢纽节点。国家数据局还将致力于提升"东数西算"网络的传输效率，探索新的算力服务计费模式和产学研协作模式，以构建具有中国特色的算力网络产业生态系统。这些举措也将为欠发达地区跨越式发展带来新机遇。展望未来，"东数西算"工程将继续发挥重要作用，推动全国乃至全球数字经济的持续繁荣和发展。

二、城乡融合：城乡一体化发展助力乡村全面振兴

新质生产力在促进城乡融合方面发挥着至关重要的作用。城乡融合是现代化进程中的一个重要环节，旨在实现城乡之间的资源共享、人口流动、产业升级和文化融合，从而推动城乡可持续发展。新质生产力作为推动经济社会发展的重要动力，为城乡融合提供了强大的支撑和动力。

首先，新质生产力通过技术创新推动城乡产业融合。新质生产力包括新的科技成果、新的生产工具、新的生产方式等，这些创新要素在城乡间流动和结合，能够推动城乡产业的交叉融合和转型升级。在一些农村地区，新质生产力的引入推动了智慧农业的发展。例如，通过物联网技术，农民可以远程监控农田的土壤湿度、温度、光照等参数，实现精准施肥、灌溉和病虫害防治。这不仅提高了农业生产效率，降低了生产成本，还促进了农产品的质量提升和品牌建设。同时，智慧农业也带动了农村电商的发展，让农产品能够更快捷地进入城市市场。

其次，新质生产力促进城乡资源共享和优化配置。城乡融合的一个关键目标是实现资源的共享和高效利用。新质生产力的发展能够推动城乡在资金、技术、人才等方面的交流与合作，促进资源的优化配置。特色小镇是新质生产力在城乡一体化发展中的重要体现。通过引入新技术、新产业，特色小镇打造具有特色的产业链和产业集群，实现了城乡经济的互补和共赢。在特色小镇建设中，城乡之间的资源共享和优化配置得到了充分体现。例如，一些特色小镇通过引入城市中的科技人才、创意设计等资源，推动了当地产业的升级和发展；同时，也通过引入农村地区的自然风光、文化特色等资源，丰富了特色小镇的内涵和吸引力。此外，通过完善乡村数字基础设施，如推动移动互联网、宽带网络在乡村的覆盖，可以提高乡村信息化水平，使得城乡间的信息交流更加畅通，资源共享更加便捷。

再次，新质生产力推动城乡人口流动和劳动力优化。随着新质生产力的发展，城乡之间的经济差距逐渐缩小，就业机会和收入水平在乡村地区得到提升，这使得越来越多的城市人口愿意流向乡村地区。例如，在一些科技园区或高新技术开发区，新质生产力的快速发展吸引了大量城市人才回流到农村地区。这些园区提供了先进的研发设施、创新环境和优惠政策，吸引了科技人才、创业

者和投资者。同时，随着教育数字化转型，乡村教育水平也在不断提高，乡村劳动力也能够更好地满足城市发展的需要。这种人口流动有助于缓解城市的人口压力，同时也为乡村带来了更多的人才和活力。

最后，新质生产力促进城乡文化融合。新质生产力的发展不仅带来了物质层面的变革，也推动了城乡文化的交流和融合。借助互联网和移动技术，城乡之间的文化交流变得更加便捷和广泛。农村地区的传统文化、民间艺术、手工艺等可以通过网络平台进行展示和推广，吸引更多城市居民的关注和喜爱。同时，城市中的现代文化、时尚元素等也可以通过数字技术传递到农村地区，为农村居民带来新鲜的文化体验。乡村地区的传统文化和城市的现代文化相互碰撞、融合，形成了更加丰富多彩的文化景观。这种双向的文化交流有助于增进城乡之间的了解和友谊，增强城乡居民之间的认同感和归属感，推动城乡社会的和谐发展。

2018年中央一号文件《中共中央 国务院关于实施乡村振兴战略的意见》确定了实施乡村振兴战略的目标任务："到2020年，乡村振兴取得重要进展，制度框架和政策体系基本形成""到2035年，乡村振兴取得决定性进展，农业农村现代化基本实现""到2050年，乡村全面振兴，农业强、农村美、农民富全面实现"。乡村振兴的发展蓝图清晰擘画，快速发展的新质生产力通过推动城乡产业融合、资源共享、人口流动和文化融合等方式，促进了城乡融合的进程，进而加速了乡村振兴的步伐，相信这份宏伟的蓝图在不久的将来就会变成一幅美丽的实景画。

三、和谐共进：优势互补的区域经济布局和国土空间体系

我国是一个幅员辽阔、人口众多的国家，这一特点决定了我们在社会经济发展过程中面临着独特而复杂的挑战。由于地域广阔，各地的自然环境、气候条件、地质结构等因素存在显著差异，这些自然条件的多样性不仅塑造了我国丰富多彩的地理景观，也深刻影响了各地的经济发展模式和产业结构。在这种背景下，区域经济发展不平衡不充分成为了一个客观现实。当下我国已迈上全面建设社会主义现代化国家新征程，如何促进区域经济的协调发展，实现资源的高效配置和产业的优化升级，成为我们必须面对和解决的问题。

习近平总书记在党的二十大报告中强调："深入实施区域协调发展战略、区域重大战略、主体功能区战略、新型城镇化战略，优化重大生产力布局，构建

优势互补、高质量发展的区域经济布局和国土空间体系"。着眼于推进中国式现代化的要求，我们既要加速推动各地区的发展，也要着力实现发展的协调性。在经济发展的同时，要重视生态保护和环境治理。具体来说，需要统筹推进西部地区的开发、东北地区的全面振兴、中部地区的崛起以及东部地区的先行发展。同时，要协调推进一系列区域重大战略，包括京津冀协同发展、长江经济带发展、粤港澳大湾区建设、长三角一体化发展，以及黄河流域生态保护和高质量发展。此外，还要综合考虑重点开发区、生态敏感区和能源资源富集区的特殊情况，以确保这些地区的发展既符合整体战略，又照顾到各自的独特需求和限制条件。

新质生产力的发展为区域经济布局和国土空间体系的优化提供了重要机遇。接下来，我们以京津冀协同发展为例，展示新质生产力在推动区域优势互补、优化经济布局和国土空间体系方面的实际应用和显著成效。

1. 区域优势互补的推动

京津冀地区通过深化产业协同，成功构建了一条完整的创新链。北京作为科技创新中心，拥有丰富的高校、科研机构和人才资源，为新技术、新产品的研发提供了有力支持。天津作为先进制造业基地，具备强大的制造业实力和产业链整合能力，能够迅速将北京的创新成果转化为实际产品。河北则依托其丰富的土地和劳动力资源，承接了北京和天津的产业转移，形成了优势互补的产业格局。

此外，在环保和能源领域，京津冀三地也实现了优势互补。北京在新能源汽车的研发和推广方面处于领先地位，天津和河北则在新能源汽车的制造和应用方面发挥了重要作用。三地共同推进新能源汽车产业的发展，不仅有助于改善区域空气质量，还推动了区域经济的绿色发展。

如今，"北京研发、津冀制造"的京津冀协同模式已经逐渐成熟。近十年间，北京向天津输出的技术合同成交额从 2014 年的 38.8 亿元上升到 82.1 亿元，年均增长率为 8.7%，有力带动了两地新材料、生物医药、电子信息和先进制造等领域的发展。而北京向河北输出的技术合同成交额也由 32.4 亿元快速增长至 274.8 亿元，年均增长率为 26.8%。2431 家中关村企业在河北设立分支机构 5163 家。京津冀三地科技创新和产业融合发展水平持续提升。

2. 经济布局的优化

在京津冀协同发展的过程中，北京的非首都功能得到了有效疏解，一批高污染、高能耗的产业被转移到了天津和河北。同时，天津和河北积极承接北京的产业转移，推动了本地产业的升级和转型。这种产业转移和升级的过程，不仅优化了京津冀地区的产业结构，还提高了整个区域的经济竞争力。

此外，通过加强产业协同和合作，京津冀地区形成了一批具有竞争力的产业集群和产业链。目前，京津冀正在进行创新链产业链的深度融合。在协同布局产业链群方面，三地共同绘制了六条产业链图谱：河北省牵头新能源和智能网联汽车、机器人两条产业链，北京市牵头氢能、生物医药两条产业链，天津市牵头高端工业母机、网络安全和工业互联网两条产业链。同时，强化区域联动和政策协同，聚焦集成电路、网络安全、生物医药、电力装备、安全应急装备等重点领域，着力打造世界级先进制造业集群。其中，京津冀生命健康集群和保定电力及新能源高端装备集群获批国家先进制造业集群，其产值规模均占全国的20%以上。京津冀地区的产业链优势和先进制造业集群正在逐步形成，在这一过程中，新质生产力所释放的巨大能量起到了关键作用。

3. 国土空间体系的优化

在国土空间体系的优化方面，京津冀地区加强了城市规划与建设的合作。通过共同制定城市规划和建设标准，推动三地城市规划的协调和统一。在交通基础设施建设方面，京津冀地区加强了高速公路、铁路等交通网络的互联互通，提高了区域交通的便捷性和效率。京张高铁、京唐城际、京雄城际等开通运营，津石、京雄、京秦等高速公路建成通车，京津和京雄均实现半小时通达，京津冀主要城市1~1.5小时交通圈基本形成。

京津冀地区还加强了生态建设与保护方面的合作。通过共同推进生态建设项目、加强生态环境监管等措施，推动区域生态环境的改善和保护。例如，京津冀地区共同推进了白洋淀生态环境治理和保护项目，有效改善了白洋淀的水质和生态环境。通过推广清洁能源和实施节能减排措施，京津冀地区的环境质量得到了明显改善。根据2023年底的统计数据，京津冀三地的PM2.5年均浓度与2013年相比，均实现了大约六成的显著降幅，其中重污染天气数量明显减少，而空气质量优良的日子则显著增多。清水绿岸、蓝天常在，绿色发展理念的融入，使得城市规划和建设更加注重生态平衡和资源节约，为居民创造了更加宜居的生活环境。

综上所述，新质生产力在推动京津冀协同发展的过程中发挥了重要作用。通过加强产业协同、优化经济布局和国土空间体系等方面的合作与交流，京津冀地区实现了优势互补、共同发展和互利共赢的局面。未来，随着新质生产力的不断发展和应用，京津冀地区将继续推动区域经济的高质量发展和国土空间的高效利用。

新质生产力不仅在京津冀地区，也在粤港澳大湾区、长江经济带、长三角地区等多个关键区域发挥了至关重要的作用。这些区域发展的成功经验，不仅彰显了中国区域发展战略的前瞻性和有效性，也为其他地区的协同发展提供了宝贵借鉴。随着国家对区域协调发展的持续关注和投入，预计会有更多的区域实现类似的飞跃，共同推动国家经济的整体进步和社会的全面繁荣。

第四节　新质生产力塑造国际经济和发展新格局

在全球化的浪潮中，新兴市场和发展中国家正以惊人的速度崛起，成为推动世界经济发展的新引擎。在新一轮科技革命和产业变革中，国际范围内的科技合作与竞争并存，为国际关系带来新的挑战与机遇。面对共同的挑战，各国需要携手合作，共同构建人类命运共同体，以实现可持续发展和共同繁荣。这里我们共同探讨新质生产力如何塑造国际经济和社会发展的新格局。

一、日新月异：新兴市场与发展中国家的崛起

在全球化的大潮中，新兴市场与发展中国家正以前所未有的速度崛起，成为推动世界经济增长的重要力量。新质生产力，作为创新起主导作用的，摆脱传统经济增长方式的，具有高科技、高效能、高质量特征的先进生产力质态，正在这些国家和地区中生根发芽，结出累累硕果。

在新质生产力的推动下，新兴市场与发展中国家正在积极探索新的发展道路。它们通过加强创新、产业升级、绿色发展、提质增效等措施，不断提升自身的竞争力和影响力。接下来，我们结合一些实际案例来了解新质生产力对新兴市场与发展中国家崛起的主要影响。

1. 创新驱动

新质生产力以创新为核心，鼓励技术、制度和管理等方面的创新。这有助于新兴市场与发展中国家摆脱传统的、资源密集型的经济增长模式，转向更加

依赖创新和技术进步的发展路径。通过创新，这些国家能够开发出新产品、新市场和新服务，从而推动经济的快速增长。

中国的科技行业在近年来取得了显著发展，特别是在人工智能、5G、大数据、云计算等领域。例如，华为作为全球领先的 5G 技术供应商，其技术创新不仅推动了中国通信行业的发展，也为全球 5G 网络的构建做出了巨大贡献。阿里巴巴、腾讯等互联网巨头在电子商务、金融科技、云计算等领域也取得了巨大成功，这些创新技术和商业模式不仅改变了中国消费者的生活方式，也为中国经济的数字化转型提供了强大的动力。

东南亚地区的电子商务市场近年来也增长迅速，以 Lazada、Shopee 等为代表的电商平台为消费者提供了便捷的购物体验。这些平台通过引入移动支付、物流配送等创新技术和服务模式，促进了东南亚地区电商生态的发展，为当地经济的数字化转型提供了有力支持。

印度在 IT 服务领域具有很强的竞争力，被誉为"世界办公室"。印度的 IT 公司，如 Infosys、Wipro 和 Tata Consultancy Services 等，为全球众多知名企业提供了高质量的 IT 服务和解决方案。这些公司凭借在软件开发、系统集成、IT 咨询等方面的专业能力，推动了印度经济的高速发展。

2. 产业升级

新质生产力的发展推动了信息技术、生物技术、新能源等新兴产业的快速发展。这些新兴产业通常具有高科技含量、高附加值和高成长性，能够带动整个产业链的升级和重构。对于新兴市场与发展中国家来说，发展新兴产业有助于提升产业结构的层次和水平，实现经济的可持续发展。

近年来，越南政府大力推动新能源汽车产业的发展，通过提供税收优惠、建设充电设施等措施，吸引了多家国际新能源汽车制造商在越南投资建厂。这些新能源汽车制造商的入驻不仅推动了越南汽车产业的升级，还促进了相关产业链的发展。

3. 绿色发展

新质生产力强调在发展中保护，在保护中发展，推动经济社会发展与生态环境保护的和谐共生。这有助于新兴市场与发展中国家应对日益严峻的环境问题，实现绿色低碳发展。通过推广清洁生产、循环经济等绿色发展模式，这些国家能够减少污染排放和资源消耗，提高经济效益和生态效益。

在许多非洲国家，可再生能源（如太阳能和风能）已成为推动经济增长和减少贫困的重要力量。例如，肯尼亚和埃塞俄比亚等国在太阳能领域取得了显著进展，不仅满足了国内的电力需求，还向周边国家出口电力。这些国家的可再生能源项目不仅促进了当地经济的发展，也改善了当地居民的生活条件。

4. 提质增效

新质生产力追求高效的生产方式和管理模式，通过引入先进的信息技术和人工智能技术，提高生产自动化和智能化水平。这有助于降低生产成本、提高生产效率和质量，从而增强企业和产品的竞争力。对于新兴市场与发展中国家来说，提高生产效率和质量是提升经济竞争力的重要途径。

巴西是农业大国，近年来通过引入先进的农业技术，如精准农业、生物技术、智能农机等，显著提高了农业生产效率和产量。这些技术的应用不仅帮助巴西农民提高了收入，还促进了该国农业产业的现代化和可持续发展。墨西哥的制造业通过引入工业机器人、自动化生产线等先进技术，也提高了生产效率和产品质量。例如，墨西哥的汽车制造业通过采用智能制造技术，实现了生产线的柔性化和自动化，提高了生产效率和灵活性。

总之，新质生产力对新兴市场与发展中国家的崛起具有重要的作用。通过创新驱动、促进产业结构升级、推动绿色发展、提高生产效率和质量等措施，这些国家实现了经济的快速增长和可持续发展。新质生产力为这些国家和地区的经济发展提供了强大的动力和支撑，而它们的崛起也为新质生产力的发展提供了广阔的舞台和机遇。我们有理由相信，在不久的将来，新兴市场与发展中国家将在新质生产力的推动下实现更加繁荣和稳定的发展。

二、亦敌亦友：国际科技合作与竞争的未来之路

在科技飞速发展的今天，全球各国的科技互动形成了一个错综复杂的网络。这一网络不仅体现了各国间激烈的科技竞争，同时也孕育着广泛的科技合作。正是这种"亦敌亦友"的复杂关系，为全球科技进步提供了持续动力。

1. 科技竞争的激烈态势

科技竞争是国际关系中的重要组成部分，尤其是在关键科技领域，如人工智能、量子计算、生物技术等方面，大国之间的竞争尤为激烈。这种竞争不仅体现在技术研发上，更体现在科技产业的全球布局和市场份额的争夺上。科技

新质生产力大变革

竞争的背后，是国家利益和战略利益的博弈，也是国家实力和地位的象征。

当前，全球正经历百年未有之大变局，单边主义和保护主义抬头，科技领域的国际竞争愈发激烈。在此背景下，一些大国，特别是美西方国家，试图通过构建所谓的"民主科技联盟"来限制我国在科技创新领域的国际合作与交流空间。近年来，美国政府将对华科技竞争视为对华战略竞争的重中之重，强调提升美国科技竞争力、维护美国科技优势以及压制中国科技发展与进步。为实现这些目标，美国政府一方面加大对本国科技产业的政策扶持和资金投入，另一方面采取措施打压中国高科技产业和高科技企业的发展，以阻碍中国科技进步。

华为作为中国最具代表性的科技企业之一，近年来在 5G 技术、智能手机等领域取得了显著成就。自 2019 年起，美国以"科技网络安全"为借口，对华为公司实施了多轮严厉制裁，进行技术封锁和打压，旨在限制华为在美国市场的业务活动。

华为被美多轮制裁就是中国科技企业遭遇美国打压的一个缩影。有学者统计，截至 2022 年 12 月 12 日，被美国商务部列入"实体清单"的中国实体已达 2029 个，涵盖通信、金融、交通航运等多个领域。这些实体既有华为、中芯国际这样的前沿科技企业，也有哈尔滨工业大学、中国科学院计算技术研究所等教育和科研机构。美国不只利用"实体清单"这一种手段，为阻碍中国在人工智能领域的进步，美国还实施出口管制，全面限制英伟达、AMD 以及更多 AI 芯片和半导体设备向中国销售。在采取出口管制、制裁、投资限制和技术脱钩等传统手段的同时，美国正通过招募盟友构建新的国际联盟和协议，以扩大其影响力并加强对中国的制约。目前，美国正致力于围绕半导体产业链建立联盟，该联盟成员国相互支持，同时对中国等非成员国实施系统性的封锁措施，以遏制中国高科技产业的发展。

风浪越大越向前，面对不确定性日趋增强的国际环境，我国将科技创新置于国家发展的核心地位，将科技自立自强视为国家发展的战略基石。党的二十大报告提出"我们加快推进科技自立自强，全社会研发经费支出从一万亿元增加到二万八千亿元，居世界第二位，研发人员总量居世界首位。基础研究和原始创新不断加强，一些关键核心技术实现突破，战略性新兴产业发展壮大……进入创新型国家行列。"

这些都为我国在国际科技舞台上赢得了更多的话语权。在新一轮科技革命中，我国正努力以高端技术创新抢占国际前沿技术产品市场，形成新的国际市场竞争优势。

2. 科技合作的广阔空间

尽管科技竞争激烈，但科技合作的空间依然广阔。在全球化的今天，任何国家都难以独自应对科技发展的挑战和机遇。因此，各国纷纷加强国际合作，共同应对科技领域的挑战。

以环保领域为例，中国与美国在应对气候变化方面展开了紧密合作。根据《中美气候变化联合声明》，中国承诺到2030年实现碳排放达峰，而美国承诺到2025年努力减排28%。为实现这一目标，中美两国在清洁能源技术、智能电网、碳捕获和储存等多个领域展开了深入的合作研发和技术交流。这种合作不仅有助于两国应对气候变化的挑战，也为全球环保事业贡献了智慧和力量。

在医疗健康领域，欧洲与亚洲国家在抗击新冠疫情中展现了强大的合作能力。例如，欧盟与中国在疫苗研发和生产方面进行了紧密合作。中国的科兴疫苗和国药疫苗在欧洲获得了广泛的认可和使用，而欧洲也为中国提供了疫苗研发和生产的原材料和技术支持。这种跨国合作不仅加速了疫苗的研发和生产进程，也为全球抗击疫情做出了巨大贡献。

在信息技术领域，跨国科技合作项目日益增多，涉及领域广泛。例如，美国和英国在量子技术领域展开了深度合作。英国和美国签署了一项《促进量子信息科学和技术合作的联合声明》，旨在帮助开发量子技术的全部潜力，深化两国关系。这份声明阐述了两国继续合作的共同优先事项，包括促进联合研究、建立全球市场和供应链以及培养下一代科学家和工程师。量子科技是重大颠覆性创新的潜在领域，已成为新一轮科技革命与产业变革的国际前沿焦点，这种合作有助于推动量子技术的发展和应用。

国际科技合作的案例不胜枚举，科技合作正日益成为国家间交流与合作的重要领域，它不仅关乎科技进步，更关系到国家的经济社会发展和全球治理。在这一背景下，各国政府、科研机构、企业以及国际组织都在积极寻求合作机会，共同应对全球性的科技挑战，实现科技成果的共享和互利共赢。

在全球化的科技生态中，各国间的科技合作与竞争相互影响、相互依存。各国既要加强国际合作，共同应对全球性科技挑战，推动全球科技水平的整体提升；又要保持一定的竞争压力，激发科技创新的活力，推动科技产业的持续发展，进而通过合作与竞争的相互补充、相互促进，构建更加和谐、包容的全球科技生态。

三、共同治理：携手构建人类命运共同体

新质生产力，如大数据、云计算、人工智能等技术的迅猛发展，正在重塑我们的生产方式和生活方式。这些技术的广泛应用，使得全球各地的联系更加紧密，信息交流和资源共享变得更加便捷。在这样的新格局下，任何一个国家或地区的发展都不再是孤立的，而是与其他国家和地区紧密相连的。

构建人类命运共同体，这一理念是由习近平总书记提出的。他强调，当今世界，各国相互依存、休戚与共，我们要继承和弘扬联合国宪章的宗旨和原则，构建以合作共赢为核心的新型国际关系，打造人类命运共同体。构建人类命运共同体是习近平总书记着眼人类发展和世界前途提出的中国理念、中国方案。这一理念在全球治理方面提出鲜明主张，回应了各国人民求和平、谋发展、促合作的普遍诉求，受到了国际社会的广泛赞誉和热烈响应。

构建人类命运共同体的理念强调全球各国要同呼吸、共命运，坚持真正的多边主义精神，坚持共商、共建、共享的全球治理观。各国应共同参与国际事务的讨论，共同规划全球的未来与命运，以推动全球治理体系向更公正、更合理的方向演进。

在世界多极化和经济全球化成为不可逆转的发展趋势之时，我们也面临着新的动荡和变革。其中，单边主义、保护主义和冷战思维的抬头，给多极化和全球化带来了不小的挑战。面对全球治理的困难和挑战，构建人类命运共同体需要我们从多个方面共同努力。

1. 经济层面的合作与共赢

在经济层面，我们应当致力于推动贸易和投资的自由化与便利化，以此促进经济全球化向更加开放、包容、普惠、平衡、共赢的方向发展。这不仅涉及降低关税壁垒、简化海关程序，还包括推动服务贸易和数字经济的国际合作。通过建立和完善多边贸易体系，我们可以共同应对金融危机，实现全球经济的强劲、可持续和平衡增长。此外，通过国际宏观经济政策的协调，我们可以减少全球经济的不稳定性，避免保护主义带来的负面溢出效应。"一带一路"倡议作为中国推动构建人类命运共同体的重要实践，已经成为国际社会广泛认可的合作与发展平台。中国与超过 150 个国家以及 30 余个国际组织共同签署了 200 多份合作文件，成功举办了三届"一带一路"国际合作高峰论坛。在这一框架

下，参与国家之间在政策沟通、基础设施联通、贸易流通、资金流动以及民心相通等方面取得了显著进展，实施了众多成效显著的合作项目，有效提升了参与国家民众的生活质量。

2. 环境层面的可持续发展

在环境层面，坚持绿色、低碳、循环的发展道路是合作应对气候变化、保护地球家园的关键。面对全球性的环境问题，如生物多样性的丧失、海洋塑料污染、极端气候事件等，没有任何一个国家能够独立应对。国际社会需要加强合作，共同推动《巴黎协定》的实施，加大对可再生能源的投资，推动绿色技术的研发和传播。通过国际环境协议和资金支持，我们可以促进环境的可持续发展，为子孙后代留下一个更加清洁、健康的地球。针对全球性环境问题，中国积极推动构建海洋命运共同体、人与自然生命共同体、地球生命共同体，推动形成人与自然和谐共生的新格局。

3. 文化层面的交流与互鉴

在文化层面，尊重世界文明的多样性，通过文明的交流与互鉴，超越文明的隔阂和冲突，实现不同文化之间的共存与和谐。文化多样性是人类社会的一大财富，通过加强文化、教育、旅游等领域的国际交流与合作，我们不仅可以增进各国人民之间的相互理解和友谊，还能够促进不同文化之间的相互启迪和融合。通过支持文化遗产的保护和传承，我们可以确保文化多样性得到充分的尊重和保护，为构建人类命运共同体打下坚实的文化基础。2023年3月15日，习近平在中国共产党与世界政党高层对话会上，首次提出全球文明倡议。该倡议详细阐述了不同文明间交流互鉴及共同发展的理念、原则和实施路径，这不仅与国际社会加强文明交流对话、推动文化繁荣的共同愿望相呼应，也体现了中国为推动人类文明进步所做出的新的重大贡献。

4. 安全层面的对话与合作

在安全层面，坚持通过对话而非对抗、通过协商而非胁迫来解决国际争端和分歧。面对传统安全威胁和非传统安全挑战，如恐怖主义、网络攻击、跨国犯罪等，我们需要统筹应对，加强国际安全合作。通过建立有效的国际安全机制，如联合国维和行动、地区安全对话等，我们可以共同维护世界和平与稳定。同时，通过增强国际法律和规则的约束力，我们可以推动构建一个更加公正合理的国际秩序。针对影响全球的一些重大安全问题，我国已分享了相应的治理理念与实践：2019 年 9 月国务院新闻办公室发表《中国的核安全》白皮书，倡导共同推进全球核安全治理，打造核安全命运共同体，为推动全球核安全治理贡献中国力量；2022 年 11 月国务院新闻办公室发表《携手构建网络空间命运共同体》白皮书，构建网络空间命运共同体理念顺应信息时代发展潮流和人类社会发展大势，回应网络空间风险挑战，彰显了中国共产党为人类谋进步、为世界谋大同的情怀，表达了中国同世界各国加强互联网发展和治理合作的真诚愿望。

通过在经济、环境、文化、安全等多个关键领域的共同努力，我们不仅能够推动构建人类命运共同体，更能在全球层面上促进治理体系的革新与进步。这不仅是对现有国际秩序的有益补充，更是对全人类共同未来的深刻承诺。构建人类命运共同体是一项长期而艰巨的任务，需要各国的持续努力和国际社会的广泛参与。只有这样，我们才能共同开创一个更加美好的世界。

第六章

加快发展新质生产力的具体举措：推动产业链供应链优化

新形势下分析我国产业链供应链的发展现状和安全状况，全面认识国际产业链供应链发展现状，探究影响我国产业链供应链安全水平的因素，对于保障产业链供应链稳定、促进经济高质量发展具有重要意义。

第一节 新质生产力让产业链供应链焕发生机

新质生产力以其创新主导、高科技、高效能、高质量的特性，为产业链供应链注入了新的生机和活力。新质生产力不仅是推动"量增"的引擎，更是激活"质优"的密码。

一、产业链供应链焕发新生、持续升级的新引擎

产业链供应链的焕发新生和持续升级构成了推动新质生产力发展的新引擎。科技创新是新质生产力的核心驱动力，而全要素生产率的提升则是新质生产力形成与发展的核心标志[8]。

当下，新技术、新工艺和新材料的不断涌现，以及科技创新的加速，为产业链供应链带来了前所未有的发展机遇。恰逢数字化转型的潮流，引入大数据、云计算、物联网、人工智能等先进技术，可以实现对产业链供应链的智能化管

理和优化，提高生产效率、降低运营成本，提升企业对市场变化的响应速度，驱动产业链供应链焕发新生。当今社会，各个领域内的专业划分越来越细致。产业链供应链持续升级的重要途径之一就是推行供应链协同。通过建立紧密的供应链合作关系，企业可以实现资源的优化配置、信息的实时共享和风险的共同承担，从而提升整个供应链的竞争力和韧性。此外，在新质生产力的推动下，产业链供应链需向绿色可持续发展方向转型。采用环保材料、节能减排技术和循环生产方式，能够有效降低对环境的负面影响，实现经济效益和社会效益的双赢。在全球经济一体化的背景下，产业链供应链的全球化布局成为重要趋势。企业需要积极拓展海外市场，加强与国际合作伙伴的沟通和协作，以获取更多的资源和机会，并提升在全球产业链供应链中的竞争地位。

通过创新驱动、数字化转型、供应链协同、绿色可持续发展和全球化布局等途径，企业可以不断提升产业链供应链的竞争力和韧性，为新质生产力的发展提供有力支撑。

二、优化产业链供应链，为何如此重要？

发展新质生产力，优化产业链供应链尤为重要。

通过优化产业链供应链，企业可以更有效地管理生产、物流、采购等环节，减少不必要的浪费和延误，提高生产效率并降低运营成本，从而实现更高的盈利并提升企业在市场上的竞争力。优化产业链供应链能确保企业更准确地预测和满足客户需求，提供更高质量的产品和服务，还有助于增强客户忠诚度，为企业赢得更多市场份额。通过优化产业链供应链，企业可以更加灵活地调整生产和供应计划，应对市场变化带来的挑战和机遇。优化产业链供应链还可以促进企业之间的合作和交流，推动技术创新和产业升级，有助于企业开发新的产品和服务，拓展新的市场领域，实现持续创新和发展。产业链供应链中存在各种潜在风险和挑战，如供应商的变化、价格的波动、市场的变化等。优化产业链供应链可以使企业更加全面了解和管理这些风险，确保生产和供应的稳定性和可持续性。

三、新质生产力如何给产业链供应链"加油"

新质生产力的加快形成与发展，依赖于科技创新动能的充分发挥、生产要素的创新性配置以及新质态劳动对象的高效培育。新质生产力以其创新主导、高科技、高效能、高质量的特性,对产业链供应链的发展起到了至关重要的推动作用。

以下从技术创新与突破、资源配置优化、产业转型升级三个方面介绍相关知识与应用实践案例。

1. 技术创新与突破

新质生产力强调科技创新的核心地位,通过技术革命性突破,推动产业链供应链的技术升级和转型,具体应用案例整理如表6-1所示。案例1中,京东物流在物流业中的技术创新包括无人配送车和智能仓储系统。无人配送车能够在复杂环境下进行配送,大大提高了物流效率。而智能仓储系统则通过自动化和智能化手段,实现了对货物的快速、准确处理,降低了物流成本。案例2中,大疆农业在农业中的技术创新主要体现在无人机植保和智能农机上。无人机植保能够实现对农作物的精准施药,减少农药使用量。而智能农机则通过自动化和智能化手段,提高了农业生产的精准度和效率。案例3中,宁德时代在能源业中的技术创新主要体现在电池储能技术和电池回收技术上。电池储能技术为新能源汽车提供了更加稳定和可靠的能源支持,而电池回收技术则实现了对废旧电池的再利用,促进了能源结构的优化。案例4中,华为在医疗业中的技术创新主要体现在远程医疗技术和智能医疗设备上。远程医疗技术使得医生能够通过网络为患者提供远程诊断和治疗服务,提高了医疗服务的可及性。而智能医疗设备则通过智能化手段,提高了医疗服务的准确性和效率。

表6-1 产业链供应链的技术升级和转型案例

案例编号	行业领域	企业/组织名称	技术创新点	实 施 效 果
1	物流业	京东物流	无人配送车 智能仓储系统	提升了物流效率 降低了物流成本 优化了用户体验
2	农业	大疆农业	无人机植保 智能农机	提高了农业生产的精准度和效率 降低了农药和化肥的使用量
3	能源业	宁德时代	电池储能技术 电池回收技术	推动了新能源汽车产业的发展 促进了能源结构的优化
4	医疗业	华为	远程医疗技术 智能医疗设备	提高了医疗服务的可及性和质量 降低了医疗成本

众多案例表明,技术创新与突破是新质生产力为产业链供应链"加油"的重要手段。

2. 资源配置优化

资源配置优化是新质生产力为产业链供应链"加油"的重要途径之一。通过优化资源配置，可以提高资源利用效率，降低生产成本，从而增强产业链供应链的竞争力和韧性。

资源配置优化是指根据市场需求和资源禀赋，通过合理规划和有效管理，实现资源的最佳配置和使用。在产业链供应链中，优化资源配置可以确保各个环节的顺畅运转，降低生产成本，提升产品质量，增强企业的市场竞争力，具体案例如表 6-2 所示。

表 6-2 产业链供应链资源配置优化案例

案例编号	行业领域	组织名称	资源配置优化措施	实施效果
1	农业	新希望集团	精准农业技术 优化作物种植结构	提高了农作物产量和品质 降低了生产成本 增加了农民收入
2	能源业	国家电网	智能电网技术 优化电力资源配置	提高了电力供应可靠性和效率，降低了电力损耗和浪费

如上表所示，案例 1 中，新希望集团采用精准农业技术优化作物种植结构，提高了农作物的产量和品质。通过应用卫星遥感、物联网等技术手段，新希望集团能够实时监测土壤、气候等环境因素的变化，为作物生长提供最佳条件。案例 2 中，国家电网利用智能电网技术优化电力资源配置，提高了电力供应的可靠性和效率。智能电网技术能够实时监控电网运行状态和设备健康状况，及时发现和解决潜在问题。同时，智能电网技术还能够根据用电需求和电力供应情况，自动调整电力分配和传输方式，降低电力损耗和浪费。这些措施不仅提高了电力供应的可靠性，还降低了用户的用电成本。

以上案例表明，资源配置优化是新质生产力为产业链供应链"加油"的重要途径之一。

3. 产业转型升级

新质生产力是推动经济社会发展的重要动力，其中产业转型升级是新质生产力的关键一环。产业转型升级旨在通过技术创新、市场升级和管理升级等途径，推动产业结构向更高级别、更优化的方向发展，从而为产业链供应链注入新的活力，实现"加油"效果。表 6-3 介绍了通过产业转型升级为产业链供应链"加油"的具体案例。

案例1中,大北农科技集团通过引入物联网、大数据等现代技术,实现了从传统农业生产企业向现代农业全产业链服务提供商的转型升级。其智能化、精准化和绿色化的农业生产模式提高了农业生产效率和农产品质量,满足了市场对高品质农产品的需求。案例2中,碧水源科技股份有限公司通过技术创新和商业模式创新,实现了从传统水处理设备制造商向水环境综合服务商的转型升级。碧水源提供从水源地保护、水处理到水循环利用的全产业链服务,推动了环保产业的升级和发展,为改善水环境质量做出了积极贡献。

表6-3 产业链供应链产业转型升级案例

案例编号	行业领域	企业/组织名称	产业转型升级措施	实施效果
1	现代农业	大北农科技集团	从传统农业生产企业转型为现代农业全产业链服务提供商	引入物联网、大数据等现代技术,实现农业生产的智能化、精准化和绿色化,提高了农业生产效率和农产品质量
2	环保产业	碧水源科技股份有限公司	从传统水处理设备制造商转型为水环境综合服务商	通过技术创新和商业模式创新,提供从水源地保护、水处理到水循环利用的全产业链服务,推动产业升级

在新质生产力的推动下,全要素生产率(TFP)的提升和可持续发展成为产业链供应链"加油"的重要动力。在当今日益强调绿色、低碳和可持续发展的背景下,新质生产力不仅关乎环境保护,更涉及经济效益、社会责任和未来竞争力等多个方面,应通过推动产业链供应链的可持续发展,为整个经济体系"加油"。

第二节 优化产业链供应链的三大秘籍

新质生产力借助高科技手段,实现了产业链的智能化、数字化和绿色化。物联网、大数据、人工智能等高新技术的应用,使得企业能够实时监控生产流程,优化资源配置,提高生产效率,同时有助于减少能源消耗,降低污染排放,实现产业链的可持续发展。

新质生产力大变革

一、科技魔法：让产业链供应链升级换代

你知道科技和魔法在常规理解中的区别吗？科技通常指的是人类运用科学原理和实践经验，创造出的用于改善生活、提高工作效率的工具和方法。科技的实现通常基于实验、研究和设计，其结果往往是可预测和可控的。而魔法通常被认为是一种超自然的力量，来源于神秘的力量或知识，往往通过咒语、仪式或特殊物品来实现，其结果常常带有不可预测性。

当我们将科技与魔法结合，形成一种新的理念——"科技魔法"时，可以理解为运用科技手段实现传统上认为只有通过魔法才能达成的效果或目标。科技魔法在产业链供应链的升级换代中，主要体现为：首先是通过智能化管理，应用大数据、人工智能等先进技术，实现产业链供应链的智能化管理。比如，自动化的订单处理、库存控制、物流跟踪等功能，大大提高了整个产业链供应链的效率和准确性。其次是通过数字化转型，调整产业链供应链升级换代的方向，推动传统业务流程的数字化，这不仅实现了信息的快速传递和共享，还降低了沟通成本，提高了产业链供应链协同办公效率。再者是通过应用物联网技术，实现对生产过程中的能源消耗和废弃物排放的实时监控和管理，降低对环境的负面影响。

总之，科技魔法的应用为产业链供应链的升级换代提供了强大支持。通过应用先进技术和管理理念，实现产业链供应链的智能化、数字化、可持续发展和创新发展，推动产业链供应链向更高层次迈进。

二、智能制造：让产业链供应链更"聪明"

智能制造正成为推动产业链供应链升级的关键力量，通过引入先进的信息技术和智能化设备，实现生产过程的自动化、数字化和智能化，从而提高生产效率、降低成本，并增强供应链的灵活性和韧性。

智能制造使制造企业变得更加"聪明"，促进了产业链各环节之间的紧密协作，推动了整个供应链的持续优化和创新。例如，某知名汽车制造商通过实施智能制造战略，实现了生产线的全面升级。在智能工厂中，机器人和自动化设备取代了传统的人工操作，不仅提高了生产效率，还确保了产品质量的稳定性和一致性。与此同时，公司引入了物联网（IoT）技术，实现了生产设备的实时监控和预测性维护，大大减少了故障停机的可能性。在供应链管理方面，该汽

车制造商借助大数据和云计算技术，对供应链中的各个环节进行了深度分析和优化。通过实时追踪原材料和零部件的库存情况，准确预测市场需求并据此调整生产计划，确保供应链的高效运转。此外，公司还利用人工智能（AI）算法对供应链风险进行预测和评估，提前制定应对策略，降低供应链中断的风险。

实践案例充分展示了智能制造在提升产业链供应链智能化水平、优化资源配置、增强抗风险能力方面的巨大潜力。

三、绿色守护：让产业链供应链更"健康"

新质生产力本身就是一种绿色生产力，是发展绿色物流的内生动力。发展新质生产力有助于擦亮绿色物流的鲜明底色、加速绿色物流的创新引擎、提升绿色物流的运行保障，以及增强绿色物流的可持续动力，从而赋能绿色物流发展。

传统仓储设施的高污染、"最后一公里"配送的高排放、过度包装快递的高消耗，以及良好物流生态的缺乏等诸多现实挑战摆在眼前。为了解决这些难题，需要从以下几个方面入手：激发创新活力，利用智能技术助力绿色仓储；发展低空经济赋能绿色配送；坚持绿色发展理念，融入生态设计引领绿色包装；立足新发展格局，共建绿色物流生态，推动新质生产力赋能绿色物流。在这一背景下，人工智能（AI）技术的应用不仅提高了产业链供应链的效率和灵活性，更在推动绿色制造、保护环境方面发挥了重要作用，使产业链供应链更加"健康"。

AI技术通过精准的数据分析和智能决策支持，帮助企业在原材料采购、生产过程、物流运输等各个环节实现绿色化。例如，在原材料采购环节，AI根据历史数据和市场需求预测，优化原材料的种类和数量，减少不必要的浪费；在生产过程中，AI监控设备的运行状态，实时调整生产参数，降低能耗和污染物排放；在物流运输环节，AI通过优化运输路线和车辆调度，减少运输里程和碳排放。某大型家电制造企业利用AI技术构建了一个全面的绿色制造体系。在原材料采购环节，该企业应用AI采购系统，通过大数据分析市场需求和原材料价格波动，实现精准采购，有效减少了库存积压和原材料浪费。在生产过程中，该企业采用AI驱动的智能制造系统，实时监测生产设备的运行状态和能耗情况，智能调整生产参数，降低了生产能耗和污染物排放。此外，该企业还利用AI技术对物流运输进行优化，通过智能调度系统，减少了运输里程和碳排放，实现了绿色物流。

绿色制造的实践不仅提高了企业生产效率和产品质量，还降低了对环境的影响，实现了经济效益和生态效益的双赢，让产业链供应链更加"健康"。

第三节　产业链供应链优化行动的保障措施

新质生产力注重产品质量和品牌建设，通过提高生产标准和监管水平，加强质量管理和品质控制，确保产品的可靠性和稳定性，有助于提升企业的品牌形象和市场竞争力，增强消费者对产品的信任和满意度。

一、政策助力：给产业链供应链"加油打气"

产业链供应链的优化需要强化政策引领和规划指导。政策在助力产业链供应链优化升级方面扮演着至关重要的角色。政策可以通过多种方式为产业链供应链"加油打气"，以推动其稳定发展并提升其竞争力。

政策助力首先是内容把关，聚焦于支持新质生产力的关键领域和环节，如高新技术、绿色制造、智能制造等，同时鼓励企业加强技术创新和产业升级。其次是财政优惠政策，通过提供财政和税收优惠，降低企业的运营成本，鼓励企业投入更多资源用于技术创新和产业升级，这有助于企业提升生产效率，优化产品结构，增强市场竞争力。再者，政策助力离不开国际交流，通过引导和支持企业加强国际合作与交流，参与国际合作项目，引进先进技术和管理经验，拓展国际市场，提高品牌知名度和影响力，推动产业链供应链的全球化布局。在数智双驱动的时代背景下，促进产业链供应链的数字化和智能化转型是政策助力的关键一环。通过推动工业互联网、大数据、人工智能等新一代信息技术与制造业深度融合，大幅提高产业链的协同效率，降低库存和物流成本，提高产品质量和交付速度。至于风险应对和管理方面，建立健全风险防控机制，包括加强风险预警和监测、建立应急预案和响应机制等，帮助企业及时发现和应对潜在风险，保障产业链供应链的稳定运行。"加油打气"的落实离不开人才保障。通过加大对人才培养和引进的支持力度，提高人才素质和专业水平，为企业提供更多优秀的人才资源，进而推动产业链供应链的持续发展。

由此可见，政策在助力产业链供应链优化升级方面具有重要作用。明确的政策导向和规划，为产业链供应链的优化升级和发展提供了有力支持。

二、强化监管，让产业链供应链更公平

平台经济的持续、健康发展是推动形成新质生产力的重要举措，而促进平台经济的规范健康发展尤为关键。其中，强化监管以确保产业链供应链的公平性是一个重要的政策目标。强化监管主要措施包括推行公平贸易政策、加强反垄断和反不正当竞争监管、推动供应链透明度、加强劳工权益保护、强化环境保护监管、促进中小企业发展、加强国际合作，以及建立监测和评估机制等。

当前，我国平台经济发展存在自治"失位"阻滞新质态劳动对象培育、运动式治理"失范"制约科技创新动能发挥、协同监管"失灵"影响生产要素创新性配置等问题。在监管理念适配化方面，要拓展"包容审慎"的监管理念，并对正当程序原则与比例原则进行解构与阐释；在监管韧性化改造方面，要增加平台监管规范的适用韧性，强化监管工具的组合协作与实施机制的动态配合；在监管主体多元化方面，要坚持以政府为主导的多元组织协作，发挥以平台为核心的双向赋能功能，最终推进平台常态化监管的法治化，助力新质生产力加快形成与发展[1]。

政府制定和执行公平贸易政策，确保所有参与方在贸易活动中享有平等待遇。打击各种形式的贸易壁垒和歧视性措施，包括关税壁垒、非关税壁垒和补贴等。政府需严格执行反垄断法，防止大型企业滥用市场支配地位，限制中小企业的发展。打击不正当竞争行为，如价格欺诈、虚假宣传等，维护市场秩序。鼓励采用区块链等先进技术来提高供应链的透明度，便于监管部门和公众监督。企业需确保供应链中的劳工权益得到保障，包括工资、工时、工作条件等。政府需制定并执行严格的环境保护标准，确保产业链供应链的绿色可持续发展。对违反环保法规的企业进行严厉处罚，并鼓励企业采用环保技术和生产方式。政府应制定优惠政策支持中小企业发展，如减税降费、融资支持等。加强中小企业与大型企业之间的合作，形成互利共赢的产业链供应链格局。为确保政策的有效性和针对性，有必要建立对产业链供应链公平性的监测和评估机制，定期发布相关报告，根据监测结果及时调整监管政策。

三、优化营商环境，让企业更省心

在新质生产力的发展中，优化营商环境是一个至关重要的环节，通过简化行政审批流程、减轻企业税费负担、强化知识产权保护、提供优质公共服务、

加强监管执法力度、推进数字化转型升级等措施，可以降低企业运营成本，提高市场竞争力，从而推动企业更省心、更高效地发展。

在诸多优化营商环境的落实措施中，推行"一网通办"的效果立竿见影，实现行政审批事项网上办理，可以精简审批环节，缩短审批时间，在提高审批效率的同时，减少企业跑腿次数。其次，加强税收优惠政策宣传，落实减税降费政策，大大降低企业税负，简化税收征管流程，提高税收征管效率。为提高知识产权保护意识，加强企业自我保护能力，需建立健全知识产权保护体系，加强执法力度，建立知识产权纠纷调解机制，为企业提供高效、便捷的维权渠道。

为维护市场秩序，需建立健全监管执法体系，加强监管执法力度，严厉打击违法违规行为。为加强企业信用监管，需建立健全企业信用体系。为支持企业加快数字化转型，提高生产效率和管理水平，需建立健全数字化服务平台，为企业提供数字化解决方案。同时，加强数字化基础设施建设，为企业数字化转型提供有力支撑。

优化营商环境不仅可以推动企业更省心、更高效地发展，还有助于吸引更多优质企业投资兴业，推动新质生产力的快速发展。

四、人才涌动，为产业链供应链注入"新鲜血液"

大力发展新质生产力，必须把握其重要着力点，坚持教育、科技、人才一体推进，畅通教育、科技、人才的良性循环，健全要素参与收入分配机制。在新质生产力的发展中，人才作为核心要素之一，其涌动和流动为产业链供应链注入了源源不断的"新鲜血液"。

拔尖创新人才培养是深入实施人才强国战略的行动要义，新质生产力的形成与发展离不开拔尖创新人才。然而，新质生产力背景下的拔尖创新人才培养仍存在诸如选拔培养的效率与教育公平的二元冲突、智能技术与教育应用的融合挑战、技能人才与教育偏见的双向博弈、人才培育与人才应用的分离困境等现实隐忧，这些均阻碍了生产力质态的加速跃迁。教育作为拔尖创新人才培养的必要渠道，在塑造新质生产力人才队伍中发挥着关键作用。

要实现为产业链供应链注入"新鲜血液"，高素质的人才队伍是关键。人才涌动使得新知识和新技术能够迅速在产业链供应链中传播和应用，推动整个产业链的技术升级和进步。同时，高素质人才具备敏锐的洞察力、丰富的想象力和强大的执行力，能够不断提出新的想法、创造新的技术，为产业链供应链的各个环节带来突破性的变革。高素质人才的流动促进了不同领域、不同行业之间的交流和合作，推动了产业链供应链的跨界融合和创新发展。

在人才可持续发展方面，通过培训、指导等方式培养了一批后备力量，为产业链供应链带来了"新鲜血液"，这些后备力量在未来将成为产业链供应链的中坚力量，源源不断地推动产业链供应链的发展和创新。

未来拔尖创新人才培养需要做到以下几点：一是基础教育上，细化融通培养机制，培育新质后备人才；二是高等教育上，依托智能学科平台，塑造新质中坚人才；三是职业教育上，建立数字孪生平台，发展新质智能人才；四是差异教育上，探索多元培养模式，打造新质多样人才。事实证明，人才涌动是新质生产力发展的重要支撑。通过人才的流动和交流，为产业链供应链注入了源源不断的"新鲜血液"，推动了产业链供应链的创新发展、技术进步和竞争力提升。

五、国际合作：让产业链供应链"走出去"

在新质生产力的发展中，国际合作扮演着至关重要的角色，特别是在推动产业链供应链"走出去"方面。研究表明，我国与世界众多地区普遍存在经济关联，但网络紧密度不高；产业链供应链网络密度和关联度处于上升趋势，但是网络等级和效率有所下降，在全球产业链供应链循环中德国、英国、俄罗斯、美国、意大利、法国、荷兰和中国处于中心地位；相对市场规模差异、空间位置邻接、要素禀赋相似等因素有助于强化产业链供应链联系，从而保障我国产业链供应链的安全。

在让产业链供应链"走出去"方面，国际合作的重要性不言而喻，主要表现在技术创新与交流、资源优化配置和市场拓展三个方面。首先，国际合作可以促进不同国家之间的技术创新和交流，使得新质生产力的发展更加迅速和高效。通过引进国外先进技术和管理经验，可以加速本国产业升级和转型，提高产业竞争力。其次，国际合作可以实现全球资源的优化配置，各国能够根据自身优势和发展需求，在全球范围内寻找最优质的资源和合作伙伴，从而降低生产成本，提高生产效率和产品质量。再者，国际合作可以拓展新质生产力的市场空间，使本国产品能够进入国际市场并获得更多的发展机会。同时，通过与国外企业的合作，企业可以了解国际市场需求和趋势，为产品升级和研发提供有力支持。

那么，国际合作如何助力产业链供应链"走出去"呢？下面主要介绍共建产业园区、跨国并购与合作、参与全球产业链分工、拓展国际贸易渠道这四个主要途径。

首先，通过国际合作在国外建设产业园区，吸引国内外企业入驻，形成完整的产业链供应链体系。这有助于降低生产成本，提高生产效率，并带动当地经济发展。同时，产业园区还可以为企业提供一站式服务，包括物流、金融、法律等方面的支持，使得企业能够更加顺利地开展业务。

其次，通过跨国并购和合作，企业可以获取国外先进的技术和管理经验，快速提升竞争力和市场地位。同时，跨国并购还可以拓展企业的产品线和服务范围，满足更多客户的需求。在合作过程中，双方可以共同研发新产品、新技术，共同开拓市场，实现互利共赢。

再者，通过国际合作可以积极参与全球产业链分工，与各国企业建立紧密的合作关系。在产业链分工中，各国企业可以发挥各自的优势和特长，共同推动全球产业链的优化和升级。同时，参与全球产业链分工还可以提高本国企业的国际竞争力和市场地位。

最后，通过国际合作可以拓展国际贸易渠道，为本国产品提供更多的出口机会。同时，国际贸易还可以带动本国经济的发展和繁荣。在拓展国际贸易渠道的过程中，企业需要积极寻求与国外企业的合作机会，建立稳定的贸易关系，并不断提高产品质量和服务水平。

总而言之，应该加强国际合作，积极参与全球产业链分工和国际贸易，为本国经济发展注入新的动力。

第四节　产业链供应链优化行动的实施路径

新质生产力强调产业链供应链的高效协同。通过加强企业间的合作与沟通，实现信息共享、资源共享和优势互补，从而提高整个产业链供应链的运作效率。产业链供应链的高效协同有助于企业快速响应市场需求变化，降低库存成本，提高客户满意度。

一、明确目标，绘制优化路线图

在产业链供应链优化行动的实施路径中，明确目标并绘制优化路线图是关键的一步。

在优化产业链供应链的过程中，首先需要明确具体的优化目标。明确目标有助于指导整个优化过程，确保所有行动都朝着既定方向前进。目标可能包括提高生产效率、降低运营成本、增强供应链的可靠性和灵活性、优化库存管理、提高客户满意度等。

绘制优化路线图是将目标转化为具体行动计划的关键步骤。优化路线图应该包括现状分析、目标设定、行动计划、实施与监控、评估与反馈等关键部分。其中，现状分析是对当前的产业链供应链进行全面评估，识别存在的问题和瓶颈。目标设定是根据现状分析的结果，设定具体的优化目标。制定详细的行动计划，通常包括要采取的措施、责任人、时间表和预算等。接下来，需要按照行动计划进行实施，并对实施过程进行监控和调整。最后，需要对优化结果进行评估，总结经验教训，为下一轮优化提供参考。

案例一：某汽车制造商的供应链优化行动

供应链优化行动目标：通过优化供应链管理，提高生产效率，降低库存成本，并提高客户满意度。根据行动目标，该汽车制造商优化供应链管理方案如表 6-4 所示。

表 6-4 某汽车制造商优化供应链管理方案

序号	活动阶段	时间表	具体内容	预算（万美元）
1	项目启动	第 1 个月	① 成立项目团队，明确项目目标和范围 ② 进行初步的市场调研和供应链现状分析	不含在总预算内（启动成本）
2	需求分析与规划	第 2~3 个月	① 识别供应链中的瓶颈和潜在问题 ② 制定详细的优化策略和行动计划	初步分析与规划费用（预估）
3	实施阶段	第 4~12 个月	① 引入先进的供应链管理系统	供应链管理系统引进与定制：1500
			② 优化供应商选择和管理流程	供应商评估和管理培训：500
			③ 改进生产计划和库存控制策略	生产与库存优化咨询费用：800

续表

序号	活动阶段	时间表	具体内容	预算（万美元）
4	监控与调整	第13~18个月	① 实时监控供应链运行情况	人力资源和行政费用：1000
			② 根据数据反馈调整优化策略	其他（如调研、差旅费等）：1200
5	评估与总结	第19个月	① 对供应链优化行动进行全面评估	
			② 总结经验教训，为未来优化提供参考	
总计				5000

研究发现：智慧物流发展对我国产业链供应链韧性会产生显著的正向影响，物流业全要素生产率发挥重要的中介效应。从作用机制来看，智慧物流发展会促进物流业全要素生产率提升，继而起到提升产业链供应链韧性的作用。

案例二：某电商平台的物流优化行动

供应链优化行动目标：提高物流配送效率，降低运输成本，提升客户满意度。根据行动目标，该电商平台的时间表与预算支出如表6-5所示。

表6-5 某电商平台物流优化方案

序号	活动阶段	时间表	具体内容	预算（万美元）
1	初步分析	第1~2个月	① 分析现有物流系统的瓶颈和问题	不含在总预算内（启动成本）
			② 确定优化目标和关键指标	
2	方案设计与评审	第3~4个月	① 设计多种物流优化方案	方案设计与评审费用（预估）
			② 通过评审选择最佳方案	
3	实施阶段	第5~10个月	① 引入新的物流管理系统和配送中心	物流管理系统引进和定制：800
			② 优化配送路线和车辆调度	配送中心和仓库建设：1000
			③ 培训员工以适应新的物流系统	车辆购置和维护费用：500
4	测试与调整	第11~12个月	① 小范围内测试新的物流系统	人力资源和行政费用：400
			② 根据测试结果进行调整和优化	其他杂项费用（如市场调研、培训费等）：300
5	全面推广与评估	第13个月	① 全国范围内推广新的物流系统	
			② 对优化行动进行全面评估和总结	
总计				3000

经过一系列的优化行动后,该企业取得了显著的成果。库存周转率明显降低,供应商准时交货率提高,客户满意度显著提升。同时,这些优化行动还提高了企业的整体运营效率和竞争力。

案例表明,明确目标并绘制优化路线图对于产业链供应链优化行动的成功至关重要。

二、加强产业链协同,形成合力效应

新质生产力是实现高质量发展的重要途径。在产业链供应链优化行动中,加强产业链协同是关键一环。面对"卡脖子"的技术难题,多元主体科创团队间的融通创新为突破技术梗阻、发展新质生产力带来了机遇。通过协同合作,产业链不同环节的企业可以共同研发新产品、新技术,共享知识和资源,从而实现更高效、更灵活的供应链运作。多元主体科创团队融通创新对培育新质生产力发挥了主要作用,具体案例整理如表6-6所示。

表6-6 产业链协同案例

案例编号	行业领域	协同企业	协同方式	成果与效果
1	电子信息产业	A芯片制造商与B设备制造商	共同研发新型芯片优化设备性能	新产品上市速度快市场竞争力强
2	汽车产业	C汽车制造商与D零部件供应商	共建零部件研发中心实现技术共享	汽车性能提升成本降低
3	生物医药产业	E制药公司与F生物科技公司	合作开发新药物共享研发资源	新药研发周期缩短市场响应速度快
4	新能源产业	G光伏企业与H储能企业	共同研发储能技术优化光伏系统	提高光伏系统稳定性和效率
5	环保产业	I环保设备企业与J回收企业	合作开发环保设备实现废弃物资源化	提高废弃物回收利用率,降低环境污染

如表中所示,案例1中,A芯片制造商与B设备制造商在电子信息产业中形成了紧密的协同关系。双方共同研发新型芯片,优化设备性能,使得B设备制造商能够更快地将高性能设备推向市场,满足了消费者对高性能设备的需求。双方这种协同方式不仅加快了新产品的面市速度,还增强了产品的市场竞争力。案例2中,C汽车制造商与D零部件供应商在汽车产业中进行了深入的合作。双方共建零部件研发中心,实现了技术的共享和互补。通过这种协同方式,C汽车制造商能够更快地获得高质量的零部件供应,提高了汽车的性能和可靠性。

同时，D 零部件供应商也通过技术共享获得了更多的市场机会。案例 3 中，E 制药公司与 F 生物科技公司在生物医药产业中开展了广泛的合作。双方共同开发新药物，共享研发资源，加快了新药研发的进程。这种协同方式不仅缩短了新药研发周期，还提高了市场响应速度，使得新药能够更快地应用于临床治疗。案例 4 中，G 光伏企业与 H 储能企业在新能源产业中形成了良好的协同关系。双方共同研发储能技术，优化光伏系统，提高了光伏系统的稳定性和效率。这种协同方式不仅促进了新能源产业的发展，还有助于应对能源危机和环境问题。案例 5 中，I 环保设备企业与 J 回收企业在环保产业中进行了紧密的合作。双方合作开发环保设备，实现了废弃物资源化，提高了废弃物回收利用率。这种协同方式有助于减少环境污染和资源浪费，促进了环保产业的可持续发展。

上述案例表明，加强产业链协同可以形成合力效应，有力推动产业链供应链的优化和发展。不同行业领域的企业通过合作实现资源共享、优势互补和技术创新，从而提高整个产业链的效率和竞争力。

三、推进数字化转型，提升智能化水平

在产业链供应链优化行动中，推进数字化转型和提升智能化水平是不可或缺的一环。通过数字化和智能化技术的应用，企业能够实现更高效、更精准的生产、管理和服务，从而提升整个产业链供应链的竞争力。具体案例整理如表 6-7 所示。

表 6-7 产业链数字化转型案例

案例编号	行业领域	企业名称	数字化/智能化应用	实施效果
1	制造业	华为技术有限公司	智能制造系统、工业互联网平台	提高生产效率，缩短上市时间，降低运营成本
2	零售业	亚马逊公司	高效的物流系统、仓储管理系统、大数据和人工智能技术	实现订单快速处理和配送，提高客户满意度，降低库存成本
3	消费品行业	宝洁公司	物联网、数字化等技术	优化生产效率和产品质量，降低成本和风险
4	能源行业	长庆油田	物联网、大数据、云计算、人工智能等技术	提高生产效率，降低安全风险，实现智能化管理
5	物流业	顺丰速运	智能化物流管理系统、大数据分析	提高物流效率，减少运输成本，提升服务质量

案例 1 中，华为技术有限公司在制造业中积极推进数字化转型，通过构建智能制造系统和工业互联网平台，实现了生产过程的自动化、智能化和可视化。这不仅提高了生产效率，缩短了产品上市时间，还降低了运营成本，提升了企业竞争力。案例 2 中，亚马逊公司作为全球电商行业的领军企业，通过建立高效的物流系统和仓储管理系统，利用大数据和人工智能技术优化供应链规划和预测，提高了库存管理的准确性和效率。这种数字化和智能化的应用使得亚马逊能够实现订单的快速处理和配送，提高客户满意度，降低库存成本。案例 3 中，宝洁公司在消费品行业中也积极推进数字化转型。通过利用物联网技术实现生产设备的智能化监控和管理，提高了生产效率和产品质量。同时，通过数字化技术优化了供应链的协同和协调，实现了原材料采购、生产计划和配送的无缝衔接，降低了库存成本和运营风险。案例 4 中，长庆油田在能源行业中通过应用物联网、大数据、云计算和人工智能等新技术，实现了场站无人值守、油气井智能生产、风险作业可视化监控等智能化管理。这不仅提高了生产效率，降低了安全风险，还实现了对油气田开发的精准管理。案例 5 中，顺丰速运在物流业中通过构建智能化物流管理系统，利用大数据分析优化运输路线和配送时间，提高了物流效率和服务质量。这种数字化和智能化的应用使得顺丰速运能够在激烈的市场竞争中保持领先地位。

上述案例表明，推进数字化转型和提升智能化水平是产业链供应链优化行动的重要实施路径。不同行业领域的企业可以通过引入先进的数字化和智能化技术，实现生产、管理和服务的优化升级，从而提升整个产业链供应链的效率和竞争力。

四、绿色发展，构建可持续产业链供应链

随着全球对环境保护和可持续发展的高度关注，绿色发展已成为产业链供应链优化的重要方向。通过采用环保材料、推广清洁生产、优化能源结构等措施，企业可以构建绿色、低碳、可持续的产业链供应链，实现经济效益和环境效益的双赢。具体案例整理如表 6-8 所示。

表 6-8　绿色、低碳、可持续的产业链供应链案例

编号	行业领域	企业名称	绿色发展措施	实施效果
1	纺织业	XYZ 纺织集团	采用环保面料、节能设备；实施绿色供应链管理	降低碳排放，提高产品质量，增强市场竞争力

续表

编号	行业领域	企业名称	绿色发展措施	实施效果
2	电子制造业	ABC电子公司	使用可再生材料、推广循环再利用；建立绿色认证体系	减少电子废弃物，提高资源利用率，提升品牌形象
3	能源行业	DEF电力公司	发展清洁能源，如风能、太阳能；优化能源结构	降低碳排放，提高能源效率，支持可持续发展
4	农业	GHI生态农业合作社	有机种植、循环农业模式；推动农产品绿色认证	提高农产品质量，保护生态环境，增强消费者信任
5	物流业	JKL绿色物流公司	引入电动车辆、优化运输路线；实施绿色包装	降低碳排放，提高运输效率，减少环境污染

如表所示，案例1中，XYZ纺织集团致力于纺织业的绿色发展，通过采用环保面料和节能设备，以及实施绿色供应链管理，有效降低了碳排放和能源消耗。同时，由于采用了环保材料和工艺，产品质量得到了提升，市场竞争力也得到了增强。案例2中，ABC电子公司在电子制造业中积极推广绿色发展理念，使用可再生材料和推广循环再利用，有效减少了电子废弃物的产生。同时，通过建立绿色认证体系，提升了产品的环保性能和品牌形象。案例3中，DEF电力公司大力发展清洁能源，如风能、太阳能等，优化能源结构，降低碳排放。这不仅提高了能源效率，还有助于支持可持续发展目标的实现。案例4中，GHI生态农业合作社采用有机种植和循环农业模式，推动农产品的绿色认证。这不仅提高了农产品的质量和安全性，还有助于保护生态环境和增强消费者信任。案例5中，JKL绿色物流公司通过引入电动车辆和优化运输路线，减少了碳排放和能源消耗。同时，通过绿色包装减少了环境污染和资源浪费。这些措施不仅提高了运输效率，还有助于提升企业的环保形象和市场竞争力。

五、强化风险管理，确保产业链供应链稳定

在产业链供应链优化行动中，强化风险管理是确保产业链供应链稳定的关键措施。新质生产力是一种以新的质态为载体、以新的品质为主旨的新型高质量生产力，是对传统生产力的一种发展变革。发展新质生产力的关键在于原创性、颠覆性的科技创新，这其中蕴含诸多不确定性和新的风险。

通过构建完善的风险管理体系、加强供应链透明度、利用先进的风险管理工具等方式，企业能及时发现和应对潜在风险，保障产业链供应链的顺畅运行，具体案例如表6-9所示。

表6-9 完善的风险管理体系案例

案例编号	行业领域	企业名称	风险管理措施	实施效果
1	汽车制造业	特斯拉公司	构建完善的风险管理体系，包括供应链风险评估、监控和应对机制	成功应对供应链中断风险，保障车辆生产和交付
2	电子制造业	三星电子	加强供应链透明度，与供应商建立紧密合作关系，共享风险信息	及时发现潜在风险，减少供应链中断的可能性
3	物流业	UPS快递公司	利用先进的风险管理工具，如风险管理软件和数据分析工具，进行供应链风险预测和应对	提高对风险的响应速度，减少损失
4	医药产业	辉瑞制药	多元化供应链管理，确保关键原材料和零部件的供应稳定	成功应对全球疫情带来的供应链中断风险，保障药品生产和供应
5	零售业	沃尔玛	建立供应链风险档案，记录历史风险事件和管理经验	提高风险管理的针对性和有效性

如上表所示，案例1中，特斯拉公司构建了一套完善的风险管理体系，包括供应链风险评估、监控和应对机制。这一体系使特斯拉能够及时识别和应对潜在的风险，确保车辆生产和交付的顺利进行。例如，在供应链中断风险出现时，特斯拉能够快速调整供应链策略，保障关键零部件的供应，确保车辆的正常生产。案例2中，三星电子注重加强供应链透明度，与供应商建立紧密的合作关系，共享风险信息。通过这一措施，三星电子能够及时发现潜在的风险，减少供应链中断的可能性。案例3中，UPS快递公司利用先进的风险管理工具，如风险管理软件和数据分析工具，进行供应链风险预测和应对。这些工具帮助UPS快递公司及时发现潜在的风险，并制定相应的应对策略，提高了对风险的响应速度，减少了损失。案例4中，辉瑞制药采用多元化供应链管理策略，确保关键原材料和零部件的供应稳定。在全球疫情等突发事件导致供应链中断时，辉瑞制药能够迅速调整供应链策略，确保药品的生产和供应不受影响。案例5中，沃尔玛建立了一套供应链风险档案，记录历史风险事件和管理经验。通过分析和总结历史风险事件的经验教训，沃尔玛能够更好地识别潜在的风险并制定相应的应对策略，提高风险管理的针对性和有效性。

诸多案例表明，强化风险管理是确保产业链供应链稳定的关键措施。通过构建完善的风险管理体系、加强供应链透明度、利用先进的风险管理工具等方式，企业可以及时发现和应对潜在风险，保障产业链供应链的顺畅运行。

新质生产力大变革

当前的全球产业链供应链体系,本质上反映了不同国家之间基于相对市场规模、区域开放度和区域比较优势所形成的国际分工。市场规模和区域比较优势差异越大,越容易形成产业链供应链联系;而区域开放度差异越大,越不容易形成产业链供应链联系。在中国与世界其他区域形成产业链供应链关联的因素中,地理位置相邻是重要的一环。此外,劳资比差异越大,越有利于中国与世界其他区域形成产业链供应链互补关系,反映出要素禀赋的差异性有助于建立区域之间的空间经济联系。

随着新质生产力的发展,优化全球产业链供应链体系的策略主要有坚持合作共赢理念、优化产业链供应链的区域布局、加速推进区域全面经济伙伴关系协定(RCEP)与"一带一路"建设等。首先,我国应坚持合作共赢的理念,通过增强国际产业链供应链空间关联的紧密程度、拓展更多空间溢出渠道,保障我国国际产业链供应链的安全。这种理念有助于构建更加稳固的全球经济伙伴关系,实现互利共赢。其次,根据不同国家和地区所处地位以及在不同板块中的功能划分,我国应不断优化产业链供应链的区域布局。充分发挥处于中心地位国家的"牵引"作用,如德国、英国、俄罗斯、意大利、法国、荷兰等国家,以及环太平洋板块中的韩国、日本等国的支撑作用。这些国家将成为串联其他国家、构筑我国国际经济循环的重要枢纽,从而提升我国国际产业链供应链的安全水平。最后,为了强化与周边国家和地区的经济合作,我国应加速推进区域全面经济伙伴关系协定(RCEP)的落地实施。同时,深入推进"一带一路"建设,加强与要素禀赋条件相似的国家和地区的合作。依托我国超大规模市场优势,以国内大循环吸引全球资源要素,从而保障我国国际产业链供应链的安全。

第七章

加快发展新质生产力的具体举措：
积极培育新兴产业和未来产业

习近平在主持召开新时代推动东北全面振兴座谈会时强调："积极培育新能源、新材料、先进制造、电子信息等战略性新兴产业，积极培育未来产业，加快形成新质生产力，增强发展新动能。"

社会生产力的增长，往往离不开科学技术的突破。在习近平总书记的重要讲话中，与"新质生产力"一同出现的新兴产业和未来产业，是科技创新的集聚地。新质生产力突出表现在新科技新产业和数字经济等发展领域，数字经济与数字技术是新质生产力的代表性质态和主要载体，是把握新一轮科技革命和产业变革新机遇的战略选择，为产业结构的升级提供保障；战略性新兴产业与未来产业，是构建现代化产业体系的关键，是生成和发展新质生产力的主阵地。发展新质生产力应重点从数字经济与数字技术、战略性新兴产业和未来产业三个方面出发，开辟新赛道，打造新优势。

第一节 数字经济与数字技术

数字经济与数字技术的发展，标志着全球经济社会进入了一个全新的时代。这一时代以信息数据为基础资源，以网络技术为核心驱动力，不仅重塑了

新质生产力大变革

传统产业的生产和经营模式，而且孕育了一系列战略性新兴产业和前瞻性未来产业。数字经济的蓬勃发展，为社会主义现代化强国建设提供了新的动能和战略资源，而数字技术的创新与应用，则是支撑这一发展趋势的关键因素。

随着云计算、物联网、人工智能等数字技术的快速发展和广泛应用，数字经济已成为推动高质量发展的重要力量。全球范围内，数字经济的比重持续上升，数据成为新的生产要素，算力成为新的变革工具，而算法则引领着现代科技的进步，使得数字技术与经济社会发展紧密相连。

在此背景下，数字经济与数字技术不仅推动了传统产业的数字化转型升级，促进了产业结构的优化升级，而且为战略性新兴产业和未来产业的发展提供了技术支持和经济保障。例如，通过云计算和大数据技术的应用，制造业实现了智能化改造，提升了生产效率和产品质量；物联网技术的发展，推动了智慧城市、智能家居等新兴产业的兴起；人工智能技术的应用，为自动驾驶、智能医疗等未来产业的发展提供了可能。

在数字经济时代，加快构建现代化产业体系，实现产业结构的高级化、智能化，需要更加注重数字技术的研发和创新。通过持续推进技术革新，不仅可以增强企业的核心竞争力，还能够促进新产业、新业态的发展，形成新的经济增长点。此外，数字经济与数字技术的融合发展，还能够加快社会信息化进程，推动公共服务和社会治理的数字化转型，提升治理效能和服务水平，为建设智慧社会奠定坚实基础。

一、掌握科技革命的关键：数字经济的崛起

据《2022—2023全球计算力指数评估报告》预测，全球主要国家的数字经济对GDP的贡献预计从2022年的50.2%增长至2026年的54.0%。这标志着数字经济将成为现代社会新质生产力的体现和推动力，其中数据、算法和计算能力作为核心要素，通过新的元素、动力和方法相互结合，推动新质生产力的生成，并成为信息时代未来发展的核心支撑。

随着全球经济的数字化转型，数字经济已成为推动社会主义现代化强国建设的新质生产力和战略选择。习近平总书记强调，发展数字经济是把握新一轮科技革命和产业变革机遇的关键。通过自主创新，依托数据、算力和算法三大核心要素，我们可以加快形成新质生产力，构筑国家竞争的新优势。

1. 数据：数字经济的关键生产要素

数据作为数字经济的基础性资源，经历了从边缘到中心的转变，成为与劳动、资本、土地等并列的关键生产要素。在"万物皆数"的时代，数据的采集、处理和分析成为了驱动经济增长的核心动力。中国的数据资源规模快速增长，成为全球数据产量的重要组成部分，表明了中国在数据要素方面具有显著的应用优势。数据的有效利用不仅可以推动传统产业的数字化转型，还能促进数字产业化，加速自主创新投入和成果转化，解决关键技术"卡脖子"问题，为企业提供决策依据，优化资源配置，实现生产效率的提升。

2. 算力：数据处理与价值释放的核心工具

算力作为数据处理和分析的关键工具，直接影响着大数据的价值释放和应用深度。随着大数据、云计算、人工智能等技术的发展，全球对算力的需求急剧增加，算力已成为衡量一个国家或地区数字经济发展水平的重要指标。中国在全球算力水平上处于领先地位，但在行业和应用层面的分布不均仍是一个挑战。未来，提升算力水平，特别是在人工智能等前沿技术领域的应用，将是推动技术创新和产业升级的关键。

3. 算法：现代科技发展的驱动引擎

算法作为现代科技发展的引擎，决定了数据与算力的有效结合。在大数据时代，算法的作用愈加凸显，它是实现数据智能化处理和分析的基础。算法的创新和应用，特别是在机器学习和深度学习领域的进步，推动了搜索引擎优化、生物识别、自然语言处理、图像识别、无人驾驶等技术的发展，极大提升了机器智能水平。同时，算法的开源化也为技术创新和应用普及提供了强大的动力。

二、重塑全球创新格局：数字技术的力量

云计算技术的发展极大地提升了算力资源的利用效率和可访问性，为大规模数据处理提供了可能。物联网技术通过连接各种设备和传感器，实现了数据的实时采集和交互，为智慧城市、智能家居等应用提供了基础。区块链技术以其独特的去中心化、数据不可篡改的特性，为数据安全和信任机制提供了全新的解决方案。人工智能技术通过模拟人类的学习、认知和决策过程，推动了自动驾驶、智能制造、智能医疗等领域的快速发展。通过创新和发展数字技术，

新质生产力大变革

实现关键和原创性技术的革命性突破，成为整合科技创新资源、引领新兴产业和未来产业发展、加速新质生产力形成的重要途径，是形成新质生产力的重要支撑。这些技术的发展不仅推动了经济社会的全面数字化转型，而且为战略性新兴产业和未来产业的发展提供了技术基础和经济保障。《中华人民共和国国民经济和社会发展第十四个五年规划和2035年远景目标纲要》明确提出，从云计算、大数据、物联网、工业互联网、区块链、人工智能、虚拟现实和增强现实等关键领域出发，界定了数字经济的发展需求和技术方向。在这一框架下，大数据的发展成为释放数据潜力的关键；互联网和物联网技术，促进数据的采集、处理和传递，提高内容创建和模型构建的精确度；云计算放大了计算能力，推动了计算能力的飞跃；依托工业互联网打造产业生态，通过区块链技术加强数据的安全和监管；发展人工智能技术，提高生产的效率和智能化水平。

1. 大数据产业——从数据生产到应用

作为一种战略性新兴产业，大数据产业聚焦于数据的生成、收集、存储、处理、分析以及服务等环节。通过高级的大数据技术，能够从庞杂的数据集中抽取有价值的信息，进而协助企业优化决策制定，提升产品与服务的品质。此产业不仅涉及数据资源的构建，同时也包含相关硬件与软件的研发、销售、租赁及各项信息技术服务。在"十三五"期间，中国的大数据产业迅猛发展，年均增长率超过30%，至2020年市场规模达到万亿级别，显著推动了国家经济和社会的发展。然而，公众对大数据应用的认识不一、复合型数据人才短缺以及数据安全使用问题等，均制约着该产业的稳健发展。因此，需要通过加强数据市场建设、产业链高效构建及提升数据治理能力等措施，规范数据的开发与利用，以促进大数据产业的进一步发展。

2. 互联网和物联网技术——数据收集与传输的创新

互联网技术对于数据信息的收集和传递至关重要。一方面，推动5G技术的广泛应用和6G技术的研发，是其主要发展方向之一，这不仅促进了智慧城市的构建，还推动了智能交通、智能物流和智能医疗等现代化设施的发展。另一方面，物联网技术作为发展的另一驱动力，通过技术创新如传感器、网络分割和高精度定位，培育了车联网、智能家居和智慧农业等新兴产业。物联网通过连接众多传感器、设备和物品，实现信息的互通有无。比如，商品上的二维码和射频识别技术可以帮助消费者追溯商品的生产流程。同时，虚拟现实与增强现实技术通过三维建模和实时动作捕捉提升了用户的视听体验,被广泛应用于游戏、教育和旅游等行业。

3. 云计算——算力资源的集成与扩展

云计算技术,作为一种基于互联网的资源共享模式,通过将分散的服务器资源通过网络连接集成,提供了一种计算能力的集成方式。在这个模式下,虽然单个计算能力可能有限,但整体上能够实现计算能力的显著提升。云计算基于大型数据中心构建的资源池,为用户提供计算能力、存储空间和软件服务,实现资源的即时租赁和扩展。其发展重点在于构建全国一体化的大数据中心,加速技术创新如大规模分布式存储和弹性计算,确保云计算服务的大规模安全运行。

4. 工业互联网、区块链和人工智能——算法的应用与优化

工业互联网将信息技术与工业生产相融合,通过互联网技术实现设备、人员、系统与产品的全面连接,是实体经济与数字技术融合的关键应用之一。通过整合传感器、大数据和云计算等技术,推动制造业的智能化、个性化和数字化管理,加速传统产业的数字化转型。区块链作为一种创新的分布式数据库技术,提供了一种透明、高效和安全的数据管理新方式,广泛应用于供应链、金融、政务和医疗等领域。人工智能通过模拟人类智力处理信息,结合感知技术、自然语言处理等技术,实现了从数据学习到自主决策,广泛应用于自动驾驶、机器人等多个领域,推动了多个行业的效率提升和便捷化发展。

第二节 新时代的引擎:新兴与未来产业的战略高地

数字经济与数字技术不仅推动了传统产业的结构转型升级,也为战略性新兴产业与未来产业的孵化和成长提供了坚实的技术基础和经济动力。同时,数字经济与数字技术的发展还催生了一系列未来产业,代表了科技前沿的探索方向和未来经济的增长点,显示出极大的发展潜力和市场前景。它们的发展不仅将深刻改变人类生活的方方面面,也将为解决全球性问题提供新的思路和手段。

新质生产力大变革

一、经济发展的引领者

新兴产业与未来产业作为经济增长的新引擎，正以其独特的创新能力和技术优势，为全球经济注入新的活力。这些产业不仅直接贡献了大量的经济增加值，它们还是现代化经济体系的核心组成部分，对于推动经济增长模式的转变、促进产业结构的优化升级具有不可替代的作用。随着数字经济与数字技术的快速发展，新兴产业如新一代信息技术产业、高端装备制造产业、新材料产业等，正在成为推动传统产业转型升级的重要力量。

战略性新兴产业凭借其在科技前沿的创新和对未来需求的敏锐洞察，成为推进国家新动能发展和掌握竞争主动权的决定性因素。新能源、新材料、生物技术等新兴产业的快速发展，不仅满足了社会对于清洁能源、高性能材料、先进医疗技术的需求，还带动了相关产业链的成长，促进了就业和技能的提升。特别是在新能源领域，随着太阳能、风能等技术的突破和成本的下降，新能源正在逐步替代传统能源，带动了能源、制造、建筑等多个产业的绿色转型，促进了经济的可持续发展。

近年来，战略性新兴产业在国内迅速壮大，增加值年均增长 15.8%，占 GDP 比重超过 13%。这一增长速度远超传统产业，显示出新兴产业在经济发展中的强劲动力。特别是生物产业、相关服务业和新一代信息技术产业等领域的企业数量迅速增长，成为推动经济发展的重要力量。这些产业的发展不仅带动了就业，还促进了技术创新和产业升级，为经济持续健康发展提供了有力支撑。

未来产业，虽然仍处于技术研发和初期应用阶段，但其潜在的市场规模和经济贡献不容小觑。人工智能技术的应用，正在改变制造业、服务业、医疗健康等行业的运作模式，提高生产效率和服务质量，为经济发展提供新的增长点。量子信息技术的发展，预示着信息传输和处理能力的革命性提升，将对金融、通信、计算机等行业产生深远影响。这些前沿技术的探索和应用，不仅将推动产业升级和经济增长，还将为解决人类面临的资源、环境、健康等问题提供新的解决方案。

未来产业代表着未来科技和产业发展的新方向，具有较强的前瞻性和不确定性。它们是未来可能出现的战略性新兴产业，是未来可能的支柱产业。未来产业的发展需要长期的研发投入和市场培育，但一旦成熟，将对经济社会发展产生深远影响。例如，量子信息技术、基因技术、深海空天开发等，都是未来产业的重要方向，它们的发展将推动人类社会进入一个全新的阶段。

二、现代化产业体系的基石：新兴产业与未来产业的作用

新兴产业与未来产业作为现代化产业体系构建的核心，不仅是技术创新和模式创新的引擎，更是推动产业向高端化、智能化、绿色化发展的关键动力。它们通过呈现最前沿的技术和高端产品，不仅直接促进了产业链的技术升级和价值提升，还间接推动了相关行业，如材料科学、电子技术、软件开发等领域的进步，促成了高技术产业集群的形成，进而优化整个产业结构。

在促进产业智能化方面，新一代信息技术的应用正重塑着业界的生产与运营模式。从智能化工厂到数字化城市管理，从在线教育的普及到远程医疗的发展，技术的广泛应用不仅极大提升了社会生产力和生活质量，还孕育了新兴业态和经营模式，为经济发展注入了新动能。智能制造正在成为制造业转型升级的关键途径。通过智能化生产线、机器人技术的应用，不仅大幅提高了生产效率和产品质量，还实现了生产过程的绿色化。据中国工业和信息化部数据显示，智能制造试点示范项目平均节能率达到10%，生产效率提高了30%以上。

在推动社会实现绿色发展、节能减排方面，新兴产业和未来产业也展现出巨大潜力和优势。新能源产业的发展正在逐步改变人类的能源消费结构，减少对传统化石能源的依赖，同时减轻环境污染，随着太阳能、风能等新能源技术的成熟和应用，全球新能源装机容量持续增长。国际能源署（IEA）的报告显示，2020年全球可再生能源新增装机容量创历史新高，其中风能和太阳能的增长尤为显著。这一趋势减少了对化石燃料的依赖，有助于减缓气候变化，保护全球环境。

此外，新兴产业和未来产业的发展还助力社会治理和公共服务的革新。例如，通过智能化、数字化技术，可以更有效地响应城市管理和公共安全的挑战，提高社会治理的科学性和精准性。同时，这些产业的发展也促进了国际竞争力的提升，使得参与国际分工和竞争的能力得到增强，从而在全球经济中占据更有利的地位。

三、提升国际竞争力的利器：新兴产业与未来产业的贡献

新兴产业和未来产业已成为国际舞台上竞争的新焦点，它们通过掌握核心技术、占据产业链高端位置以及打造品牌优势，显著提升了国家的国际竞争力。

新质生产力大变革

这些产业的发展不仅能够打破国际技术封锁和垄断，还能使国家在全球市场中取得领导地位，从而显著提升国家的科技实力和产业竞争力。在全球产业分工格局中，那些能够在产业链中占据核心环节的国家和企业往往拥有更大的利润空间和更强的话语权。通过投入高技术含量、创造高附加值的新兴产业和未来产业，不仅可以促进传统产业的转型升级，还能整体提升产业链的价值，通过技术和模式创新，在新能源汽车、移动支付、电子商务等领域取得国际竞争优势，并构建具有全球影响力的品牌，进一步增强国家的软实力。

未来产业的发展依托强大的创新动力，这不仅包括技术创新，还涵盖商业模式、管理方式等方面的革新。创新的力量能够不断激发新的消费需求，促进经济的持续健康发展。更重要的是，面对全球市场的不确定性，创新成为实现产业可持续发展的关键。在这个过程中，跨界融合成为一大趋势，如信息技术与制造业的深度融合引领了智能制造的时代，生物技术与新材料的结合推动了医疗健康和环境保护的进步。此外，对于环境和社会责任的重视也成为提升国际竞争力的一个重要维度，可持续发展战略不仅体现了企业和国家的长远视角，也满足了全球市场对绿色、健康产品和服务的日益增长的需求。因此，在推进新兴产业和未来产业发展的同时，融入可持续发展的理念，不仅是对未来的投资，也是构建国际竞争新优势的关键路径。通过这样全面而深入的战略布局，可以确保在激烈的国际竞争中保持领先地位，促进国家整体实力和国际影响力的显著提升。

美国在此领域的领先地位，主要得益于其强大的创新能力和完善的产业生态系统。美国政府长期以来对科研创新的大量投资，以及对高新技术企业的支持政策，为新兴产业的发展提供了坚实的基础。在硅谷这样的创新高地，聚集了大量的高科技企业和创业公司，形成了一个高度活跃的创新生态环境，推动了信息技术、生物科技、新能源等领域的快速发展。

以人工智能为例，美国在该领域的研究起步较早，拥有众多世界级的研究机构和领先企业，如谷歌、微软、亚马逊等，这些企业在人工智能的理论研究、算法开发、应用场景探索等方面均处于世界领先地位。通过持续的技术创新和资本支持，美国不仅在人工智能基础研究上取得了重大突破，还成功推动了人工智能技术在医疗健康、自动驾驶、智能制造等领域的广泛应用，加速了传统产业的转型升级，提高了产业效率和竞争力。

在生物技术领域，美国也展示了其深厚的科技实力和强大的创新能力。美国的生物科技产业拥有全球领先的生物医药研发能力，其在基因编辑、细胞疗法、生物制造等方面的研究和应用，不仅推动了医疗健康产业的革新，还提升了人类对重大疾病的治疗能力。特别是在新冠疫情期间，美国生物科技企业在疫苗研发上的快速突破，展现了强大的国际竞争力和对全球公共卫生的重大贡献。

新兴产业和未来产业对提升国家国际竞争力的贡献不可小觑。通过持续的技术创新、产业升级和国际合作，不仅能够突破技术瓶颈，还能够引领全球产业趋势，塑造更加开放、合作、共赢的国际竞争新局面。美国在这一过程中的经验和做法，为其他国家提供了宝贵的借鉴和启示。

第三节　脉动的趋势：新兴与未来产业的发展蓝图

一、全球新兴产业的发展风向标

随着全球经济的深度融合和技术革命的加速演进，新兴产业正在成为推动世界经济增长的重要力量。国内外新兴产业的发展动态展现出几个显著的趋势。

全球经济正经历着一场由新兴产业与未来产业引领的深刻变革。新兴产业如新能源、新材料、生物技术、高端装备制造等，正通过技术创新，推动产业升级和经济结构的转型。未来产业，包括人工智能（AI）、量子信息、基因技术、深海空天探索等，以其颠覆性技术，预示着科技和产业发展的新方向。据国际能源署（IEA）报告显示，2020年全球可再生能源发电量增长约7%，其中风能和太阳能发电量增长尤为显著。同时，全球人工智能市场规模亦持续扩大，根据国际数据公司（IDC）预测，到2025年全球AI市场规模将达到5000亿美元。

美国和日本在高新技术及战略性新兴产业方面均展现出全球领先地位。美国通过其《关键与新兴技术国家战略》等政策文件，明确了包括人工智能、量子信息科学等在内的核心技术领域，以硅谷为代表的信息技术和软件开发、智能技术研究和新能源技术创新持续领跑全球。同时，美国在生物医疗、高端设备开发、太空探索等领域也保持着创新优势。针对未来产业，美国重点布局半导体芯片、通信技术、人工智能和航空航天，展现出在人工智能、太空探索和生物技术等产业的前沿地位。

日本则通过"社会5.0"等战略概念，聚焦人工智能、混合动力汽车、机器人自动化等技术领域，同时在半导体、医疗保健、可再生能源和生物技术等

新质生产力大变革

战略性新兴产业方面取得显著进展。日本政府通过政策支持和产学研合作，推动技术创新和成果应用，尤其在工业机器人、新能源技术和前沿材料科技等领域保持全球领先地位。在未来产业的发展上，日本布局量子信息、数字化产业和宇宙海洋探索，特别是在量子信息处理和社会 5.0 相关的智慧社会建设上取得了重要进展。

中国新兴产业和未来产业发展迅速，成为推动经济高质量发展的重要力量。2010 年，《国务院关于加快培育和发展战略性新兴产业的决定》的发布，标志着中国对新兴产业的重视达到了前所未有的高度。此后，中国在新能源、新材料、生物技术、高端制造等领域取得了显著成就。

特别是在新能源汽车领域，中国已成为全球最大的市场。根据中国汽车工业协会数据，2020 年，中国新能源汽车产销量均超过 120 万辆，占全球市场份额的一半以上。在人工智能领域，中国亦取得了突破性进展。2021 年，中国人工智能核心产业规模已超过 4000 亿元，成为全球 AI 发展的重要力量。

数字经济作为新兴产业的重要组成部分，其增长速度远超传统经济。到 2025 年，全球数字经济的规模将达到 13.8 万亿美元，占全球 GDP 的比重将超过 50%。数字经济的快速发展得益于 5G、云计算、大数据、人工智能等技术的突破和应用。这些技术正推动着金融、零售、制造、教育等行业的数字化转型，创造新的商业模式和市场空间。

新能源和新材料产业发展迅速。全球正处于能源结构转型的关键时期，新能源产业尤其是太阳能、风能、电动汽车等领域的技术不断突破，市场规模持续扩大。根据彭博新能源财经（BNEF）的报告，到 2040 年，全球电动汽车的销量预计将占新车销量的 58%。同时，新材料如石墨烯、碳纤维等因其优异的性能，在航空航天、新能源、生物医药等领域得到广泛应用，成为推动产业升级的关键因素。

生物技术产业正迎来新的发展机遇。随着基因编辑、细胞疗法、生物制药等技术的进步，生物技术产业在医疗健康、农业、环境保护等领域展现出巨大的发展潜力。全球生物技术市场规模预计将在未来几年内持续增长，到 2027 年，全球生物技术市场的规模预计将达到 7279.7 亿美元。

战略性新兴产业正成为推动经济增长的新动力，新能源产业等领域的技术交叉融合和共同创新，构成了产业发展的可持续基石。与此同时，全球正形成具有战略意义的产业集群。它们不仅依托于产业内部的创新技术和人才，还依靠与其他产业的集成效应和溢出效应，以实现从技术革新到产业成长的完美衔接。

二、未来产业的前瞻：技术探索与突破

在全球范围内，主要的经济实体正加速推进新质生产力的发展，将先进技术作为推动力，将战略性新兴产业与未来产业视为发展的关键支柱，形成了国际上普遍的发展动向。面对2008年全球金融风暴及2020年新冠疫情带来的经济增长挑战，世界各国更加明确地认识到高新技术对于提升生产力的重要性。为此，全球各大经济体纷纷实施战略计划，增加对高科技领域的研发投入，促进经济的快速复苏和持续增长。

在未来产业领域，元宇宙、脑机接口、量子信息、人形机器人和人工智能等前沿技术正在塑造未来产业的发展轮廓，预示着全球科技与经济的未来走向。元宇宙作为一种全新的虚拟世界构想，旨在通过VR和AR技术创建一个沉浸式的数字生活空间，其中用户可以工作、社交和游戏，预计将对娱乐、教育、远程工作等多个领域产生深远影响。而脑机接口技术正试图将人脑与电子设备直接连接，展现了治疗神经疾病、修复身体损伤乃至增强人脑功能的巨大潜力。同时，量子信息技术如谷歌宣布的量子霸权，以其在特定计算任务上超越传统计算机的能力，为药物发现、材料科学和加密安全等领域带来了革命性的变革前景。以波士顿动力的机器人和OpenAI为代表的人形机器人和生成式人工智能快速进步，不仅在灾难响应、工业操作以及自动化内容创作等方面显示出巨大潜力，也正在重塑人机交互的未来。人工智能技术的进步正在推动未来产业向更高智能化水平发展。人工智能的应用领域不断拓展，从早期的数据处理发展到现在的自动驾驶、智能医疗、智慧城市等多个领域。根据市场研究机构MarketsandMarkets的预测，全球人工智能市场规模将从2020年的580亿美元增长到2026年的3090亿美元，年复合增长率达到39.7%。

量子信息技术被视为未来信息技术的重要发展方向。量子计算、量子通信的发展将为信息处理提供全新的解决方案，具有潜在的颠覆性影响。尽管量子信息技术目前还处于研发和探索阶段，但各国政府和科研机构都在加大投入，力图在这一领域实现重大突破。

在美国、欧盟、日本等地区，政府正通过大规模的财政投入支持高新材料、生物科技、量子信息等关键技术领域的研究与发展，并且这些国家正着力于培养及吸引国际顶尖人才，确保在全球科技竞争中保持优势。随着高新技术竞争的加剧，未来发展趋势将更加聚焦于智能化技术、新能源技术以及环保低碳

技术。

就未来产业而言，作为战略性新兴产业的延伸，它们将进一步向绿色化、智能化和整合化方向发展。世界各国依据自身的优势，正在前瞻性地在人工智能、量子信息和基因技术等关键领域进行布局，这些产业不仅预示着高增长和战略性的前景，还将促进产业向绿色转型和技术革新方向发展。为了孕育这些未来产业，全球各国持续加大对基础科学研究的支持力度，并推动开放式创新和国际合作，以期在颠覆性创新和前沿技术上实现突破。

这些技术革新不仅反映了科技发展的加速趋势，也对人类社会、经济结构和日常生活方式的未来构成了深远的影响。随着这些技术的进一步成熟和广泛应用，我们正迈入一个充满挑战与机遇、影响深远的新技术时代。

三、中国的新征途：优势与挑战并存

我国在新兴产业与未来产业中的显著优势源于多年来的持续投入和政策支持。国家对新能源、新材料、生物技术、人工智能等领域的战略布局，以及对科技创新的重视，为新兴产业提供了坚实的基础。我国拥有庞大的市场规模和丰富的数据资源，早已成为全球最大的新能源汽车市场和最大的 5G 技术市场之一，在新兴产业领域具有强劲动力和广阔潜力，为新兴产业的快速发展提供了独特的优势。此外，我国完整的产业链和庞大的制造业基础，也为新兴产业的发展提供了高效、低成本的生产和供应链服务。

然而，目前我国核心技术的自主创新能力不足是最为突出的问题。在某些关键领域和核心技术上仍然依赖国外技术和进口，这在一定程度上制约了新兴产业的自主发展和国际竞争力的提升。虽然我国是世界上最大的半导体市场，但在高端芯片设计和制造方面仍然依赖国外技术。中国最大的芯片制造商中芯国际（SMIC）在先进制程技术上与全球领先的半导体公司相比存在明显差距，目前，最先进的制造工艺仍落后于台积电（TSMC）和三星。2020 年，美国商务部将中芯国际列入实体清单，限制其获取美国产的关键半导体设备、软件和技术，这一措施直接影响了中芯国际的技术升级和产能扩张计划。无独有偶，2019 年以来，美国政府对华为施加的一系列出口限制和技术禁令，迫使华为加速自主研发替代技术，但短期内仍难以完全替代受限制的关键技术和服务，产业升级和转型的压力日益凸显。随着全球产业竞争加剧，传统产业面临转型升级的压力，如何通过发展新兴产业来实现产业结构的优化，成为我们面临的重

要课题。国际贸易环境的不确定性也给我国新兴产业的国际合作与竞争带来了不确定性,特别是在高科技领域,全球贸易摩擦和地缘政治因素可能影响我国企业的全球布局和技术获取。

国内众多一线城市也已经开始进行发展新质生产力的实践,探索属于自己的独特方法与道路。

北京正以其创新优势,推动新质生产力的发展。凭借国际科技创新中心地位、中关村科技园区的全球领先、丰富的人才池以及众多顶尖高校和科研机构的支撑,北京深度挖掘科技企业孵化器的潜力,加速科技创新和成果转化。通过高效能孵化器,促进了原始创新资源的转化,尤其在量子信息、生命科学、空天技术等前沿领域取得显著突破。此外,通过高效能孵化器,加速硬科技企业的成长,深化了科技创新企业与孵化器的合作,推动在孵企业融入顶尖企业的产业链和供应链中。同时,北京还不断创新孵化模式,探索前沿技术的商业化路径,致力于培育未来企业和早期颠覆性创业项目。

在战略性新兴产业的发展方面,北京自2010年起,通过一系列政策措施,加大资金投入,优化产业布局,加强人才培养,以新一代信息技术、生物医药、节能环保等八大行业为重点,推动经济结构向高精尖方向转型。到2021年,北京发布"十四五"时期高精尖产业发展规划,旨在构建以智能制造、产业互联网、医药健康为新支柱的现代产业体系,进一步巩固和提升"北京智造"和"北京服务"的品牌影响力。

面向未来,北京定位成为世界领先的未来产业策源地,聚焦未来信息、未来健康、未来制造等六大领域,重点发展脑科学与脑机接口、量子信息、光电子技术等前沿科技领域。通过制定明确的发展时间路线图,力求到2030年,在颠覆性技术和原创成果上取得重大进展,培育行业领军和"独角兽"企业,引进和培养一大批顶尖人才,向着2035年成为全球未来产业发展的领跑者的宏伟目标迈进。

深圳市全面推进"20+8"产业集群,通过整合二十大战略性新兴产业和八大未来产业,采取定制化的方法,促进产业集群的发展,旨在加速新质生产力的形成。深圳特别强调全流程的创新生态链建设,从基础研究到技术开发,再到成果转化及应用,构建了一套完整的创新体系。城市投资重点倾斜于基础研究和应用基础研究,确保科技研发资金的有效利用,并通过实施企业上市发展计划,支持高新技术企业成长,培育一批具有国际竞争力的"隐形冠军"和创新领军企业。

新质生产力大变革

深圳着力发展以先进制造业为核心的战略性新兴产业，通过推进智能化、绿色化发展和服务型制造，积极优化产业结构。该市在新一代电子信息、高端装备制造、新材料、生物医药等关键领域取得显著进展，同时，新能源汽车、集成电路、智能网联汽车和新型储能等产业集群也显示出强劲的增长势头，为深圳的高质量发展提供了有力支撑。

针对未来产业的发展，深圳依托自身的优势，实施了一系列工程项目，促进产业链、创新链、人才链和教育链的深度融合。通过这些努力，深圳在合成生物、区块链、细胞与基因技术、空天技术等领域已取得初步成果，并为脑科学、深地深海探索、光通信和量子信息技术等未来产业的发展奠定了基础。这些领域预计将在未来几年内实现快速增长，为深圳乃至全国的产业升级提供新动能。通过这样的发展模式，深圳不仅加快了新质生产力的形成，也为全球产业发展趋势提供了参考和借鉴。

第四节 策划与布局：新兴产业与未来产业的成长之道

一、描绘蓝图：新兴产业与未来产业的战略与规划

新兴产业和未来产业需要国家层面的战略布局，要深入理解和准确把握技术创新与研发、市场需求与定位，以及资本与投资的重要性是至关重要的。技术创新与研发是推动这些产业发展的核心动力，而市场需求与定位则确保了这些技术创新能够满足实际需求并被有效地商业化，资本与投资的引导和支持则为这些创新提供了必要的资源和动力。在人工智能领域，OpenAI 通过研发生成式预训练模型 GPT 系列，推动了自然语言处理技术的巨大进步，这一技术革新不仅吸引了大量的研究兴趣，也引发了商业应用的热潮，展现了技术创新与市场需求紧密结合的力量。资本的注入，如微软对 OpenAI 的巨额投资，进一步加速了这一技术的研发和应用，显示了资本对于新兴产业和未来产业发展的推动作用。我们可以看到技术创新、市场需求定位和资本投资三者之间的相互作用，共同促进了新兴产业和未来产业的快速发展。因此，制定发展战略和规划时，需要围绕这三个核心要素进行深入分析和综合考虑，通过不断的技术创新满足和创造市场需求，同时利用资本的力量加速产业的成长和成熟，最终实现产业的可持续发展和经济的整体提升。同时，需要注意风险管理和合规性问题，

确保技术创新在合法合规的框架内进行，也要考虑社会伦理和环境可持续性问题，确保产业发展既促进经济增长，又不会对社会和环境造成不利影响。

战略布局也需要考虑到国际合作，通过引进国外先进技术、管理经验，加快本国未来产业的发展步伐。通过引进国外的先进技术、管理经验，不仅可以加快本国未来产业的发展步伐，还能有效提升国内产业的国际竞争力。国际合作在促进资源共享、优化全球产业链布局、加速技术创新等方面发挥着不可或缺的作用。以中国的"一带一路"倡议为例，这一全球性的发展战略可以促进跨国基础设施建设，通过国际合作还可以加速技术交流和产业升级。在这一框架下，中国与多国签署了合作协议，涵盖了清洁能源、信息技术、生物科技等多个未来产业领域。这些合作不仅加快了中国在这些领域的技术积累和产业布局，也促进了合作国家的相关产业发展，实现互利共赢。

国际合作的重要性在于，它能够使参与国家在保持自身优势的同时，有效地弥补技术和管理上的不足，加速产业的全面发展。通过引进国外的先进技术和管理经验，本国企业能够在全球竞争中占据更有利的位置。然而，国际合作并非没有挑战，包括文化差异、政治风险、知识产权保护等都是需要考虑的因素。因此，制定合理的国际合作战略，选择合适的合作伙伴，建立互信的合作关系，对于确保合作成功，实现共赢具有重要意义。

二、优势互补，共生共荣：产业布局的聚集效应

优化产业布局的关键在于构建一个互联互通、高效协同的生态系统，聚焦关键技术的研发、优化产业链布局，从而形成产业集聚效应。这需要政府、企业和科研机构之间建立紧密的合作关系，共同推动产业链上下游的协调发展和技术创新。

硅谷的成功为推动新兴产业和未来产业的优化布局与产业集聚效应形成方面提供了显著的范例。硅谷拥有超过 2 万家高科技公司，包括苹果、谷歌等行业巨头，这些公司不仅推动了技术创新，也促进了就业和经济增长。2019 年，硅谷地区的 GDP 约为 3200 亿美元，凸显了其在全球经济中的重要地位。硅谷在半导体、互联网、生物科技等领域的领先地位，就是依托于其完善的创新生态系统、开放的合作氛围和丰富的风险投资资源。

中国在构建创新生态系统方面，正采取积极措施以促进新兴产业和未来产业的发展。2020 年，中国的研发投入达到约 2.44 万亿元，占 GDP 的比例为 2.4%，

显示出国家对创新驱动发展战略的承诺。中国政府通过设立国家级新区、高新技术产业开发区等，为新兴产业提供了良好的发展环境，这些措施旨在通过优化资源配置，促进区域内外产业的互补和联动，加快产业结构的优化升级。

在推动区域协同发展方面，中国正通过区域一体化战略，如粤港澳大湾区、长三角一体化等，打造世界级城市群和产业集群。这些战略不仅加强了区域间的经济联系，而且促进了产业的高度集聚和专业化分工。例如，长三角地区通过整合上海的金融资源、江苏的制造业基础及浙江的私营经济活力，形成了一个强大的创新和经济增长引擎。

优化产业政策环境是推动新兴产业发展的另一个关键因素。中国政府在这方面采取了一系列措施，包括但不限于提供税收优惠、研发补贴、知识产权保护以及简化行政审批流程等，以降低企业的运营成本和市场准入门槛。此外，中国政府还积极推动国际合作，参与全球治理，为中国企业"走出去"和引进国际先进技术提供了有利条件。

在产业集聚效应方面，利用好"互联网+"和大数据等信息技术，推动产业的智能化、网络化和服务化转型，通过构建线上线下融合的新型产业集群，实现产业链的优化升级。此外，鼓励企业之间、企业与科研机构之间的合作创新，通过建立产学研用相结合的协同创新体系，加速科技成果的转化应用。

三、新旧交融：新兴与传统的交响乐

通过引入新技术、新业态、新模式，传统产业可以实现数字化、网络化、智能化的转型升级，提高生产效率和产品质量，增强市场竞争力。5G通信技术的应用推动了物联网和智慧城市的建设，人脸识别等生物识别技术在安防、金融服务等领域得到广泛应用，无人驾驶技术正在推动智能交通的发展，推动新兴产业、未来产业与传统产业的融合是优化新兴产业、未来产业战略规划的重要途径。

这一过程需要构建一个多方共赢的生态系统，既促进技术创新，又加强产业链整合，同时还要激发市场活力。数字化转型在农业领域的应用，实际上是一种新兴产业与传统产业融合发展的典范。通过引入和应用新技术，不仅可以提高农业生产的效率和质量，还能实现资源的高效利用和环境保护，进而推动农业向更加智能、精准、可持续的方向发展。

农业领域的数字化转型就是一个典型案例。通过引入物联网、大数据、人工智能等新一代信息技术，传统农业正逐步转变为智慧农业。

"智慧农业"利用物联网技术部署在农田中的传感器，可以实时监测土壤湿度、温度、pH 值等关键参数，这些数据通过无线网络传输到农业管理平台，再结合人工智能技术进行分析处理，就能为农民提供精准的种植建议，比如灌溉、施肥、病虫害防治等，从而最大化地提高资源的利用效率和农作物的产量。

此外，大数据技术的应用使得农业生产管理更加科学化。通过收集和分析历史气候数据、作物生长数据、市场需求等信息，可以有效预测农作物的最佳种植时机和潜在市场需求，帮助农民制定更加合理的种植计划，减少因市场波动导致的风险。

AI 技术在农业病虫害识别和防治中的应用也展现了巨大潜力，通过训练AI 模型可以识别病虫害图像。农民可以使用智能手机等设备对作物进行拍照，快速准确地识别出植物病害，然后根据 AI 系统提供的防治建议采取措施，大大提高了病虫害管理的效率和准确性。

农业领域的数字化转型还体现在供应链管理上。通过区块链技术，可以构建一个透明、可追溯的农产品供应链管理系统。从种植、收获、加工到运输、销售的每一个环节，都可以在区块链上记录下来，消费者可以轻松追踪到每一份农产品的来源和流转过程，这不仅增加了消费者对农产品的信任度，也促进了农业生产的规范化和标准化。

四、协同发展，形成良性互动

发展新兴产业与未来产业之间的协同与互动，本质上是构建一个生态系统，其中每个部分都能够相互促进，共同进步。新兴产业，如新能源、新材料等，为未来产业的发展提供了坚实的技术基础和市场验证，而未来产业的创新突破，比如人形机器人和量子信息技术，又能为新兴产业的升级换代带来新的动力。这种相互促进的关系，可以通过几个层面来实现。首先，技术积累是关键。例如，新能源汽车行业的发展依赖于新材料和新能源技术的进步，而这些进步在未来可能会促进能源存储技术的革命，进而服务于更广泛的应用场景，如未来网络和新型储能系统。其次，市场经验的共享也至关重要。新兴产业在发展过程中积累的市场运营和管理经验，对处于萌芽阶段的未来产业来说是宝贵的财富。举例来说，生物制造领域的商业化探索，可以为更前沿的生物技术如脑机接口的市场应用提供参考。最后，政策支持和资金投入也不可或缺。政府和投资者通常会优先支持那些已经显示出商业潜力的新兴产业，而随着这些行业的成熟，资金和政策的侧重点可能会逐渐转移到未来产业，促进其快速成长。

新能源汽车行业在新能源领域的成功不仅推动了全球对新能源的接受度，还促进了电池技术的快速发展。这种技术积累和市场经验的累积，为未来更广泛的能源存储解决方案，甚至是未来网络中的能源需求管理提供了可能。此外，新能源汽车厂商还通过大规模数据收集和处理，完善用户画像，通过收集人们日常驾驶习惯，为人工智能等未来产业的发展提供了丰富的数据资源和实践案例。这样的相互促进与依托，展现了新兴产业与未来产业之间如何通过技术创新、市场经验共享和政策支持来实现协同发展，共同推动社会进步和经济转型。

第五节　科技创新助力腾飞

一、科技研发的加码：攻克关键核心技术

为加强科技创新在新兴产业与未来产业发展中的关键作用，首先需要构建一个多元化的资金投入机制，结合政府引导与私人资本的积极参与。"十四五"规划中明确将加强国家战略科技力量作为重要内容之一，体现了国家对科技创新在经济社会发展中重要性的高度认识和对未来科技发展方向的明确指引。这不仅为科技研发提供了方向，更是对未来科技创新体系建设的总体要求。

在资金支持方面，规划明确提出将增加国家科技投入，优化科技资源配置，强化对基础研究的支持。这意味着未来新材料、信息技术、生物科技等关键领域将获得更强大的资金保障。在政策支持方面，该规划提出要完善科技创新政策体系，优化科技创新环境，这包括简化行政管理和审批流程，保护知识产权，鼓励企业主导的技术创新和增强企业的研发能力。

其次要充分发挥科技企业家的引领作用。科技企业家是科技创新和产业变革的推动者，他们不仅拥有深厚的学术背景和前瞻的商业洞察力，还具备将创新技术转化为实际生产力的独特能力，对于推动经济转型和社会进步起着至关重要的作用。因此，创建一个有利于科技企业家成长和创新的环境显得尤为关键。这需要政府出台一系列支持政策，提供税收减免、资金补助和项目支持，

降低创业门槛，同时强化知识产权保护，确保企业家创新成果的合法权益得到充分保障。金融机构需要创新金融产品和服务，满足科技型企业在不同发展阶段的融资需求，政府设立的科技创业投资基金可以引导社会资本投向科技创新领域，为企业家提供资金支持。同时，通过媒体提高社会对科技创新的认识，举办创新创业活动，为企业家提供交流合作的平台，从而激励科技企业家的创新热情和活力，为新兴产业和未来产业提供坚实的科技支持，推动经济和社会实现高质量发展。

二、开放创新的生态：产学研用的深度融合

通过高校、科研机构与企业的合作，培养和引进具有创新精神和实践能力的科技人才，是提升科技企业竞争力的关键。加强产学研合作，促进科技成果转化，加速新技术、新产品的研发和应用，对推动新兴产业和未来产业的发展至关重要。构建以企业为核心的开放式创新体系，激发产学研用深度融合的活力，对于加快新兴产业与未来产业的发展具有不可替代的作用。加强以企业为主体的创新网络构建，通过创新联合体、产业技术创新联盟等模式，打造一个开放、协同、高效的创新生态系统。这样的系统能够整合高校、科研机构的智力资源和企业的市场导向，实现科技成果的快速转化和应用。

针对人工智能、量子计算、生物技术等关键领域，通过政策引导和资源整合，鼓励和支持科技企业牵头，与高校、研究机构共同投入研发力量，共建国家级技术创新中心，推动产业技术进步和创新能力的大幅提升。同时，通过开放国家科技基础设施、共性技术平台和科研成果数据库等资源，促进科技资源共享和效率提升。此外，支持企业在新兴产业链、供应链中引领数字化转型，通过打造开放式创新平台和多场景应用，吸引更多社会创新主体参与，形成一个以数字技术为驱动，集成化、现代化发展的创新生态。通过这样的开放型创新体系构建，可以有效促进科技成果的持续创新和高效转化，为新兴产业和未来产业的发展提供强有力的科技支撑和创新动力。

三、人才引擎：培养创新人才，打造卓越团队

在当前快速发展的时代背景下，建立创新高地和人才高地成为推进科技和产业创新、确保经济社会持续健康发展的关键策略。核心在于实施以人才为本的发展战略，将人才培养、吸引及利用置于国家发展的核心位置，通过制定与

新质生产力大变革

执行一系列全面的政策,创建一个公平、开放和竞争的环境,以便让人才充分展现其潜力。

加强科技创新体系的建设也至关重要,需要构建一个以企业为主体、以市场为导向、产学研深度融合的研究体系,以促进科研成果的有效转化与应用。政府应当增加对科技创新的财政支持,鼓励社会资本参与,优化创新环境,加强知识产权保护,简化审批流程,降低创新门槛,以激发更广泛的创新活力。

培育具有核心竞争力的创新型企业和产业集群是推动产业升级和转型的关键。通过政府、企业、高等院校和科研机构等各方面的紧密合作与资源整合,形成强大的合力,共同推进创新和人才的发展。加强国际交流和合作,借鉴国际前沿的经验与技术,将我国的科技创新和人才培养推向国际领先水平。在推动科技创新和人才发展的同时,还必须注重可持续发展,确保经济社会发展与生态环境保护同步进行。通过这些综合措施,能够为新兴产业和未来产业的发展提供强有力的科技创新支撑,进而加速国家竞争力的提升和经济社会的全面发展。优化人才供给与培养。实施人才优先发展战略,加大人才引进力度,吸引全球优秀人才参与创新未来产业的发展。加强人才培养和培训,提升人才素质和创新能力,为产业发展提供有力的人才支撑。建立完善的人才激励机制,让人才的价值得到充分体现和认可,激发人才的创造力和潜能。

在优化新兴产业与未来产业营商环境方面,通过简化行政审批流程,提高政府服务效率,完善法律法规体系,保障新兴产业与未来产业的合法权益,同时要加强知识产权保护。简化审批流程,降低创新成本,提高创新效率,从而营造良好的创新环境,为创新活动提供便利条件。

第八章

加快发展新质生产力的具体举措：深入推进数字经济创新发展

数字经济作为继农业经济、工业经济之后的主要经济形态，正在深刻地塑造着经济社会的新格局。它以数据资源为关键要素，以现代信息网络为主要载体，通过信息通信技术的融合应用和全要素数字化转型，促进了生产方式、生活方式和治理方式的变革。

第一节 数字经济：引领未来的方向与价值

数字经济已成为未来经济发展的关键驱动力，通过重塑价值分配和价值实现的方式，可以深刻改变经济结构、社会治理、国际关系以及人们的生活方式。

一、数字经济战略：塑造未来经济新格局

数字经济如何塑造经济新格局呢？主要包括以下关键方面：

1. 创新驱动

数字经济通过数据要素的催化作用，将传统经济动能转换为创新驱动，促进了新商业模式、协同创新机制和产业生态的发展，促进数据生产、分配、流

通、消费各环节的创新发展,鼓励市场力量挖掘数据价值,推动新数字商业模式、协同创新机制、产业生态的发展。

2. 降本增效

产业数字化推动了数字技术在传统产业的广泛应用,提升了全要素生产率,促进了产业的高端化、智能化和绿色化,实现了降本增效。伴随着平台经济的兴起,特别是在移动互联网的驱动下,中国出现了许多具有中国特色的商业模式,如第三方支付、移动支付等,这些模式发挥了降本增效的重要作用,在全球范围内显示出了竞争优势。

3. 绿色低碳发展

数字经济通过其平台化和共享化特征,促进资源的节约和循环利用,有效提高了资源利用率,降低碳排放,为实现绿色发展目标提供支撑。主要体现在以下方面:①支持绿色金融和碳交易:数字金融利用大数据、区块链等技术提高绿色金融和碳交易市场的融资效率,降低了交易成本,促进绿色低碳项目和企业的融资规模和水平。②推动能源和资源的高效使用:数字技术在能源生产、传输、消费的效率提升方面发挥作用,如智能电网、智慧建筑等,减少能源消耗和碳排放。③促进绿色消费模式:数字经济通过共享经济平台,如共享单车、网约车等,推动绿色低碳出行方式,改变传统消费模式,促进绿色消费。④提升环境治理能力:数字技术用于环境监测和管理,提高生态监测水平和环保监督能力,为生态环境保护提供技术支撑和智能保障。⑤加快形成绿色生产方式:数字经济有助于推动形成绿色生产方式,通过数字化、智能化手段,减少生产过程中的能源消耗和废弃物排放,提高生产效率。助力绿色低碳技术的创新与应用:⑥数字经济通过数据的收集、处理和分析,支持新能源开发、清洁技术等领域的技术创新,推动绿色低碳技术的广泛应用。⑦推动数字技术与生态产业的深度融合:数字技术与生态产业的结合,如智慧农业、智能节能建筑等,推动生态经济的数字化转型,实现可持续发展。⑧建设绿色数据中心:数字经济也在推动自身领域的绿色化,如通过优化数据中心的布局、技术创新和使用可再生能源,构建绿色数据中心,减少数字基础设施的能耗和碳排放。

4. 促进共同富裕

数字经济通过拓宽发展渠道、加快产业转型、优化收入分配,成为推进共同富裕的重要力量。数字经济的发展使得落后地区能够更及时和精准地获得市场信息，推动了区域间的均衡发展，加快了共同富裕的步伐。通过数字技术与乡村产业的深度融合，推进农村数字基础设施建设，发展智慧农业，促进农民增收致富，服务乡村全面振兴。数字技术助力资源配置优化，赋能传统物流服务，提高物流时效，提高生产要素流动效率，拉近区域和城乡的时空距离。

5. 数字基础和能力提升

数字基础设施的建设和数字技术的融合提高了资源配置效率和价值创造数量，为数字经济的快速增长提供了良好环境。促进优质数字教育资源共享，强化远程医疗供给服务能力，提升养老服务信息化水平，完善数字化社会保障服务。

6. 产业创新能力提升

关键核心技术的突破和产业创新活力的增强，推动了数字产业的快速成长，形成了规模化应用效应。培育创新生态体系，掌握数字经济发展的自主权，依托于大数据、人工智能、云计算等关键技术领域的突破，加大核心技术攻关力度。

7. 数字产业化和产业数字化

数字产业化涉及信息技术产业的发展，而产业数字化则是传统产业的数字化改造，二者均是数字经济发展的重要组成部分。数字经济推动数字技术与实体经济的深度融合，通过创新的商业模式，如智慧医疗、智能制造等，增强数字经济的内生动力和创新活力。

8. 数据要素市场化

数据要素市场化流通的加快，促进了数据要素市场的流通和创新数据开发利用机制的建立，为经济社会数字化发展带来强劲动力。为了促进高质量数据要素供给和市场化流通，需要制度创新来推动数据要素成为数字经济的核心引擎，这涉及数据资源化、要素化、资产化的发展。

9. 国际竞争新优势

世界上很多国家都在加紧布局数字经济发展，力图打造未来竞争新优势，数字经济成为重组全球要素资源、重塑全球经济结构的关键力量。数字经济强调主动参与和引领国际数字经济议题谈判，通过跨境电商和数字贸易，构建包容性、可持续的数字经济新生态，把握数字经济发展的主动权。

10. 高质量发展

数字经济推动传统产业的数字化转型，向高端化、智能化发展，提高生产效率和产品质量，促进区域经济的高质量发展。数字经济的高质量发展要求规范健康可持续的发展方式，提高数字经济治理水平，走出一条高质量发展道路。

综上所述，数字经济通过促进创新、提升效率、推动绿色发展、加快区域均衡、加强基础设施建设、增强产业创新能力、推动产业数字化、构建国际竞争新优势以及实现高质量发展等多方面作用，正在塑造经济活动的新格局。

二、引领创新潮流：挖掘数字经济深层价值

数字经济的价值体现在多个层面，对经济社会发展产生了深远的影响：

1. 提升效率

数字经济正在推动各行各业实现效率的革命性提升。数字技术提高了经济活动的效率，通过自动化和智能化减少了人力成本和时间成本。数字技术加速了自动化和智能化进程，通过自动化生产线和智能决策支持系统减少了人力需求和错误率，提高了生产效率。云计算和协作工具使得远程工作成为可能，提高了工作的灵活性。

2. 创新驱动

数字经济推动了新技术、新业态和新模式的发展，成为创新的重要源泉。通过数据分析可以揭示新的商业机会和创新点，推动新产品或服务的开发。数字经济下的供应链管理利用物联网、区块链等技术实现实时监控和优化，减少浪费。在金融服务领域，智能合约和金融科技减少了交易时间和成本，提高了金融服务效率。

3. 资源优化配置

数字化手段优化了资源配置，提高了资源利用率，尤其是在共享经济中表现明显。数字经济促进了共享经济、按需服务等新商业模式的发展，这些模式

通过更高效的资源利用提高了整体经济效率。

4. 促进产业升级

数字技术与实体经济的深度融合，推动了传统产业的数字化转型和升级，加速了经济结构的优化升级，促进了经济的高质量发展。同时，数据提供了实时或接近实时的见解，企业可以快速响应市场变化。

5. 增强国际竞争力

数字经济的发展提升了国家的国际竞争力，通过电子商务、数字服务等推动了国际贸易。利用大数据分析，企业可以更精准地预测市场趋势和消费者需求，优化库存管理和供应链。基于用户数据的分析，企业能够提供更加个性化的产品和服务，满足消费者需求，提高市场响应速度。

6. 推动区域均衡发展

数字经济有助于缩小城乡和区域发展差距，通过网络平台使偏远地区也能参与到更大市场中。数字经济的发展使得落后地区能够更及时和精准地获取市场信息，推动了区域间的均衡发展。

7. 支持绿色发展

数字技术促进了能源和资源的高效使用，支持了绿色低碳经济的发展。数字技术促进了资源的节约和循环利用，有效提高资源利用率，降低碳排放，为实现绿色发展目标提供支撑。

8. 促进就业和创业

数字经济为人们提供了新的就业机会和创业平台，如互联网平台的小微企业和自由职业者。数字经济的发展带来了新业态和新商业模式，如互联网营销师、网约配送员等，为就业市场注入了新的活力，创造新的就业机会。数字经济推动了就业结构的优化，创造了更多高端就业机会。数字经济打破了时间和空间限制，增强了工作的灵活性和选择性，为包括残障人士、进城务工人员等在内的重点群体提供了新的就业机会。数字经济的快速发展带来了就业规模的快速扩大，数字产业化和产业数字化相互促进，推动了劳动领域的变革。

9. 改善公共服务

数字化转型提高了政府服务的效率和质量，使得政务服务更加便捷、透明。围绕教育、医疗、卫生和社会保障的数字化转型，提高了西部地区的公共服务水平，促进了基本公共服务的均衡化。

10. 增强社会参与

数字经济提高了公众参与社会经济活动的能力，通过社交媒体和其他在线平台，增强了公民参与和表达的渠道。政府提供的公共服务通过数字化转型，提高了服务效率和质量，增强了公民参与社会治理的机会。

11. 数据驱动决策

企业和政府能够利用大数据分析来做出更加精准和高效的决策，使用数据来指导业务决策和战略规划。数据驱动决策的几个关键方面包括：①数据收集：收集相关数据，包括内部数据（如销售数据、客户服务记录）和外部数据（如市场趋势、竞争对手信息）；②数据分析：通过统计分析、机器学习、人工智能等技术对收集的数据进行分析，以识别模式、趋势和关联性；③洞察和预测：数据分析的结果可以提供对业务运作的深入洞察，并预测未来的发展情况；④决策支持：将数据分析的结果转化为可视化报告和仪表板，帮助决策者理解数据背后的含义，并支持他们做出更加明智的决策；⑤效率提升：数据驱动决策可以减少直觉或偏见导致的误判，提高决策的效率和质量；⑥风险管理：通过数据分析可以识别潜在的风险和机会，使企业能够提前准备和应对；⑦个性化服务：在客户关系管理中，数据驱动决策有助于提供更加个性化的服务和产品，满足客户需求；⑧成本节约：通过精确的需求预测和库存管理，数据驱动决策可以减少库存积压和降低成本；⑨基于深入的数据分析进行长期战略规划，确保企业发展方向与市场趋势一致。通过数据驱动决策，企业能够更快地适应市场变化，提高运营效率和盈利能力。

12. 提高生活质量

数字经济通过智能设备、在线服务等提高了人们的生活质量和便利性。数字经济通过互联网和移动设备让人们能够快速获取各种信息和服务，提高了生活的便利性。数字技术使得远程教育和医疗服务成为可能，不受地理位置限制，提升了教育和医疗服务的可及性和质量。智能家居技术的发展让人们的家庭生活更加舒适和节能，物联网技术的应用提高了家居安全性和效率。数字经济提供了丰富的娱乐内容和社交平台，满足了人们多样化的文化和社交需求。

13. 促进金融包容性

数字支付和金融科技使得金融服务更加普及，提高了金融系统的包容性。发展数字支付和金融科技，为小微企业、个体工商户和农村地区提供便捷、低成本的金融服务。电子商务平台和在线支付系统的发展极大地方便了人们的购物和支付方式，提高了消费的便捷性和安全性。

14. 加强社会联系

社交媒体和协作工具加强了人们之间的联系，无论地理位置如何，都能够进行有效沟通。同时数字经济提供了丰富的娱乐内容和社交平台，满足了人们多样化的文化和社交需求，增强了社会联系。

15. 推动教育和培训

在线教育平台和远程培训工具使得知识传播和技能提升更加广泛和便捷。在线教育平台使得知识和技能的传播更加高效，有助于提升劳动力的技能和生产效率。随着数字经济的发展，对高技能人才的需求快速增加，这要求劳动力市场提升数字技能和专业技能。教育和培训体系改革中，为了适应数字经济对人才的需求，需要改革教育和技能培训体系，提升数字经济劳动供给水平与质量。完善数字基础设施建设，促进数字基础设施均等化，是促进数字经济就业的关键。

因此，数字经济不仅是经济增长的新引擎，也是推动社会全面进步的重要力量。

三、价值重塑：对未来发展的深远影响

1. 数字经济对价值重塑的影响

数字经济正在深刻地重塑价值创造、价值分配和价值实现的方式，推动经济向更高效、更绿色、更智能的方向发展。数字经济对价值重塑的影响主要体现在以下几个方面：

新质生产力大变革

①数据成为第五大生产要素。在数字经济时代，数据已成为除土地、资本、劳动力和技术之外的第五大生产要素，其价值在不断增长。②平台化和共享化经济模式。数字平台的开放性、共享性和去中心化特征促进了资源的优化配置，缩短了市场响应周期，推动了经济活动组织和产品服务供给的敏捷性。③智能化生产和服务。数字经济推动了智能生产，通过数据分析实现设备控制自动化、企业决策智慧化和产业链协同自适应，引领行业前进。④创新驱动发展。数字经济的发展依赖于技术创新，推动了关键核心技术的突破，增强了产业创新活力，促进了数字产业的快速成长。⑤绿色低碳发展。数字技术的应用有助于优化能源消耗和碳排放，推动了绿色低碳经济的发展，支持实现"碳达峰"和"碳中和"目标。⑥经济运行机制变革。数字经济改变了生产资料所有权和使用权的关系，以及价值分配和交易规则，促进了经济运行机制的变革重构。⑦新业态催生新消费。数字技术与各领域的深度融合，引发了系统性、革命性突破，催生了新的消费理念、商业活动和价值空间，为经济增长注入新动力。⑧全球竞争新优势。数字经济成为重组全球要素资源、重塑全球经济结构、改变全球竞争格局的关键力量，各国通过战略规划和研发投入，力图打造未来竞争新优势。

2. 数字经济驱动未来经济发展

数字经济已成为未来经济发展的关键驱动力。主要体现在以下几个方面：

（1）创新驱动发展。数字经济通过数据要素的催化作用，将传统经济动能转换为创新驱动，提高生产效率。数字技术的应用推动了传统产业的数字化转型，实现降本增效，提高全要素生产率，推动产业向高端化、智能化、绿色化发展。促进绿色发展。数字经济有助于减少资源浪费和低效率消耗，通过智能技术优化能源消耗和碳排放，支持实现"碳达峰"和"碳中和"目标。

（2）改变国际竞争格局。数字经济正在成为国际竞争的主赛道，各国通过战略规划和研发投入，力图打造未来竞争新优势。推动社会治理变革。数字政府建设提升了政务服务效能，实现了政务服务的数字化、智能化，优化了数字营商环境。促进区域均衡发展。数字经济有助于缩小城乡和区域发展差距，通过网络平台使偏远地区也能参与到更大的市场中。

（3）激发市场活力。数字经济的发展需要健全的治理体系和市场机制，通过创新治理方式和优化政策措施，释放市场主体创新活力。

（4）影响就业结构。数字经济为人们提供了新的就业机会和创业平台，如互联网平台的小微企业和自由职业者，同时对传统就业结构造成影响。

（5）推动公共服务变革。数字技术在教育、医疗、文化等领域的应用，提高了公共服务的效率和质量，实现了优质资源共享。

（6）促进全球合作与治理。数字经济的全球性要求国际社会加强合作，共同制定数字经济国际治理规则，推动构建开放、公平、公正的全球数字经济环境。

（7）数据要素市场化。数据成为关键生产要素，其市场化配置对于推动数字经济高质量发展至关重要，将形成技术创新与资本推动的良性循环。

（8）技术融合与新业态发展。数字技术与各行业的深度融合，催生了新的商业模式和服务模式，为经济增长注入新动力。

（9）经济运行机制变革。数字化生产关系定义了经济新规律，改变了生产资料所有权和使用权的关系，以及价值分配和交易规则。

第二节 现状与趋势的深入探讨

我国数字经济的创新发展正处于活跃期，技术创新、基础设施建设、产业转型、数据要素市场、企业数字化和社会影响等方面都取得了显著进展，同时也面临着风险与挑战。

一、创新与发展：现状分析与挑战应对

1. 数字经济创新发展的现状

数字经济创新发展的现状表现在以下关键点：

（1）基础设施建设。中国在5G、人工智能基础设施、工业互联网、卫星互联网等方面的建设不断加快，为数字经济的快速发展提供了坚实的物理基础。

（2）技术创新融合与数据要素市场发展。互联网、大数据、云计算、人工智能、区块链等技术加速创新，并融入经济社会发展的各个领域，对全球要素资源重组、经济结构重塑、竞争格局改变起到了关键作用。数据作为新的生产要素，其价值在数字经济中得到了进一步的释放和利用，数据产权、流通交易、收益分配、安全治理等基础制度加快建设。数字经济的发展依赖于创新驱动，中国在数字技术研发投入逐年上升，关键核心技术取得突破，产业创新活力不断提升。

新质生产力大变革

（3）产业数字化转型与企业数字化转型。产业数字化转型加速推进，数字技术与实体经济的深度融合，推动了传统产业的转型升级，特别是在制造业、农业、服务业等领域。企业通过数字化转型，提高了生产效率和市场响应速度，数字经济相关企业数量不断增加，创新活动日益活跃。

（4）政策支持与治理。政府高度重视数字经济的发展，出台了一系列政策和规划，如《"十四五"数字经济发展规划》，旨在推动数字经济健康发展，并加强监管和治理。

（5）社会影响与国际竞争力提升。数字经济的创新和发展成为社会热点，政府工作报告中提出深入推进数字经济创新发展，积极推进数字产业化、产业数字化。中国数字经济的快速发展提升了国家的国际竞争力，数字经济核心产业增加值占 GDP 比重逐年提升。

（6）风险与挑战。随着数字经济的快速发展，数据安全、隐私保护、监管挑战等问题也日益凸显，需要进一步完善治理体系和法律法规。数字平台的快速发展带来了市场垄断、税收侵蚀、数据安全等问题，对传统反垄断规则提出了挑战。数字经济大而不强。我国数字经济规模虽然庞大，但仍需培育更多新模式、新业态，提升数字经济的质量和效益。

2．数字经济发展面临的挑战

数字经济发展面临着一系列的挑战，主要包括：

第一，关键核心技术创新不足。与发达国家相比，我国在数字经济关键核心技术方面存在一定差距，对外依存度较高，高端芯片、工业控制软件等关键技术仍然受制于人。第二，数实融合程度偏低。尽管我国数字经济规模稳居全球第二，但三次产业的数实融合程度仍较低，尤其是第一产业和第二产业，其融合不足影响了劳动生产率的提升。第三，数字治理体系和监管规则不健全。我国数字经济治理体系和监管规则亟须健全，包括数据权属确认、数据交易规则、数据流通体系、数据安全监管等方面的制度体系、法律法规以及标准规范等。第四，国际竞争规则话语权弱。在国际上，发达国家把持数字规则，形成了欧盟模式和美国模式"二分天下"的局势，我国数字经济话语权较弱，影响了我国数据主权安全。第五，区域间数字经济发展不平衡。由于经济基础、网络基础设施和产业基础等方面存在差异，数字经济发展在不同地区之间呈现出明显的不平衡性。第六，数据要素市场化流通不足。数据要素市场化建设成效尚未显现，数据确权、定价、交易等环节需要进一步规范和完善。第七，数字经济发展需要加强基础设施建设。需要加快部署新型基础设施，以支撑数字经济的持续发展。数字经济发展需要培养专业人才。数字化人才缺口较大，需要加强数字经济领域核心人才的培养，以适应数字经济发展的需要。第八，法律制度环境需完善。数字经济相关的法律制度不完善，成为制约数字经济进一步发展的瓶颈，需要加快相关立法工作。

应对这些挑战，需要从加强核心技术攻关、促进数实深度融合、完善治理体系、提升国际话语权、平衡区域发展、加快基础设施建设、培养专业人才、完善法律制度等多方面入手。

二、动力与路径：数字经济的新趋势

1. 数字经济的动力

数字经济的动力主要来源于以下几个方面：

（1）数据要素的催化。数字经济通过数据要素的催化作用，将传统经济动能转换为创新驱动，促进新产业、新业态、新模式的形成，成为经济成长的核心动力。数据作为数字经济的关键要素，其市场化配置对于推动数字经济高质量发展至关重要，将形成技术创新与资本推动的良性循环。

（2）数字技术支撑。数字技术的快速发展，如5G、云计算、大数据、人工智能等，为数字经济提供了强大的技术支撑，推动了经济活动的数字化转型。数字技术在传统产业中的应用，提高了生产效率和资源配置效率，降低了生产和交易成本，从而增强了竞争力。

（3）人才驱动。数字经济的发展需要大量的专业人才，包括技术研发、数据分析、网络安全等，人才的培养和引进成为推动数字经济发展的重要动力。

（4）市场潜力释放。数字经济的发展释放了市场潜力，通过平台经济和共享经济等新模式，促进了资源的优化配置和高效利用。

（5）政策支持和治理系统现代化。国家层面的战略规划和政策支持，如《"十四五"数字经济发展规划》，为数字经济的发展提供了政策保障和方向指引。治理体系现代化：随着数字经济的发展，治理体系和治理能力现代化的需求日益凸显，通过创新数字化治理方式，优化治理手段，构建规范有序的数字经济发展环境。

这些动力因素相互作用，共同推动数字经济的蓬勃发展，成为经济增长的新引擎。数字经济在技术、产业、市场、治理等多个层面的全面进步，旨在推动数字经济实现更高质量、更有效率、更加公平、更可持续、更为安全的发展。

2. 数字经济发展的路径

数字经济发展的路径包括以下关键方面：

第一，基础设施建设。加强数字基础设施建设，如高速互联网、5G网络、数据中心和云计算平台，为数字经济提供坚实的物理基础。第二，关键数字技术的研发和应用。推动关键数字技术的研发和应用，包括人工智能、大数据、云计算、物联网等。第三，传统产业与数字技术的深度融合。促进传统产业与数字技术的深度融合，加速产业数字化，通过数字化转型提升产业效率和质量，推动新业态、新模式的发展。第四，健全数字经济治理体系及相关法律法规。实现数据资源的有效整合、开放共享和安全利用。出台相关政策，为数字经济发展提供政策支持和激励，同时制定相应的法律法规，保护数据安全和个人隐私。建立健全数字经济治理体系，包括数据治理、网络治理、平台治理等，确保数字经济的有序发展。第五，创新商业模式及优化市场环境。鼓励基于数字技术的新商业模式创新，如平台经济、共享经济等，以适应数字经济的发展需求。建立公平竞争的市场环境，促进数字经济的健康发展，同时加强市场监管，防止垄断和不正当竞争。第六，参与国际合作。积极参与国际数字经济合作，推动数字经济全球化，通过国际交流和合作提升本国数字经济的国际竞争力。第七，推动数字经济普惠发展。推动数字技术的普及应用，缩小数字鸿沟，使更多的人能够享受到数字经济发展的成果。为小微企业、个体工商户和农村地区提供便捷、低成本的金融服务。建立创新平台和孵化器，支持基于数字技术的创新创业，为不同背景的创业者提供平等机会。第八，注重绿色发展。注重数字经济的绿色低碳发展，推动数字技术在环境保护和资源节约型社会建设中的应用。

这些路径相互关联，共同构成了推动数字经济全面发展的多维框架。通过这些路径的实施，可以促进数字经济的健康、高效和可持续发展。

三、前景与展望：引领未来经济社会新变革

展望未来，中国数字经济将继续作为国家战略，通过创新驱动、融合发展、数据赋能、安全有序等原则，推动经济高质量发展，力争到2025年数字经济核心产业增加值占GDP比重达到10%，并在2035年形成统一公平、竞争有序、

成熟完备的现代市场体系。

数字经济的未来展望体现在以下几个方向：

1．技术创新与融合

持续推动 5G、云计算、大数据、人工智能等关键数字技术的研发和应用，促进这些技术与实体经济的深度融合。

加强数字基础设施建设，如 5G 网络、数据中心、工业互联网平台等，为数字经济提供坚实的物理基础。确保偏远和不发达地区也能接入数字服务，从而享受数字经济带来的便利和机遇。

2．数据要素市场化

推动数据资源化、要素化、资产化，实现社会数据市场化配置与公共数据开放共享交换，发挥数据要素在数字经济中的核心作用。确保数据资源的合理利用和分配，为各类市场主体提供发展机会。

3．加快产业数字化转型

加快传统产业的数字化转型，推动数字技术在农业、制造业、服务业等领域的广泛应用，促进产业升级。

4．新业态新模式发展

鼓励发展共享经济、平台经济等新业态新模式，支持创新型企业和平台企业的发展，增强数字经济的活力。

5．完善数字治理体系

建立与数字经济发展相适应的法律法规制度体系，提高数字经济治理能力现代化水平，确保数字经济安全有序发展。

6．国际合作与竞争

积极参与国际数字经济合作与竞争，推动"数字丝绸之路"深入发展，提升中国在全球数字经济治理中的话语权和影响力。推动资本市场制度型开放，拓展优化跨境互联互通机制，提升境外上市备案管理质效。

7. 数字经济与绿色发展结合

推动数字技术在环境保护和资源节约型社会建设中的应用，实现数字经济的绿色低碳发展。利用数字技术打破时空限制，实现资源要素的快捷流动和精准匹配，减少市场资源错配和能耗，进一步提升生产效率和资源利用率。

8. 普惠发展

数字技术的应用和数字经济的发展，使更广泛的群体，包括不同地区、不同行业以及中小企业等，都能享受到经济增长的红利，实现社会的公平与包容性增长。推动数字技术的普及应用，缩小数字鸿沟，使更多的人能够享受到数字经济发展的成果。

第三节 筑牢数字经济发展基石

智慧科技为产业创新提供了强大动力，正以前所未有的速度和规模催生新业态和新模式，为产业创新提供了强大动力，推动经济向更高质量发展转型。这些新兴的业态和模式正在深刻改变我们的生活和工作方式。

一、智慧科技：重塑产业新模式

智慧科技催生的一些关键新业态和新模式，主要包括以下几个方面：

1. 产业平台化

利用数字技术，尤其是云计算、大数据、人工智能等，整合数据、算法、算力，提供多样化的数据收集、处理、传输和交流展示等数字交易服务和技术创新服务。构建的产业平台能够整合产业链上下游的资源。产业平台化的核心在于通过平台促进多方参与、资源共享和价值共创，推动产业链的数字化转型和升级。

2. 虚拟产业集群

依托现代通信与网络技术，通过公共服务、中介机构等组织的共享平台资源，使得具有产业链和价值链内在联系的企业和机构在虚拟空间（云端）上集聚，形成充分竞争、共同发展的虚拟化集合体。这种集群新形式突破了地理空间限制，通过专业化分工、降低交易成本和技术知识的外溢，促进了企业间的合作与创新，促进线下实体与线上虚拟的结合，推动跨区域产业链和价值链的发展。

3. 无人经济

在制造业中，智能技术如机器人和自动化设备被广泛应用于生产线，提高生产效率，降低成本，同时减少人员参与危险或重复性劳动。主要体现在以下领域：①无人零售：无人零售店利用人脸识别、传感器和移动支付等智能技术，实现无店员的购物体验，提升了顾客便利性，并降低了运营成本。②无人驾驶：智能技术在交通领域的应用，如自动驾驶汽车和无人机配送，正在改变物流和配送服务，提高运输效率，减少交通事故。③智能服务机器人：在餐饮、酒店等行业，服务机器人被用来执行烹饪、清洁和客房服务等任务，提升服务效率并创造新的消费体验。④智慧农业：无人拖拉机、智能收获机等智慧农业设备正在改变传统农业，提高农业生产效率，减少人力需求。

4. 跨界融合

智慧科技推动了不同产业间的融合，如工业互联网、车联网等，形成了新的产业链和价值链。例如，无人机和机器人技术在农业、制造业、服务业等多个领域的应用，推动了产业间的技术交流和资源共享。智慧科技推动了产品向服务的转变，许多制造业企业通过集成智慧科技，提供增值服务，如远程监控、预测性维护等，促进了制造业与服务业的融合。

5. 微经济

微经济通常指的是小规模的、基于个体或小型企业的经济活动。微经济的参与者通常依赖于数字平台，如电子商务、共享经济平台，进行商品或服务的交易。参与者可以通过互联网营销、现代物流等实现自主就业和多点执业，利用社交媒体和在线社区来推广自己的产品或服务，建立品牌和客户关系。

二、优化服务：构建数字新平台

利用互联网、物联网、大数据等信息技术构建的一体化、网络化、智能化平台，实现产品及服务的交易。这些具有生态化、高效化、灵活化特征的平台，对拉动数字经济增长起到了显著作用。

1. 技术支撑与生态建设

数字服务平台依赖于先进的信息技术，如云计算、大数据、人工智能等，来提供服务。数字服务平台的建设不仅仅是技术层面的，还需要构建一个包括合作伙伴、开发者和用户共同参与的、繁荣的生态系统。

2. 服务整合与全流程互动

这些平台通常整合了多种服务，包括但不限于在线教育、娱乐、云储存等，提供全面的数字化解决方案。平台支持全流程的用户互动，从服务选择到支付再到服务体验，用户可以享受到无缝的数字化服务体验。

3. 以服务为导向的数字服务平台

数字服务平台在经济活动中扮演着重要角色，通过数字化手段为客户提供便利、舒适、效率提升或健康等附加值。平台的设计和运营以服务为导向，注重用户体验和服务效率，以满足用户的需求，提升服务质量。

4. 数字化转型与普惠 AI

数字服务平台的发展是数字经济的重要方向，它们通过提供创新的服务模式，推动了经济的数字化转型和升级。一些平台致力于提供全栈全场景的普惠AI，使智慧服务更加普及和易于获取。数字服务平台是企业数字化转型的核心，帮助企业通过技术融合和数据聚合来赋能应用，实现业务的敏捷创新。

三、强化网络：夯实基础设施新体系

数字网络建设是数字经济和数字中国建设的重要组成部分，它涉及构建高速、泛在、安全、绿色的数字信息基础设施，以支撑经济社会的数字化转型。数字网络建设主要涵盖以下几方面内容。

1. 高速泛在网络与天地一体网络

建设覆盖广泛、高速稳定的网络基础设施，包括 5G 网络、千兆光网等，以提供快速的数据传输服务。推进空间信息基础设施建设，包括卫星通信网络，以实现全球范围内的网络覆盖。推动云计算与网络服务的深度融合，构建全国一体化的大数据中心体系,实现算力、数据、应用资源的协同。利用人工智能技术提升网络的智能化水平,优化网络管理和服务能力。

2. 安全可控网络

加强网络安全防护,确保网络和数据的安全,构建可信的网络环境。建立健全国家数据管理体制机制,推动公共数据汇聚和商业数据价值释放,建立数据产权制度。

3. 数字丝绸之路

在国际合作中,通过数字领域的合作,如跨境光缆建设、智慧城市合作等,推动"数字丝绸之路"深入发展。数字网络建设也是加快数字社会建设步伐的重要支撑,适应数字技术全面融入社会交往和日常生活的趋势。

通过这些措施,数字网络建设将为数字中国建设提供坚实的基础,并推动经济社会的高质量发展。

第四节　引领数字技术与实体经济融合发展新纪元

在数字技术赋能的新时代背景下,通过经济结构的优化升级和创新驱动,构建起的高效、协调、绿色、开放、共享的现代化经济体系。

一、技术赋能:重塑实体经济新格局

实体经济新格局的关键特征如下。

(1)产业升级与高质量发展。推动短板产业补链、优势产业延链,传统产业升链、新兴产业建链,增强产业发展的接续性和竞争力。实体经济发展从数量增长转向高质量发展,实现从要素驱动向创新驱动的动能转换。

(2)数字化转型与创新驱动。

数字技术与实体经济深度融合,推动产业链、创新链的代际跃升,实现实体经济的数字化改造。建立包含高等院校、科研部门、产业部门等共同参与的研发体系,集中力量实现产业关键技术攻关的重大突破。

(3) 绿色发展与新动能培育。

实体经济发展注重绿色化转型，推动能源转型和环境保护，实现可持续发展。在中高端消费、创新引领、绿色低碳等领域培育新增长点和新动能，构建优质高效的服务业新体系。

实体经济涉及物质生产与非物质生产的众多部门，就业创造效应显著，是实现共同富裕的基本机制。实体经济新格局的构建是中国经济转型的关键，它将促进经济结构的优化和升级，推动中国经济实现质的有效提升和量的合理增长。

二、融合驱动：激发经济增长新动力

融合驱动是指通过不同领域、技术、市场或业务模式的融合，创造新的增长动力和价值创造方式，推动经济增长和社会进步。融合驱动是数字经济时代经济增长的重要特征，它通过跨界合作和整合资源，创造出新的价值和增长机会。在数字经济背景下，融合驱动主要包括以下方面：

①技术融合，是指将数字技术如云计算、大数据、人工智能、物联网等与各行业现有技术相结合，推动传统行业的转型升级；②产业融合，是指跨行业的合作与整合，如信息技术与传统制造业、农业、服务业的结合，形成新的产业链和价值链；③业务模式融合，是指结合线上与线下业务，发展平台经济、共享经济等新型商业模式；④市场融合，是指打破地理和市场的界限，通过电子商务和数字平台，使企业能够更容易地进入新市场并实现全球化运营；⑤数据融合，是指利用大数据和分析工具，整合和分析不同来源的数据，以提高决策质量和运营效率；⑥服务融合，是指提供综合服务包，如将金融服务与电子商务结合，提供一站式服务体验；⑦文化融合，是指数字技术促进了不同文化和创意产业的融合，推动了文化产业的创新和发展；⑧创新融合，是指开放式创新和协同创新，通过跨学科、跨行业的合作，加速新技术和新解决方案的开发；⑨政策融合，是指政府在制定政策时考虑不同领域和行业的融合需求，提供支持数字经济发展的法律和监管框架；⑩资本融合，是指风险投资和资本市场对数字技术与实体经济融合项目的资助，为创新提供资金支持。

此外，还包括人才融合和用户融合，人才融合是指培养跨领域、具备数字技能的复合型人才，以适应数字经济对人才的新需求。用户融合是指通过社交媒体和在线社区，用户可以更深入地参与产品开发和服务改进过程，实现产业和消费者的融合。

三、创新引领：构建数字经济新生态

数字经济新生态是在数字化、网络化、智能化技术基础上，构建的新型经济活动和组织形态。它通过数据要素的深度融合和创新应用，推动经济结构优化升级，促进经济高质量发展。

构建数字经济新生态是一项系统工程，需要政府、企业和社会各方面的共同努力，通过政策引导、技术创新、市场驱动和国际合作，形成开放、健康、安全的数字生态，推动经济高质量发展。构建数字经济新生态的几个关键方面如下。

（1）夯实信息基础设施。加强5G、光纤宽带、工业互联网、数据中心等数字信息基础设施建设，为数字经济提供坚实的物理基础。加快数字技术的研发和应用，培育智慧销售、无人配送、智能制造等新业态新模式，提升产业链的自主供给能力和竞争力。

（2）数据要素市场化配置与产业数字化转型。推动数据资源的开放共享，实现数据要素的市场化配置，促进数据资源的有效利用和价值最大化。利用数字技术对传统产业进行全方位、全链条的改造，推动制造业、服务业、农业等产业的数字化转型。

（3）公共服务数字化。提高"互联网+政务服务"效能，推动公共服务数字化，打造智慧共享的新型数字生活。

（4）科技生态协同发展与数字技术原始创新。依靠科技创新破解绿色发展难题，推动数字技术在生态领域的应用，实现经济社会发展全面绿色转型。加快数字技术领域的原始创新，提升高精度芯片制造、信息通信技术拓展等能力，培养数字人才。

（5）治理体系完善与数字生态评价体系建设。建立全方位、多层次、立体化监管体系，提高数字经济治理能力和安全保障水平。建立健全网络安全、平台经济等数字领域相关法律法规，明晰数据产权，保护数据专利，优化数字经济制度环境。加强对数字经济、数字生态测算和评估的理论体系和方法学研究，建立多元化数字生态评价体系。

第五节 优化环境，激发创新发展新动能

优化环境，激发创新发展新动能是一个涉及经济、政策、社会等多个层面的复杂议题。以下是一些可能的措施和考虑因素，以促进创新和发展。这些措施需要综合考虑，相互配合，才能有效地激发创新发展的新动能。此外，创新是一个动态的过程，需要不断地评估和调整策略，以适应不断变化的环境和需求。

一、深化政策创新：营造数字经济营商新生态

营商新生态指的是在当前经济全球化和技术快速发展背景下，通过创新的政府服务、优化的法规政策、强化的法治保障以及数字化转型等手段，形成的一个更加开放、透明、高效和有利于商业活动发展的环境。构建营商新生态可从以下方面入手。

（1）市场化改革与法治化建设。推动市场化改革，确保市场在资源配置中起决定性作用，同时更好地发挥政府作用，激发市场活力。加强法治化建设，确保法律的公平公正执行，保护企业合法权益，为企业提供稳定的预期和信心。

（2）建设服务型政府与监管创新。建设服务型政府，提升政府服务的质量和效率，通过大数据分析等手段提供定制化服务，满足企业个性化需求。在风险可控的前提下，为创新企业提供试错空间，如采用"监管沙盒"等模式，平衡创新与风险的关系。鼓励地方政府和相关部门在营商环境优化方面进行先行先试，形成可复制、可推广的经验和模式。

（3）协同性治理与政商关系。加强政府部门间的协调合作，避免政策冲突，确保政策的连贯性和协同性，提升企业获得感。构建新型政商关系，加强政企沟通，倾听并解决企业的实际问题，提升政府的服务质量和效率。

（4）数字化转型与创新驱动。利用数字技术提升政务服务效率，实现"互联网+政务服务"，推动政务服务事项"全程网办"，降低企业成本。鼓励创新，为新产业、新业态、新模式提供包容审慎的监管环境，支持企业通过技术创新提升竞争力。

通过这些措施，可以构建起一个更加有利于商业活动、创新和投资的营商新生态，促进经济的高质量发展。

二、强化法治保障：打造数字经济营商新秩序

营商新秩序是指在全球化和数字化背景下，形成的一套新的商业规则和市场运作机制，它强调公平竞争、法治保障、透明高效和国际合作。

1. 营商新秩序的关键要素

营商新秩序的构建是一个动态发展的过程，需要政府、企业和社会各界共同努力，以适应不断变化的全球经济环境。构建营商新秩序的关键要素主要有以下方面。

（1）市场化原则与信用体系建设。确保市场在资源配置中起决定性作用，同时更好地发挥政府作用，解决市场体系不完善和政府监管不到位的问题。完善社会信用体系，构建以信用为基础的新型监管机制。

（2）法治化保障与权益保护。建立健全法律法规制度体系，科学立法、严格执法、公正司法，保护企业产权和企业家权益，维护公平竞争的市场秩序。加强知识产权保护，建立知识产权侵权惩罚性赔偿制度，保护企业创新成果。

（3）国际化标准与国际合作。对标国际先进水平，推动营商环境的国际化，加快建设更高水平的开放型经济新体制，提升国际合作和竞争新优势。积极参与国际经贸规则的制定，推动构建开放型世界经济。

（4）透明度提升与监管创新。增强政策透明度，确保政策的公开性和可预期性，为企业提供清晰的市场指引和决策依据。实施"双随机、一公开"监管、"互联网+监管"，提高监管效能，减少对企业的不必要干预。

2. 营商新秩序的法治化保障

营商新秩序的法治化保障是确保市场公平竞争、维护经营主体合法权益、增强市场活力和促进经济高质量发展的关键。以下是构建法治化保障体系的几个关键要素。

（1）完善法律体系，确保司法公正。建立和完善与国际接轨的商事法律体系，包括公司法、合同法、破产法等，为企业提供稳定、公平、透明的法律环境。确保司法独立和公正，提高司法审判的效率和质量，为商业纠纷提供及时有效的解决途径。

（2）产权保护与公平竞争。加强知识产权保护，确保企业和个人的财产权、知识产权得到法律的严格保护，增强企业和个人的投资信心。通过反垄断法和

反不正当竞争法等，保障市场主体在市场中的平等地位，防止市场垄断和不正当竞争行为。

（3）法治文化建设。强化法治文化，提升企业和公民的法治意识，形成尊重法律、遵守法律的良好社会风尚。通过普法教育提高公众对法律的认识和理解，增强企业和个人依法经营和维权的能力。

通过上述措施，可以构建起一个法治化、国际化、市场化的营商环境，为各类经营主体提供公平竞争的市场秩序，促进经济的高质量发展。

三、加强公共服务：提升数字经济营商新体验

加强公共服务是提升营商环境体验的重要途径，可以通过以下方面实现。

（1）政策透明与政务服务优化。确保政策制定和执行的透明度，公开征求意见，让企业能够及时了解并适应政策变化。简化行政审批流程，缩短企业开办时间，实现更多政务服务事项的在线办理，提高行政效率。建立企业服务平台，提供政策咨询、技术支持、市场信息等一站式服务。

（2）法治保障与市场监管。建立健全法律法规，保护企业合法权益，提供公正的司法环境，增强企业安全感。加强市场监管，打击违法违规行为，维护公平竞争的市场秩序。

（3）税收服务与金融服务。简化税务流程，降低税负，提供便捷的税务咨询和电子税务服务，减轻企业负担。提供多元化的金融服务，降低融资成本，支持中小企业发展，增强金融服务实体经济的能力。

（4）基础设施建设与人才培养和引进。完善交通、通信、物流等基础设施，提高企业运营效率。建立人才培养机制，提供职业培训，吸引高层次人才，为企业提供人力资源支持。

（5）环境保护与社会信用体系。加强环境保护，提供清洁能源和绿色生产支持，推动企业可持续发展。完善社会信用体系，建立企业信用记录，促进企业诚信经营。

四、推动国际合作：拓宽数字经济营商新空间

推动国际合作，拓宽营商空间是实现互利共赢、促进全球经济增长的重要途径。通过如下措施，可以构建开放、包容、共赢的国际合作环境，促进全球经济的共同繁荣。为了实现这一目标，可采用以下几个策略。

（1）投资促进与自由贸易协定。通过设立自由贸易区、特殊经济区等，提供优惠政策，吸引外国直接投资（FDI）。积极参与和推动自由贸易协定的签订，降低贸易壁垒，促进商品和服务的自由流通。简化海关程序，降低通关成本，提高货物和服务的跨境流通效率。

（2）法律与政策协调与知识产权保护。与其他国家协调法律和政策，为国际商业活动提供稳定和可预测的法律环境。加强国际知识产权保护合作，保障创新成果的国际流通和应用。建立公正有效的国际争端解决机制，为国际商业争端提供解决方案。

（3）国际交流平台与人才流动。利用国际会议、展览和论坛等平台，促进商业交流和合作。加强与国际组织和其他国家的交流合作，参与多边和双边经济对话，提升国际影响力。促进国际人才流动，提供签证便利，吸引全球人才参与本土企业的发展。

（4）技术合作与文化交流。鼓励国际技术交流和合作，共同开发新技术，推动产业升级。加强数字经济领域的国际合作，促进数据流动和数字贸易。通过文化交流增进国际理解和信任，为商业合作打下良好的社会基础。

第九章
教育——大国崛起的基石

自古以来，教育被认为是塑造社会和文明的关键因素。正如古罗马哲学家西塞罗所言："教育是国家的灵魂。"它可以培育出具备道德、智慧与才能的公民，对国家的未来发展和繁荣起着至关重要的作用。历朝历代的统治者深知这一点，因此纷纷将教育置于国家大政的核心地位。它影响着各国如何在新一轮科技和工业革命中定位自己，如何培养能够驾驭未来变革的人才。因此，教育不仅是国家崛起的基石，更是整个世界进入新的更加繁荣时代的基础。

第一节 新时代：从精英教育到全民教育

随着时代的进步和社会的变迁，中国教育逐步经历了从为精英服务向面向大众转型的过程。通过教育的普及和提质，国家力图打造一个知识型、技术型的人才队伍，进而推动社会的进步和国家的全面崛起。

一、对立还是兼容：教育传统性与教育现代化

自古以来，教育就一直被视为社会发展与文化传承的关键。在纷繁变化的世界中，教育既是桥梁也是灯塔，通过知识的积累和技能的学习，指引个体和社会走向繁荣与进步。本节将从社会发展和文化传承两个维度，深入探讨教育的不可或缺性和重要性。

1. 教育与社会发展的关联度

社会发展始于教育的投入。没有教育，人类将无法从过去的经验和知识中汲取营养来推动现在和未来的社会前进。

从经济的角度来看，教育是培养经济参与者的基础。在全球化和技术革新的时代，技能型教育更是关系到国家的竞争力。受过良好教育的劳动力是高生产力和创新力的源泉，而创新是驱动现代经济的主要动力。教育投资带来的回报远不是短期内可见的，它通过提升劳动者的能力，间接提高了社会福利和经济增长速度。

政治上，教育的普及可增强公民的政治意识和参与程度，促进民主与治理的良性循环。一个受过良好教育的公民群体，更能够理性参与到政治生活中，有助于推动公正的法律制定和有效的政府管理。

文化上，教育是传播社会核心价值与促进文化创新的重要手段。通过教育，历史的精髓得以保存，而创新的文化则在此基础上被不断创造。

2. 教育与文化传承的内在联系

文化传承无疑是一个民族生生不息、历久弥新的生命火种。教育作为文化传输的主要途径之一，承担着维护和发展这种独特的文化身份和文化传承的责任。在家庭、高校以及社会等各个场合，教育均以不同的形式出现，将文化的种种元素教授给新的一代。从语言、文学到艺术、宗教等多个方面，教育不仅仅确保了知识和技能的传承，更在精神文明层面上，将社会成员塑造成有道德感、有文化认同感的人。

3. 教育的现代挑战

在现代社会，教育面临着前所未有的机遇与挑战。信息时代，知识更新加速，教育需不断适应新的知识结构和技能要求。全球化给教育带来了多元文化背景下的融合，要求教育不仅仅局限于传统的知识和技能传授，更要引导学生建立全球视野，理解和尊重不同的文化。

为应对环境问题、经济转型、文化冲突等现代社会所面临的挑战，都需要通过教育来培育有责任感、有创新精神的新一代。教育的终极目标更应超越知识和技能的传授，而是要培养能够适应未来世界、引领变革的人才。

二、分化还是整合：教育现代化进程的困境

教育现代化是一个复杂而多维的过程，它不仅涉及教育思想、制度、设施、内容、手段和方法的现代化，还涉及教育公平、质量、结构等方面的优化与提升。教育现代化进程的困境主要体现在"分化"与"整合"两个方面。在推进教育现代化的过程中，各国各地区由于历史、文化、经济等方面的原因，形成了不同的教育发展模式和教育理念。这些差异导致了教育现代化进程中的"分化"现象。同时，教育现代化进程也需要各国各地区之间的合作和交流，以实现教育资源和教育理念的共享与整合。然而，由于教育理念、教育体制等方面的差异，各国各地区之间也存在"整合"的困难。

三、教育现代化进程中的分化与整合现象

在教育现代化进程中，分化现象主要体现在教育理念、教育模式、教育内容、教育方法等方面。例如，在教育理念方面，不同的国家和地区有不同的教育理念，如以学生为中心、以教师为中心、以学科为中心等。在教育模式方面，有的国家和地区强调学生的主动性和创造性，有的则更注重学科知识的传授和学生的标准化考试成绩。在教育内容方面，不同的国家和地区也有不同的教材和课程设置。在教育方法方面，有的国家和地区更注重实践和探究，有的则更注重理论和讲解。

整合现象则主要体现在教育资源、教育技术和教育理念的共享与合作。随着信息技术的发展，各国各地区之间的教育资源和教育技术可以更加方便地共享和合作。例如，通过网络教育平台、国际学术交流等方式，可以让更多的学生和教师参与到全球教育的交流和合作中来。

四、如何在教育现代化进程中实现分化与整合的平衡

在教育现代化进程中实现分化与整合的平衡是一项复杂的任务，它要求政策制定者、教育工作者以及社会各界共同努力，以确保教育资源的公平分配和有效利用。以下是一些详细的策略和措施：

（1）增强教育交流与合作。通过国际学术交流、教育考察、教育研讨会等方式，促进各国、各地区之间的教育交流与合作。通过合作，可以实现教育资源、教育技术和教育理念的共享与整合。

（2）重视教育本土化。在推进教育现代化的过程中，要充分考虑每个国家和地区的教育特点和文化背景，注重教育本土化。同时，也要借鉴其他国家和地区的优秀教育经验和理念，促进教育的现代化和均衡发展。

（3）加强教育立法和政策支持。通过制定相关教育法律法规和政策，明确教育现代化的方向和目标，保障教育现代化的顺利进行。政策应该鼓励教育的均衡发展，支持教育的创新和改革，促进教育的现代化。

（4）优化教育资源配置。通过合理配置教育资源，保障每个学生都能获得优质的教育资源。同时，要加大对农村和贫困地区的教育投入，促进教育的均衡发展。

（5）推广信息技术在教育中的应用。通过信息技术的应用，可以实现教育资源和教育技术的共享与整合。同时，信息技术也可以提高教育教学的效率和质量，促进教育的现代化。

通过这些措施，可以在教育现代化进程中实现分化与整合的平衡，促进教育资源的公平分配和有效利用，提高教育的整体质量和效益，为社会培养出更多优秀的人才。

五、共筑未来：教育现代化与人才培养的协同发展

教育现代化与人才培养，如同船帆与罗盘，共同引领着时代的航船向前驶去。在这个知识爆炸的时代，教育现代化不仅仅是教学手段和设备的更新，更肩负着更新知识体系、创新教育理念与教育方法、提升教育品质的重要使命，它要求教育不再局限于传统的填鸭式教学，而是要培养学生的创新精神、批判性思维和解决问题的能力；而这一切，都与人才培养息息相关，关系到国家的未来、民族的希望。二者之间的紧密联系和协同作用，推动了社会的进步与发展，在教育现代化的推动下，培养出能够适应未来社会需求、具备综合素质的新时代人才。二者之间的紧密联系，使得教育现代化和人才培养成为了一个命运共同体。没有教育现代化，人才培养就会停滞不前，难以适应社会的发展；而没有人才培养，教育现代化也就失去了其存在的意义和价值。

教育现代化为人才培养提供了更加广阔的空间和有力的保障。随着科技的不断发展，教育方式也在不断变革。现代教育技术的应用，打破了传统教育的界限，为学生提供了更加丰富、多样化的学习资源。教育现代化还倡导个性化教育，尊重每个学生的个性和特长，为他们提供更适合的教育方式。这些变革，

为人才培养提供了更加优质的环境和条件。

"共筑未来",需要我们携手前行。这不仅仅是一个口号,更是教育现代化与人才培养协同发展的真实写照。在这个过程中,我们不仅仅是见证者,更是参与者。我们共同肩负着培养新时代人才的重任,共同绘制着未来的宏伟蓝图。这份决心,不仅仅是口头上的承诺,更是行动上的践行。从教育政策的制定,到教学资源的配置,再到教学方法的革新,每一个环节都凝聚着我们对未来的期望和努力。教育现代化和人才培养的发展,离不开创新和改革。我们需要不断探索新的教育模式和方法,不断优化教育资源和配置,以适应时代的发展和需求。我们也需要不断推动教育公平和机会均等,为每个学生提供平等的教育机会,让他们都能够实现自己的梦想。我们相信,只要教育现代化与人才培养齐心协力,就一定能够共同铸造出一个更加美好的未来。

第二节　新要求:定好标准培养"真人才"

随着社会的不断进步和科技的发展,人才的培养已经成为国家和社会发展的重要支撑。然而,如何培养出"真人才",是需要我们深入思考的问题。所谓的"真人才",指的是不仅具备专业知识和技能,而且拥有创新思维、实践能力、道德责任感和终身学习意愿的全面发展型人才。

一、高质量:衡量人才培养成果的关键

在当今这个日新月异的时代,人才的培养显得尤为重要。无论是国家的发展,还是企业的进步,都离不开优秀人才的支撑。在众多衡量标准中,"高质量"无疑是关键所在。

1. 高质量是衡量人才培养成果的基石

高质量,意味着在人才培养过程中,不仅注重知识的传授,更重视能力的培养和素质的提升。一个高质量的人才,应具备扎实的专业知识,出色的实践能力,以及良好的团队协作精神和创新意识。这样的人才,无论在哪个领域,都能发挥出其独特的价值,推动社会的进步和发展。

2. 当前人才培养过程中存在的问题及解决之道

然而，在当前的人才培养过程中，存在着一些问题。一方面，部分教育机构过于注重知识的传授，而忽视了对学生能力和素质的培养；另一方面，一些企业则过于追求短期效益，缺乏对员工长期发展的规划。这些问题都导致了人才培养质量的下降。要提高人才培养质量，我们必须从源头上进行改革。教育机构应更加注重实践教学，鼓励学生参与科研项目和社会实践，培养其实际操作能力和创新精神。同时，企业也应建立完善的员工培训体系，关注员工的长期发展，为其提供更多的学习和晋升机会。

3. 对高质量的见解及操作方式

高质量的人才培养，需要全社会的共同努力。政府应加大对教育的投入，提高教育资源的质量和覆盖面；教育机构应不断创新教育模式，注重学生的全面发展；企业应建立完善的员工培训体系，关注员工的成长和进步。同时，我们每个人也应树立终身学习的观念，不断提升自己的能力和素质。

在实际操作中，提高教育质量需要政府、高校、教师、家长和社会的共同努力。政府需要制定科学的教育政策，提供必要的资源支持；高校需要改革教育模式，创新教学方法；教师需要不断提升自身的专业素养，关注学生的个性化发展；家长需要支持孩子的教育选择，提供一个良好的家庭环境；社会需要提供多元化的学习平台和就业机会，以提高学生的实践能力和创新意识。建立完善的评价体系，从多个维度对人才培养成果进行衡量和评估。

二、高效能：搭建个体适合的胜任模型

在当今快速变化的工作环境中，个体胜任力成为了衡量一个人在职场中能否脱颖而出的关键因素。为了提高个体的胜任力，搭建一个适合的胜任模型显得尤为重要。它不仅是一个指引，更是一个能让我们在职场中乘风破浪、高效前行的利器。

首先，我们要明确，胜任模型并不是一成不变的模板，而是根据每个人的能力、特长、兴趣乃至职业目标量身定制的。就像没有两片完全相同的叶子，每个人也都是独一无二的。因此，搭建一个适用于个体的胜任模型，是激发个人潜能、实现个人职业价值的关键。在竞争激烈的职场中，高效能就意味着更多的机会、更高的评价以及更好的发展前景。按照胜任模型对个体进行差异化

培养，能够使我们在工作中更加游刃有余，无论是处理日常任务还是应对突发挑战，都能以最高的效率和质量来完成。这种高效能不仅体现在工作速度上，更体现在工作质量和个人成就感上。在一个快速变化的时代，创新是职场生存的必备技能。一个具有创新性的胜任模型，不仅能够帮助我们适应不断变化的职场环境，更能够引领我们走在行业的前沿。这种创新性体现在对新技术、新理念的敏锐洞察和快速应用上，也体现在对传统工作方式的挑战和改进上。一个敢于创新、善于创新的职场人，总是能在激烈的竞争中脱颖而出。

当然，实用性也是这个胜任模型不可或缺的一部分。一个好的模型不仅要看上去美观大方，更要能够在实际工作中发挥作用。实用性意味着这个模型能够紧密结合我们的实际工作场景和需求，提供切实可行的解决方案。无论是提升工作效率、优化工作流程，还是增强团队协作能力、提高客户满意度，一个实用的胜任模型都能为我们提供有力的支持。那么，如何搭建这样一个既具有创新性又实用的胜任模型呢？首先，我们需要对自己进行深入的分析。这包括我们的专业技能、性格特点、兴趣爱好以及职业目标等各个方面。其次，需要不断学习和提升自己的能力。职场是一个充满挑战和机遇的地方，只有不断进步才能跟上时代的步伐。可以通过参加培训、阅读专业书籍、与同行交流等方式来丰富自己的知识和技能储备。最后，要勇于实践和创新。理论知识固然重要，但实践才是检验真理的唯一标准。要敢于尝试新的方法和思路，不断挑战自己的舒适区，才能在职场中立于不败之地。

总之，"高效能：搭建个体适合的胜任模型"不仅是一个目标，更是一个持续不断的过程。

三、高科技：制定面向未来的人才培养系统

随着科技的日新月异，我们已步入一个令人振奋的高科技时代。在这一时代背景下，人才的培养显得尤为重要，尤其是那些能够适应并引领未来潮流的人才。作为人才的摇篮，大学无疑肩负着培养这类新时代人才的重任。那么，在高科技时代背景下，大学应如何精心打造面向未来的人才培养系统呢？要回答这个问题，我们首先需要明确未来社会所需要的人才特质。显然，未来的社会将更加青睐那些具备出色创新能力、实践能力和团队协作能力的人才。因此，大学在培养人才时，必须紧紧围绕这些核心能力来精心设计培养方案。

创新能力是未来人才的灵魂。在高科技时代，创新是推动社会不断前行的

源泉。因此,大学在培养人才时,应致力于激发学生的创新意识,并为他们提供丰富多彩的创新实践平台。例如,可以设立充满创意的实验室和创新项目,鼓励学生积极参与其中,从而培养他们的创新思维和实践能力。同时,大学还可以邀请业内杰出专家和学者进行学术交流,为学生提供更加广阔的视野和启发。

实践能力则是未来人才的基石。在高科技时代,理论与实践的紧密结合显得尤为重要。因此,大学在培养人才时,应注重实践教学,让学生在亲身实践中深化对知识的理解和对技能的掌握。例如,可以开展生动有趣的实验教学、实习实训和社会实践活动,让学生在实践中学习,在学习中实践,从而实现知行合一。此外,大学还可以积极寻求与企业的合作,共同建立实训基地,为学生提供更多宝贵的实践机会。

团队协作能力也是未来人才不可或缺的素质。在高科技时代,团队协作的重要性日益凸显。因此,大学在培养人才时,应着重培养学生的团队协作精神,让他们学会在团队中发挥各自的优势。例如,可以组织丰富多彩的团队项目和团队竞赛,让学生在团队合作中锻炼自己,提升团队协作能力。

当然,除了上述核心能力外,面向未来的人才培养还需要全面关注学生的综合素质。在高科技时代,社会对人才的综合素质要求愈发严格。因此,大学在培养人才时,应注重学生的全面发展,努力提升他们的综合素质。例如,可以通过加强通识教育,开设多样化、个性化的选修课程,让学生广泛涉猎各个领域的知识。同时,大学还可以积极组织文体活动、志愿服务等丰富多彩的活动,培养学生的社会责任感和人文情怀。

此外,面向未来的人才培养还需要得到政府、企业和社会的鼎力支持。政府应进一步加大对高等教育的投入力度,为大学办学水平的提升提供有力保障。企业应积极参与人才培养过程,为大学生提供宝贵的实习实训机会和职业发展指导。社会则应营造良好的创新氛围和文化环境,鼓励大学生勇于创新创业,为他们的成长和发展提供广阔舞台。只有政府、企业和社会三方共同努力、携手合作,才能为面向未来的人才培养创造更加优越的环境和条件。

综上所述,在高科技时代背景下,面向未来的人才培养既是一项充满挑战的任务,也是一项充满希望的事业。作为人才的摇篮和锻造平台,大学应紧紧围绕创新能力、实践能力和团队协作能力等核心能力来精心打造人才培养系统。

第三节　新场景：科技赋能学习进化

随着科技的飞速发展，学习方式也正在经历一场深刻的变革。科技如何赋能学习进化，使学习过程更加高效、个性化和趣味化将是未来很长一段时间的研究方向。从智能化的在线学习平台到虚拟现实技术的应用，科技不仅改变了学习的形式，更提升了学习的深度和广度。下面我们将深入了解这些科技如何助力学习进化，以及它们对教育领域的深远影响。

一、科技之力：引领学习新风尚

在 21 世纪的今天，科技之力正在以前所未有的速度改变着我们的学习方式和教育生态。在教育领域，科技之力正在引领一场学习的革命，为大学人才培养注入新的活力。随着云计算、大数据、人工智能等技术的日益成熟，从线上课程的兴起，到虚拟现实技术的应用，再到大数据和人工智能的深度融合，科技已经成为教育领域不可或缺的力量，随之带来的就是学习方式、教育资源以及教育理念都在发生着翻天覆地的变化。

在信息时代，学习已经不再局限于传统的课堂和纸质教材。现在，我们可以通过智能手机、平板电脑等便携设备，随时随地访问丰富的学习资源，进行个性化的学习。无论是在线课程、互动式模拟实验，还是智能推荐的学习内容，科技都在为我们提供更加便捷、高效的学习方式。

特别是近年来，随着科技的迅猛发展，学习的新风尚愈发明显。比如，通过大数据分析，教育者可以更精确地了解学生的学习需求和进度，从而进行有针对性的指导；而虚拟现实技术则为学生提供了身临其境的学习体验，使得抽象复杂的知识变得直观易懂。

不仅如此，科技的力量正在以惊人的速度重塑教育领域，其中最为引人注目的成就之一，便是推动了教育公平性的显著提升。在以往，教育资源的分配往往受到地域、经济等多重因素的制约，导致许多偏远地区或经济条件较差的学生难以接受到优质的教育资源。然而，随着科技的迅猛发展，这一局面正在被彻底改变。

科技，特别是互联网技术，正成为偏远地区学生接触优质教育资源的桥梁。

在过去，这些学生可能因为地理位置的偏远、交通不便，而难以接触到城市里的优秀教师和教育资源。但现在，借助互联网技术，他们能够轻松地连接到世界各地的优质教育资源，无论是名师的在线课程，还是丰富的学习资料库，都只需轻轻一点，便可触达。

试想一下，一个位于深山之中的小村落，那里的大学生以前可能只能依靠村里的老师和有限的教材来学习。但现在，他们可以在线参加城市名校的远程教育课程，与世界级的专家进行互动，享受到与大城市孩子同等的教育机会。这正是科技在教育公平性提升中的神奇作用。

而且，科技不仅打破了地域的限制，更让知识的传递变得无界。传统的教育模式往往受限于教室的容量、教师的数量等因素，而科技则将这些束缚一一打破。现在，无论学生身在何处，只要有互联网连接，就能够随时随地学习。这种无界的知识传递方式，不仅极大地拓宽了学生的学习视野，也让他们能够更自由地探索自己感兴趣的领域。

此外，科技还促进了教育资源的共享和协作。通过互联网平台，各地的教师可以方便地交流和分享教学经验、教学资源，从而提高整体的教学质量。而学生也可以通过在线社区等方式与来自不同地域、不同文化背景的同学进行学习和交流，这不仅有助于拓宽他们的视野，也有助于培养他们的跨文化交流能力。

总的来说，科技在教育公平性提升中扮演了至关重要的角色。它不仅打破了地域的限制，让偏远地区的学生也能够接受到优质的教育资源，还推动了教学方式的创新和教育资源的共享。在科技的推动下，我们相信教育的未来将更加公平、开放和多元，每一个孩子都将有机会享受到高质量的教育资源，实现自己的梦想。

二、智慧进化：解锁学习新境界

在漫长的人类历史长河中，学习始终是推动文明进步的重要力量。从原始的口耳相传，到纸张的发明，再到如今数字化、网络化的信息时代，学习方式的不断演变，正是人类文明发展的缩影。如今，我们正站在一个新的历史节点上，一场名为"智慧进化"的学习革命正在悄然兴起，它预示着我们将要解锁一个全新的学习境界。

何为"智慧进化"？简而言之，它是科技与学习深度融合的产物，是人工

新质生产力大变革

智能、大数据、云计算等先进技术在学习领域的应用与拓展。这场进化不仅仅是工具的更新换代，更是学习理念和方法论的全面升级。它要求我们跳出传统的框架，以更加开放、多元的视角去看待学习，去挖掘每一个人的学习潜能。

在智慧进化的推动下，学习不再是单一、线性的过程，而是变得多维化、交互化和个性化。想象一下，未来的学习场景可能是这样的：你坐在一个智能教室里，四周的墙壁上嵌入了智能显示屏，它们能够根据你的学习进度和兴趣，实时推送相关的学习资料和练习题。你的学习情况和反馈被实时收集并分析，以便教师能更精确地指导你的学习。而当你遇到难题时，你可以随时通过智能助手寻求帮助，或与全球的同学进行在线讨论和交流。

这样的学习场景，不再是遥不可及的梦想。实际上，随着5G、物联网、边缘计算等技术的快速发展，这样的智能学习环境正在逐步变为现实。它带来的不仅仅是学习效率的提升，更是学习体验的全面优化。每一个人都可以根据自己的节奏和兴趣进行学习，真正做到因材施教、个性化学习。

然而，智慧进化并非一蹴而就的过程。它需要我们不断地探索、尝试和创新。在这个过程中，我们不仅要关注技术的进步，更要关注人的需求和发展。毕竟，技术只是手段，真正的目的是促进人的全面发展，解锁每一个人的学习潜能。

除了技术层面的革新，智慧进化还带来了更深层次的影响。它正在改变我们对知识的认知和态度。在传统的教育观念中，知识是固定的、死板的，学习者往往被动地接受和记忆。但在智慧进化的理念下，知识是动态的、可塑的，学习者可以通过各种方式主动探索、构建和分享知识。这种转变，不仅提高了学习者的积极性和创造性，也让学习变得更加有趣和有意义。

同时，智慧进化也对教育者和学习者提出了新的挑战和要求。教育者需要不断更新教育观念和方法，学会利用先进的技术工具和平台，为学习者创造更加丰富、多元的学习环境。而学习者则需要培养自主学习、终身学习的能力，以适应快速变化的社会环境。

值得注意的是，智慧进化并不意味着完全摒弃传统的学习方式。相反，它是对传统学习方式的补充和提升。无论是纸质书籍还是电子书籍，无论是课堂学习还是在线学习，它们都有各自的优势和适用场景。智慧进化的目标，是将这些不同的学习方式有机地结合起来，形成一个立体、全面的学习体系。

在这个体系中，每一个人都是学习的主体，都有机会和可能去探索未知、创造新知。而科技的力量，正是为了赋能每一个学习者，帮助他们解锁更高的学习境界，实现自我超越和发展。

当然，我们也要清醒地认识到，智慧进化并非万能的。它虽然为我们提供了前所未有的学习机会和资源，但同时也带来了新的挑战和问题。比如信息过载、网络沉迷、隐私泄露等问题都需要我们共同去面对和解决。因此，在享受智慧进化带来的便利和高效的同时，我们也要学会理性地看待和使用科技工具，保持对学习的敬畏和热爱。

回望历史我们可以发现，每一次技术的飞跃都伴随着社会的巨变。而智慧进化作为当前科技发展的重要趋势之一，它正在以前所未有的速度改变着我们的学习方式和教育生态。在这个过程中，我们既是参与者也是见证者。我们有幸能够亲身体验到这场革命性的变革，并有机会去创造和分享属于我们的知识和智慧。

展望未来我们可以预见，在智慧进化的推动下，学习将变得更加个性化、多元化和高效化。每一个人都将有机会解锁自己的学习新境界，实现自我超越和发展。而这一切都离不开我们的共同努力和探索。让我们携手并进，共同迎接这个充满无限可能的新时代吧！

三、赋能未来：构建学习新生态

我们正身处一个前所未有的科技革新周期之中，科技的力量正在逐步渗透到人类生活的方方面面，尤其是在学习领域。随着云计算、大数据、人工智能等技术的飞速发展，传统的学习方式和教育生态正在被深刻重塑。在这个时代背景下，"科技赋能未来：构建学习新生态"成为了一个值得我们深入探讨的话题。

首先，我们必须认识到，科技对学习新生态的赋能是全方位的。从学习资源的获取到学习方式的革新，再到学习效果的评估，科技都起着不可或缺的作用。以云计算为例，它打破了学习资源的时空限制，使得学习者可以随时随地访问到丰富多样的学习资源。而大数据技术则能够对学习者的学习行为进行深入分析，为教师和学习者提供更加个性化、精准的学习方案。

人工智能技术的崛起更是为学习新生态的构建带来了革命性的变化。智能推荐系统可以根据学习者的兴趣和能力，为其推送最合适的学习资源；智能辅导系统则能够针对学习者的薄弱环节，提供精准有效的辅导；而智能评估系统则可以实时跟踪学习者的学习进度和效果，为教学双方提供及时、准确的反馈。

新质生产力大变革

当然,科技赋能未来学习新生态并不仅仅停留在技术层面,它还在推动着教育理念的更新和教育模式的创新。在传统的教育模式中,教师是知识的传递者,学生是被动的接受者。但在科技赋能的学习新生态中,教师的角色正在从知识的传递者转变为学习的引导者和促进者,而学生则从被动的接受者转变为主动的探索者和创造者。

以"翻转课堂"为例,这种新兴的教学模式充分利用了科技手段,让学生在课前预习相关知识,而课堂上的时间则主要用于讨论和深化理解。这样的教学模式不仅提高了学生的学习效率,还培养了学生的自主学习能力和批判性思维。

此外,科技赋能未来学习新生态还体现在对教育公平性的推动上。在传统的教育体系中,优质的教育资源往往集中在少数地区和高校,而科技的力量正在打破这种资源的不均衡分布。通过互联网和远程教育技术,偏远地区的学生也能够接触到优质的教育资源,享受到高质量的教育服务。

实践是检验真理的唯一标准。在科技赋能未来学习新生态的探索过程中,已经涌现出了许多成功的实践案例。例如,某在线教育平台通过人工智能技术为每个学生量身定制了个性化的学习计划,并在学习过程中提供实时的反馈和指导。这种个性化的学习方式显著提高了学生的学习效果和兴趣。又如,某高校利用虚拟现实技术为学生打造了一个仿真的实验环境,让学生在虚拟的实验室中进行各种复杂的实验操作。这种创新的教学方式不仅降低了实验成本,还提高了学生的实践能力和创新思维。

综上所述,科技正在以前所未有的速度赋能未来学习新生态的发展。在这个过程中,我们不仅要看到科技带来的便利和高效,更要看到其对教育理念、教育模式和教育公平性的深刻影响。作为教育工作者和学习者,我们应该积极拥抱科技的力量,共同构建一个充满活力、开放包容的学习新生态。

第四节　新体系:塑造教育新生态

在快速变化的 21 世纪,教育作为推动社会进步与个体成长的关键力量,正面临前所未有的挑战与机遇。为了应对时代的召唤,培养适应未来社会需求的高素质人才,我们将从教育理念的革新出发,强调以学生为中心,注重个性发展与能力培养；进而探讨智慧科技如何与教育深度融合，打破传统界限，创造灵活多样的学习方式；最终聚焦于打造全面发展的教育新生态，不仅关注知识传授，更重视能力培养、情感关怀与价值观塑造。

一、创新理念：顺应教育新潮流

在当今这个日新月异的时代，教育理念的创新显得尤为重要。社会在不断进步，科技在飞速发展，而学生的需求和期望也在不断变化。为了跟上时代的步伐，满足学生的需求，我们必须对传统的教育理念进行深刻的反思和全面的革新。

创新，是教育发展的永恒主题。然而，创新并不仅仅意味着在教学方法和手段上做出一些改变。真正的教育创新，应该是对教育目标、教育内容和教育方式进行全面的审视和改革。在这个过程中，我们需要摒弃那些过时的、刻板的教育观念，树立起以学生为中心的教育理念。

学生是教育的主体，他们的兴趣、特长和需求应该成为我们制定教育政策、设计教学方案的重要依据。我们要注重学生的个性化发展，充分挖掘每个学生的潜能和才华。同时，我们还要注重实践能力的培养，让学生在实践中学习，在学习中实践，不断提高自己的综合素质。

为了实现这一教育理念的创新，我们需要从多个方面入手。首先，课程设置是关键。传统的课程设置往往以学科为中心，忽视了学科之间的联系和融合。然而，在当今这个多元化的时代，我们需要打破这种界限，引入跨学科的学习内容。通过让学生接触和了解不同领域的知识，激发他们的学习兴趣和探究欲望。在多元化的知识体系中，学生可以更自由地寻找自己的兴趣和方向，从而更好地实现个性化发展。

除了课程设置外，教学方法的改革也是必不可少的。传统的教学方法往往以教师为中心，注重知识的灌输和记忆。然而，这种方法已经无法满足现代学生的需求。我们需要鼓励学生主动参与、积极探究，让他们在学习过程中发挥更多的主观能动性。通过项目式学习、合作学习等方式，学生可以在实践中学习，在团队中合作，更好地培养自己的创新精神和实践能力。

当然，评价体系也是教育理念创新中的重要一环。传统的评价体系往往以分数为唯一标准，而忽视了学生的全面发展。然而，分数并不能全面反映学生的能力和素质。我们需要关注学生的全面发展，采用多元化的评价方式。通过

新质生产力大变革

评价学生的学习态度、团队合作能力、创新思维等多个方面，我们可以更全面地了解学生的优势和不足，从而为他们提供更加个性化的指导和帮助。同时，多元化的评价方式也可以激发学生的内在动力，让他们更加积极地投入到学习中去。

教育理念的创新是一个长期而复杂的过程。我们需要不断地反思和探索，寻找更适合现代学生的教育方式和方法。在这个过程中，我们要始终坚持以学生为中心的教育理念，注重学生的个性发展和实践能力的培养。只有这样，我们才能跟上时代的步伐，满足学生的需求，为他们提供更好的教育服务。

同时，我们也需要认识到，教育理念的创新并不仅仅是教育者的责任。政府、高校、家长和学生都应该积极参与到这个过程中来。政府要加大对教育的投入和支持，为高校提供更多的资源和政策支持；高校要积极探索新的教育方式和方法，为学生提供更优质的教育服务；家长要关注孩子的成长和发展，与他们建立良好的沟通和互动关系；学生要积极参与学习过程，发挥自己的主观能动性。

当我们谈论创新理念时，我们也不能忽视教师的角色。教师是教育理念的执行者，他们的思想观念和教学方法直接影响着学生的学习体验和成长轨迹。因此，教师需要不断学习和更新自己的知识，接受新的教育理念，并将其运用到教学实践中。只有这样，我们才能真正实现教育理念的创新，为学生创造一个更加丰富多彩的学习环境。

此外，我们还需要关注教育技术的创新。随着科技的不断发展，越来越多的教育技术被应用到教育领域中来。这些技术不仅可以提高教学效率和质量，还可以为学生提供更加个性化的学习体验。例如，人工智能、大数据等技术可以帮助我们更好地分析学生的学习情况和需求，为他们提供更加精准的教学服务。同时，虚拟现实、增强现实等技术也可以为学生创造更加生动、真实的学习环境，激发他们的学习兴趣和动力。

二、智慧融合：构建教学新平台

随着信息技术的迅猛发展和普及，教育领域正经历着一场前所未有的变革。传统的局限于教室和黑板的教学模式已经无法满足现代学生的学习需求，而智慧融合正是应对这一挑战的重要策略。

智慧融合，顾名思义，是将智慧科技与教育教学深度融合，构建出一种全新的教学模式。这种模式的出现,不仅为教育注入了新的活力,更在教育理念和教学模式上带来了深刻的变革。通过智慧融合,我们可以打破时间和空间的限制,为学生提供更加灵活、多样的学习方式。

要实现智慧融合,首先得构建完善的信息化教学环境。在线学习平台、虚拟实验室等信息化教学工具的出现,使得教学变得更加生动、直观。这些平台不仅为学生提供了丰富的学习资源,还能让他们根据自己的兴趣和需求进行自主学习。无论是在家里还是在高校,学生都可以随时随地访问这些平台,开启自己的学习之旅。

而在线学习平台和虚拟实验室等只是智慧融合的一部分。通过大数据和人工智能技术的应用,我们可以对学生的学习情况进行全面、实时的跟踪和分析。这些数据不仅可以帮助教师更好地了解学生的学习进度和知识掌握情况,还能为他们提供个性化的辅导和指导。比如,当学生在某个知识点上遇到困难时,教师可以通过数据分析及时发现并给予针对性的帮助。

除了为学生提供个性化的学习体验外,智慧融合还能有效提高教学效率。在传统的教学模式中,教师需要花费大量的时间和精力进行备课、授课和批改作业等工作。而通过智慧融合,这些烦琐的工作可以得到很大程度的简化。例如,教师可以利用在线学习平台发布课程资料、作业和测验等内容,让学生自主完成学习任务并提交作业。这样不仅可以减轻教师的负担,还能让学生更加主动地参与到学习中来。

当然,智慧融合并不是一蹴而就的。要实现这一教育理念,需要政府、高校、教师和家长等各方面的共同努力。政府要加大对教育的投入和支持力度,推动教育信息化的发展;高校要积极引进先进的信息化教学设备和工具,提高教师的教学水平;教师要不断更新自己的教育观念和教学方法,适应新的教学模式;家长也要关注孩子的学习情况,与他们建立良好的沟通和互动关系。

值得一提的是,智慧融合并不意味着完全摒弃传统的教学方式。相反,我们应该在继承传统教学方式优点的基础上,结合现代信息技术进行创新和发展。例如,在课堂教学中,教师可以利用多媒体课件、网络教学资源等辅助工具来丰富教学内容和形式;同时也可以通过小组合作、讨论等方式来增强学生的互动和参与度。

此外,我们还需要关注信息安全和隐私保护等问题。在享受信息技术带来的便利的同时,我们也要时刻警惕网络安全风险和数据泄露等隐患。因此,在推进智慧融合的过程中,我们必须建立完善的信息安全保障体系和隐私保护机制，确保学生的个人信息安全不受侵犯。

总之，智慧融合是当代教育发展的重要趋势之一。通过充分利用现代信息技术构建教学新平台、实现教育资源的共享和优化配置等措施，我们可以为学生提供更加优质、高效的教育服务。同时，这也需要我们不断更新教育观念、提高教学水平并关注信息安全等问题。只有这样，我们才能真正实现智慧融合的教育目标并培养出更多具有创新精神和实践能力的人才。

在未来，随着科技的不断进步和教育理念的不断创新，我们相信智慧融合将在教育领域发挥出更加重要的作用。无论是学生、教师还是家长都将从这一变革中受益。让我们携手共进、积极探索并推动智慧融合的发展吧！为大学生创造一个更加美好的学习环境和未来！而且，智慧融合所带来的变革并不仅限于教学方式的革新。它还深刻影响着教育内容的更新与教育目标的实现。在智慧融合的背景下，教育内容不再局限于传统的课本知识，而是向着更加多元化、实用化的方向发展。同时，智慧融合还有助于教育公平的实现。通过网络教育资源的共享，即使是偏远地区的学生也能接触到优质的教育资源，从而缩小了地域间的教育差距。这不仅为个体学生提供了更多学习的机会，也为整个社会培养了大量高素质的人才。

但是，我们也要清醒地认识到，智慧融合并不是万能的。技术的运用需要适度，不能过分依赖，更不能忽略教育本身的规律和目的。教育的核心在于培养学生的综合素质，包括思维能力、情感态度、实践技能等。因此，在推进智慧融合的过程中，我们需要时刻警惕"技术至上"的倾向，确保技术在服务教育的同时，不破坏教育的本质。

另外，教师的角色在智慧融合中也发生了显著的变化。他们不再仅仅是知识的传授者，而是成为了学生学习的引导者、合作者和促进者。教师需要不断更新自己的知识和技能，以适应新的教学环境。同时，他们还需要具备创新意识和实践能力，以便更好地引导学生探索未知、解决问题。

三、全面发展：打造教育新生态

在当今快速发展的社会中，教育的重要性日益凸显。随着科技的飞速进步和全球化的不断深入，传统教育模式已经难以满足现代社会的需求。因此，我们必须寻求一种全新的教育理念，以全面发展为核心，打造教育新生态，为大学生提供更加优质、全面的教育环境。

教育新生态的构建，首先要从教育理念上进行革新。我们应该摒弃过去那种只注重知识灌输、忽视能力培养和个性发展的教育模式，转而关注学生的全面发展。全面发展不仅包括知识的传授，更注重学生的能力、素质、情感和道德等多方面的培养。这种教育理念要求教育者关注学生的个体差异，尊重学生的个性发展，提供多样化的教育方式和手段，以满足不同学生的需求。

　　在全面发展的教育理念下，我们需要重新构建教育内容和方式。传统的教育内容过于注重学科知识的传授，而忽视了学生实践能力和创新精神的培养。为了改变这一现状，我们应该将实践教育、创新教育融入日常教学中，鼓励学生参与实践活动、探索未知领域，培养他们的创新思维和实践能力。同时，教育者还应该关注学生的心理健康和道德教育，帮助他们树立正确的价值观和人生观。

　　除了教育内容和方式的改革，教育评价体系的完善也是打造教育新生态的重要一环。传统的教育评价体系过于注重学生的考试成绩，而忽视了学生其他方面的表现。为了全面评价学生的发展情况，我们应该建立多元化的评价体系，包括学生的知识水平、实践能力、创新能力、团队协作能力、道德品质等多个方面。这样的评价体系能够更全面地反映学生的综合素质，为学生的全面发展提供有力支持。

　　教育新生态的打造还需要社会各界的共同努力。政府应该加大对教育的投入，提高教师的待遇和地位，激发他们的教学热情和创新精神。同时，政府还应该加强对教育机构的监管，确保教育资源的公平分配和教育质量的稳步提升。高校也应该积极与企业、社区等合作，为学生提供更多的实践机会和拓展空间。家长也应该关注孩子的全面发展，鼓励他们参与各种社会实践活动和志愿服务，培养他们的社会责任感和公民意识。

　　在全面发展的教育理念下，学生不再是被动的知识接受者，而是主动的学习者和探索者。他们可以在多样化的教育环境中自由选择自己感兴趣的领域进行深入学习，发挥自己的特长和才华。教育者也不再是单纯的知识传授者，而是成为学生的引导者和伙伴，帮助他们发现自己的兴趣和潜力，实现自我价值。

　　同时，我们也需要认识到，打造教育新生态是一个长期而复杂的过程，需要政府、高校、家长和学生等各方面的共同努力和配合。我们应该坚持以人为本的教育理念，关注学生的全面发展，为他们提供更加优质、全面的教育环境，培养出具有创新精神和实践能力的新一代青年。

　　除了上述提到的教育理念、教育内容、教育方式和评价体系的改革外，还

新质生产力大变革

有一些具体的措施可以帮助我们更好地打造教育新生态。

首先，加强师资队伍建设是关键。教师是教育活动的主体，他们的素质和能力直接影响着教育的质量和效果。因此，我们应该加强对教师的培训和教育，提高他们的专业素养和教育理念。同时，也要鼓励教师不断创新教学方法和手段，以满足学生多样化的需求。

其次，加强高校与社会的联系也是非常重要的。高校应该积极与社会各界进行合作，为学生提供更多的实践机会和就业渠道。这不仅可以帮助学生更好地了解社会和行业发展的动态，还可以提高他们的职业素养和综合能力。

最后，我们还需要加强对学生的心理健康教育。随着社会的发展和竞争的加剧，学生面临着越来越大的心理压力。因此，高校应该建立完善的心理健康教育体系，帮助学生缓解压力、调节情绪，培养他们的心理素质和抗压能力。

在打造教育新生态的过程中，我们还需要注意一些问题。首先，教育公平是必须要关注的重点。我们应该努力消除教育资源的不均衡现象，确保每个孩子都能享受到优质的教育资源。其次，我们也要关注学生的个性化发展。每个孩子都有自己的特点和优势，教育应该根据他们的兴趣和特长进行个性化的引导和支持。

综上所述，打造教育新生态是一个系统工程，需要我们从多个方面入手进行改革和创新。只有这样，我们才能真正实现教育的全面发展目标，为大学生的未来奠定坚实的基础。同时我们也要认识到这个过程是长期的、复杂的，需要政府、高校、家长和学生等各方面的共同努力和配合。让我们携手共进为打造教育新生态贡献自己的力量！

在新的教育生态中，技术的运用也是不可或缺的一环。随着信息技术的迅猛发展，我们可以利用大数据、人工智能等先进技术来提升教育的个性化和精准性。通过收集和分析学生的学习数据，教师能更准确地了解每个学生的学习状况和进步情况，从而为他们提供更有针对性的指导。

此外，新的教育生态也注重家校合作。家庭是孩子的第一个教育场所，家长在孩子的成长过程中扮演着举足轻重的角色。高校应积极与家长沟通，共同关注孩子的成长，形成家校共育的良好氛围。这种合作模式有助于家长更深入地了解高校教育理念和孩子的在校表现，同时也能提高家长的参与度，促进家庭教育和高校教育的有机结合。

在新的教育生态中，我们还应关注孩子的情感教育。培养孩子的人际交往能力、情绪管理能力以及团队协作精神等，这些都是他们未来成功不可或缺的重要素质。高校应通过课程设置和活动安排，帮助孩子建立良好的人际关系，学会与他人沟通和合作，培养他们的同理心和责任感。

值得一提的是，新的教育生态还强调终身学习的理念。在知识更新日新月异的今天，学会学习比单纯获取知识更为重要。高校应教会学生如何自主学习，培养他们的探索精神和创新能力，使他们在面对未来社会的挑战时能够迅速适应并不断进步。

在打造教育新生态的过程中，我们还应关注教育的国际化趋势。随着全球化的深入推进，培养具有国际视野和跨文化沟通能力的人才显得尤为重要。高校应积极开展国际交流与合作，为学生提供多元化的学习环境和资源，帮助他们更好地适应全球化的挑战。

最后，我们要认识到，打造教育新生态是一个不断探索和完善的过程。需要时刻保持敏锐的洞察力和前瞻性思维，紧跟时代发展的步伐，不断创新教育理念和方法，为大学生创造一个更加美好的未来。在这个过程中，每一个教育工作者、家长和学生都肩负着重要的责任与使命。让我们携手努力，共同推动教育的全面发展与进步！

在新的教育生态中，我们强调学生的主体性，鼓励他们主动探索和学习，而教师的角色也逐渐从单纯的知识传授者转变为学生学习路上的引导者和伙伴。这种转变不仅有助于激发学生的学习兴趣和动力，还能培养他们的自主学习能力和创新精神。

为了实现这一目标，我们需要构建一个开放、包容、多元化的学习环境，让学生能够自由发表观点、交流想法，并与他们一起探索未知领域。同时，我们还应该关注学生的学习过程，提供及时的反馈和指导，帮助他们发现自己的优点和不足，制订个性化的学习计划，实现自我提升。

除了高校和教育者的努力，家庭和社会也应该共同参与到孩子的教育中来。家长应该关注孩子的成长过程，与他们建立良好的沟通机制，了解他们的需求和困惑，并给予适当的支持和引导。社会则应该为年轻人提供更多的实践机会和展示平台，让他们在实践中锻炼自己、提升自己。

在未来的教育发展中，我们还需要不断探索和创新。随着科技的进步和社会的发展，教育将面临更多的挑战和机遇。我们应该保持开放的心态，积极拥抱变革，努力构建一个更加完善、更加先进的教育体系，为大学生的成长和发展提供更好的支持和保障。

总之，打造教育新生态是一个长期而艰巨的任务，需要政府、高校、家庭、社会等多方面的共同努力和配合。我们应该坚持以人为本、全面发展的教育理念，不断创新教育模式和方法，为大学生创造一个更加美好的教育环境。相信在我们的共同努力下，一定能够培养出更多具有创新精神和实践能力的新一代青年，为社会的进步和发展做出更大的贡献！

第五节　新连接：共创教育新篇章

在快速发展的信息化时代，教育的边界正在被重新定义。传统的教育模式逐渐让位于一种更加开放、多元和协同的新教育体系。这一体系强调学校与企业、理论与实践、教学与产业之间的深度融合，共同构筑起一个充满活力的人才培养新阵地。

一、校企携手，共筑人才培养新阵地

校企携手，成为这一新阵地建设的重要一环。企业与学校的紧密合作，正是这种转变中的一股强大推动力。这种合作模式不仅为学生提供了更为广阔的学习和实践平台，还使得教育内容和方式更加贴近社会需求和行业发展，从而共同推动着教育的创新和进步。

在校企合作中，企业不再仅仅是一个提供资金支持的角色，而是深度参与到教育的全过程中。企业通过与学校的紧密合作，共同制定培养计划、设计课程体系，以及提供实践机会，使得教育更加符合行业发展的实际需求。这种合作模式让学生在学习过程中能够接触到更为真实的工作环境，了解行业的最新动态和技术发展，从而更好地为未来的职业生涯做好准备。

企业与学校的紧密合作，为学生带来了诸多益处。首先，学生可以获得更多的实践机会。企业往往拥有先进的设备、技术和项目，能够为学生提供真实的实践环境。通过在企业实习或参与项目，学生可以亲身感受到工作的氛围和要求，提升自己的实践能力和职业素养。其次，校企合作可以让学生更早地了解行业需求和就业前景。企业在与学校的合作中，会将自己的需求和期望传递给学校，从而让学生更加明确自己的职业方向和发展目标。最后，校企合作也有助于提升学生的综合素质。在与企业的交流中，学生可以接触到不同的人、事、物，从而培养自己的沟通能力、团队协作能力和解决问题的能力。

对于企业而言，校企合作也是一次难得的发展机遇。首先，通过校企合作，

企业可以更加直接地了解到学生的能力和潜力，从而在招聘过程中更加精准地选拔到符合自身发展需求的高素质人才。其次，企业可以借助学校的科研力量和人才优势，共同开展科研项目和技术创新，推动企业的科技进步和产业升级。最后，校企合作也有助于提升企业的社会形象和品牌价值。通过与学校的合作，企业可以展示自己的社会责任感和对教育的支持，从而赢得更多消费者的认可和信赖。

在校企合作的过程中，学校也能够及时调整教学计划和课程设置，确保所授知识的前沿性和实用性。学校可以根据企业的反馈和需求，有针对性地优化课程体系，引入最新的行业知识和技术，让学生能够接触到最前沿的领域动态。同时，学校还可以借助企业的资源，邀请行业专家和技术骨干来校授课或开展讲座，为学生提供更为丰富和多样的学习资源。

除了调整教学计划和课程设置外，学校还可以在校企合作中不断完善自身的教育模式和方法。通过与企业的合作，学校可以更加深入地了解行业的实际需求和用人标准，从而针对性地培养学生的职业素养和实践能力。同时，学校还可以借鉴企业的管理经验和培训模式，不断完善自身的教育管理体系，提高教育质量和效果。

在校企携手的过程中，我们还需要注意一些问题。首先，要确保合作的真实性和有效性。合作不能仅仅停留在纸面上或形式上，而应该真正落实到实际的教学和人才培养中去。其次，要平衡好学校和企业的利益关系。合作应该是双赢的，既要满足企业的需求，又不能损害学生的利益和学校的教育原则。最后，要加强对合作过程的监管和评估。只有通过科学的评估和监管机制，才能确保合作的质量和效果达到预期目标。

总之，校企携手是教育创新的重要一环，对于提升学生的实践能力、推动教育内容的更新和完善以及促进企业与学校的共同发展都具有重要意义。我们应该积极探索和实践校企合作的新模式和新路径，共同为培养高素质人才和促进社会发展贡献力量。

此外，我们还需要深入探讨校企合作的更多可能性。例如，可以通过共同建立实训基地、开展定向培养、设立奖学金等方式，进一步深化校企合作的内容和形式。同时，我们还可以借助现代信息技术手段，打破时间和空间的限制，实现更为灵活多样的校企合作模式。

在校企合作的过程中，我们还要注重培养学生的自主学习能力和创新精神。企业不仅需要具备专业技能的人才，更需要那些能够独立思考、善于创新的人才。因此，我们在校企合作中应该注重培养学生的自主学习意识和能力，鼓励他们勇于尝试新事物、新方法，不断提升自己的创新能力和竞争力。

同时，我们也不能忽视教师在校企合作中的重要作用。教师是连接学校和企业之间的桥梁和纽带，他们不仅需要具备扎实的专业知识，还需要具备丰富的实践经验和良好的沟通协调能力。因此，我们应该加大对教师的培训和支持力度，提升他们的专业素养和实践能力，让他们在校企合作中发挥更大的作用。

值得注意的是，校企合作并不是一蹴而就的事情，而是需要长期投入和持续努力的。我们需要建立起完善的合作机制和评估体系，确保合作的持续性和有效性。同时，我们还要不断加强沟通和协调，及时解决合作过程中出现的问题和困难，推动校企合作向更高层次、更广领域发展。

展望未来，校企携手共创教育新篇章的前景广阔而美好。我们相信，在校企双方的共同努力下，一定能够培养出更多符合社会需求和行业发展的高素质人才，为社会的进步和发展做出更大的贡献！同时，我们也期待更多的企业和学校能够加入到校企合作的大家庭中来，共同探索和实践新的教育模式和方法，为教育事业的发展注入新的活力和动力。

除了上述提到的益处外，校企合作还有着更深层次的社会意义。它有助于缩小学校教育与职业需求之间的差距，使得教育资源得到更优化的配置。在传统的教育模式中，学生往往难以获得实际工作经验，导致他们在毕业后需要花费大量时间去适应职场。而通过校企合作，学生在校期间就能积累一定的工作经验，这无疑将提升他们的就业竞争力，同时也为企业节省了新员工培训的成本和时间。

更进一步地，校企合作可以促进产学研用深度融合。企业为学校提供实践平台和技术支持，而学校则能利用自身的科研优势，助力企业解决技术难题，推动产业升级。这种深度融合不仅有利于提升企业的创新能力和市场竞争力，还能推动整个行业的技术进步和可持续发展。

在全球经济一体化的今天，校企合作还具有国际交流与合作的重要价值。通过与跨国企业的合作，学校可以引进国际先进的教育理念和教育资源，提升自身的国际化水平。同时，企业也能通过校企合作拓展国际市场，提升自身的全球竞争力。这种国际化的校企合作将有助于培养具有全球视野和国际竞争力的人才，推动国家在全球经济格局中的地位提升。

然而，校企合作也面临着一些挑战和问题。比如，如何确保合作的公平性、透明性和持久性？如何平衡学校的教育目标与企业的商业利益？如何解决双方在合作过程中可能出现的矛盾和冲突？这些问题都需要我们深入思考和妥善解决。

为了解决这些问题，我们需要建立起一套完善的校企合作机制和规范。首先，要明确双方的权利和义务，确保合作的公平性和合理性。其次，要加强沟通与协调，及时解决合作过程中出现的问题和矛盾。最后，要对合作成果进行科学合理的评估，确保合作的有效性和可持续性。

同时，我们也应该看到，校企合作在未来还有着巨大的发展空间和潜力。随着科技的进步和社会的发展，新的行业和领域将不断涌现，这将为校企合作提供更多的机会和可能。我们可以通过建立更加紧密的合作关系，共同探索新的教育模式和方法，培养出更多适应未来社会需求的高素质人才。

最后，我们要强调的是，校企合作虽然有着诸多的优势和益处，但也需要我们不断地去维护和发展。只有双方都投入足够的精力和资源，才能够确保合作的稳定和持久。同时，我们也需要不断地反思和改进，确保合作能够真正地发挥出其应有的效果和价值。

在这个信息爆炸的时代，知识的更新速度前所未有地快。因此，教育的内容和方式也必须与时俱进，紧密跟随行业发展的脚步。校企合作正是实现这一目标的重要途径。通过深度的产教融合，我们不仅可以为学生提供最前沿、最实用的知识和技能，还可以为他们的长远发展奠定坚实的基础。

二、实践融合，打造教育新模式

企业与学校的紧密合作，确实为学生带来了诸多不可估量的益处。这种合作模式不仅丰富了学生的学习经历，还为他们未来的职业生涯奠定了坚实的基础。

首先，学生因为校企合作而获得了更多的实践机会。众所周知，理论知识的学习固然重要，但实践操作同样不可或缺。企业往往拥有行业内先进的设备、尖端的技术以及富有挑战性的项目，这些资源为学生提供了一个难得的真实实践环境。当学生在这样的环境中实习或参与项目时，他们有机会亲身感受到专业工作的氛围和要求。这种实践经验是课堂教育所无法替代的，它让学生有机会将所学理论知识应用于实际工作中，从而加深了对知识的理解与掌握。更重要的是，这样的实践经历能够极大地提升学生的实践能力和职业素养，为他们日后顺利融入职场打下坚实的基础。

新质生产力大变革

其次，校企合作让学生得以更早地了解行业需求和就业前景。在传统的教育模式下，学生可能对行业的最新动态和未来的就业市场知之甚少，这导致他们在面临就业选择时往往感到迷茫和无助。然而，在校企合作中，企业会将自己的需求和期望明确地传递给学校，学校则可以根据这些信息调整教学内容，确保学生所学的知识与技能更加符合行业的实际需求。这样一来，学生在学习过程中就能更加明确自己的职业方向和发展目标，从而有针对性地提升自己的各项能力。这种明确的职业导向不仅有助于激发学生的学习动力，还能让他们在求职过程中更加自信、从容。

再者，校企合作在提升学生的综合素质方面也发挥了积极作用。在与企业的交流中，学生有机会接触到各种各样的人、事、物。他们不仅要与来自不同背景和专业领域的人进行合作，还要学会如何妥善处理各种复杂的问题和挑战。这种跨界的交流与合作对学生的沟通能力、团队协作能力以及解决问题的能力都提出了很高的要求。然而，正是在这样的挑战中，学生的综合素质得到了全面的提升。他们学会了如何更加有效地与他人沟通协作，如何在压力下保持冷静并找到问题的解决方案。这些能力对于他们未来的职业生涯无疑都是极为宝贵的财富。

除了上述提到的益处之外，校企合作还为学生带来了许多其他方面的收获。例如，通过与企业的合作，学生有机会参与到各种创新项目和研发活动中，这不仅能够激发他们的创新思维和科研兴趣，还有助于培养他们的科研能力和技术实力。同时，企业在合作过程中也会为学生提供各种形式的奖学金、助学金等支持，这无疑会激励学生更加努力地学习和进步。

值得一提的是，校企合作还为学生提供了一个展示自己才华的舞台。在与企业的合作中，学生有机会参与到各种竞赛、展览等活动中，这不仅能够提升他们的专业技能和综合素质，还能让他们在更大的舞台上展示自己的才华和成果。这样的经历不仅能够增强学生的自信心和荣誉感，还能为他们未来的职业发展增添更多的筹码。

此外，我们不能忽视的是，这种校企合作模式对于教育本身的推动作用。通过与企业的紧密合作，学校能够更加准确地把握市场动态和行业趋势，从而及时调整教育内容和方式，确保教育的时效性和实用性。这种灵活性和前瞻性使得学校教育不再拘泥于传统的理论和书本知识，而是更加贴近实际，更加注重培养学生的实际操作能力和解决问题的能力。

同时，校企合作也为学校提供了一个了解企业需求和反馈的渠道。通过与企业的沟通交流，学校可以更加清晰地认识到自身教育的优势和不足，从而有针对性地进行改进和优化。这种反馈机制不仅有助于提升学校的教育质量，还能让学校教育更加符合社会的期望和需求。

在校企合作的过程中，学校还能借助企业的资源和优势，推动自身的科研创新工作。企业往往拥有先进的研发设备和丰富的实践经验，这些资源能够为学校的科研工作提供有力的支持和保障。通过与企业的合作，学校可以接触到更多的前沿技术和创新理念，从而激发自身的科研灵感和创新思维。这种科研合作不仅能够提升学校的科研水平，还能推动学校教育的不断创新和发展。

而对于企业来说，校企合作也是一种双赢的选择。企业可以通过合作培养符合自身需求的高素质人才，为自身的持续发展注入新的活力和动力。同时，企业还能借助学校的科研力量和人才优势，推动自身的技术创新和产业升级。这种合作模式不仅能够降低企业的人才培养成本，还能提升企业的市场竞争力和创新能力。

在未来的发展中，我们应该进一步推动校企合作的深度融合和创新发展。通过加强政策引导、完善合作机制、优化资源配置等措施，为校企合作提供更加有力的支持和保障。同时，我们还需要加强校企之间的沟通与交流，推动双方在教育、科研、人才培养等方面的深度合作与共享发展。相信在双方的共同努力下，校企合作一定能够结出更加丰硕的成果，为社会的进步和发展做出更大的贡献。

我们需要不断地创新和进步才能跟上时代的步伐。而校企合作正是推动这种创新和进步的重要力量之一。让我们携手并进，共同探索校企合作的新模式和新路径，为培养更多高素质人才、推动教育创新和社会发展贡献我们的智慧和力量！

三、产教融合，开启教育新纪元

产教融合，一个在现代教育领域越来越被频繁提及的词汇，正以其独特的魅力引领着教育变革的新方向。产教融合，即将产业与教学密切结合，使学生在学习过程中能够紧密联系实际工作，从而实现学以致用，更好地适应社会发展的需求。它不仅是一种教育理念，更是一种教育实践，是新时代教育发展的必然趋势。

产教融合的重要性不言而喻。传统的教育模式往往偏重于理论知识的传授，

新质生产力大变革

而忽视了学生的实践能力和职业技能的培养。这种教育模式下的学生，虽然掌握了丰富的理论知识，但在面对实际工作时却常常感到手足无措。而产教融合则能有效地弥补这一缺陷，它使学生在学习过程中就能接触到实际的工作环境和任务，从而更好地将理论知识与实践相结合，提升个人的综合素质。

产教融合对教育新纪元的开启意义重大。随着科技的飞速发展和社会的不断进步，传统的教育模式已经难以适应现代社会的需求。产教融合作为一种创新的教育模式，正以其独特的优势推动着教育的变革。它不仅能够提升学生的实践能力和职业素养，还能够促进学校与企业的深度合作，实现资源共享和优势互补。这种教育模式的推广和实施，将为培养新时代的高素质人才奠定坚实的基础。

在产教融合的实践过程中，我们看到了许多生动的例子。比如，某高职院校与当地一家知名企业合作，共同建立了一个实训基地。学生在这里不仅可以学习到最新的行业知识和技能，还能够在企业的实际项目中锻炼自己。这种产教融合的模式，不仅使学生受益匪浅，也为企业输送了大量优秀人才，实现了学校与企业的双赢。

当然，产教融合在实施过程中也面临着一些挑战和问题。比如，如何确保企业与学校的有效沟通与合作？如何保证学生在实践过程中的安全与权益？这些问题都需要我们深入思考和解决。但正是这些挑战和问题，促使我们不断探索和创新，推动产教融合向更深层次、更高水平发展。

产教融合不仅是一种教育理念的创新，更是对新时代教育发展的深刻思考。它要求我们打破传统教育的束缚，积极探索与实践相结合的教育模式，培养出更多具有创新精神和实践能力的高素质人才。同时，产教融合也为企业和学校提供了一个良好的合作平台，促进了双方的共同发展。

展望未来，产教融合将在教育领域发挥更加重要的作用。随着科技的不断进步和社会的快速发展，我们将看到更多产教融合的成功案例和创新模式涌现出来。这些创新将不断推动教育的变革和发展，为新时代的教育事业注入新的活力和动力。

产教融合，正以其独特的魅力和无限的潜力，引领着我们开启教育的新纪元。我们将看到教育与实践更加紧密地结合，看到学校与企业更加深入地合作，看到更多优秀人才在产教融合的培养下脱颖而出，为社会的发展做出更大的贡献。让我们携手并进，共同迎接这个充满希望和挑战的教育新纪元！

第六节　新生态：开创教育新纪元

随着科技的飞速发展和教育理念的持续更新，教育领域正迎来一个崭新的纪元。在这个新纪元中，教育不再局限于传统的课堂和教材，而是向着更加个性化、多元化和共享化的方向发展。以下，我们将从个性学习、跨界融合和共创共享三个方面，探讨如何开创教育的新纪元。

一、个性学习，塑造教育新体验

在教育新纪元中，个性学习已然成为引领潮流的重要理念。个性学习不仅代表着教育方式的革新，更是对学生个体差异的充分尊重和关注。这一理念与传统教育模式形成鲜明对比，传统模式往往采用"一刀切"的教学方法，忽视了学生的独特性和多样性。为了更深入地理解个性学习的内涵和价值，我们可以从以下几个方面展开探讨：

1. 个性学习的理论基础

个性学习的理论基础主要源于教育学、心理学和认知科学等多个学科领域。其中，多元智能理论、构建主义学习理论和人本主义学习理论等为个性学习提供了重要的理论支撑。这些理论认为，每个学生都拥有独特的智能结构和学习方式，教育应该尊重并发展学生的这些差异，提供多样化的学习路径和资源，以满足不同学生的学习需求。

2. 个性学习的实践意义

个性学习不仅具有深厚的理论基础，更具有重要的实践意义。首先，个性学习有助于提升学生的学习兴趣和动力。当学生发现学习内容与自己的兴趣和需求紧密相连时，他们会更加投入地学习，从而取得更好的学习效果。其次，个性学习能够培养学生的自主学习能力。在个性化的学习环境中，学生需要主动探索、发现问题并寻求解决方案，这有助于培养他们的自主学习意识和能力。最后，个性学习有助于培养学生的创新思维。在尊重个体差异的学习环境中，学生敢于尝试、勇于创新，这对于培养他们的创新思维和创造能力至关重要。

3. 个性学习的实施策略

要实施个性化学习，教育机构需要采取一系列策略来确保其实施效果。首先，教育机构需要建立完善的学生信息系统，以全面、准确地了解每个学生的学习特点、兴趣和需求。这可以通过定期的学生评估、教师观察和家长反馈等方式来实现。其次，教育机构需要为教师提供专业培训和支持，以帮助他们掌握个性学习的理念和方法。这包括如何设计个性化的学习计划、如何运用多样化的教学资源和手段以及如何评估学生的学习进步等方面。最后，教育机构需要与家长和社会保持密切沟通与合作，共同为学生的个性化学习创造有利条件。这包括与家长分享学生的个性化学习计划和进步情况、争取社会各界的支持和资源等方面。

4. 个性学习与先进技术的结合

在现代科技的推动下，个性学习得到了更为广阔的发展空间。大数据、人工智能等先进技术的应用为教育机构提供了更精确地分析学生学习特点和问题的工具。例如，通过大数据分析技术，教育机构可以对学生的学习过程进行实时跟踪和记录，从而发现学生的学习偏好和问题所在。而人工智能技术则可以为每个学生提供智能化的学习建议和资源推荐，以满足他们的个性化需求。这些先进技术的应用不仅提高了教育的针对性和有效性，还为学生带来了更加便捷和高效的学习体验。然而，我们也需要注意到技术的双刃剑效应，合理利用技术并关注学生的全面发展。

5. 个性学习的挑战与对策

尽管个性学习具有诸多优势和实践意义，但在实施过程中也面临着一些挑战和问题。例如，如何确保教育资源的公平分配？如何平衡学生的个性化需求与教育目标的一致性？如何应对家长和社会对个性学习的误解和担忧？为了应对这些挑战和问题，我们需要采取一系列对策。首先，政府和教育机构需要加大对个性学习的投入和支持力度，以确保教育资源的充足和公平分配。这包括加强基础设施建设、提高教师待遇和提供专业培训等方面。其次，我们需要建立完善的教育评价体系来评估学生的个性学习效果和全面发展情况。这可以帮助我们及时发现问题并进行调整和改进。最后，我们需要加强与家长和社会的沟通与合作，以消除他们对个性学习的误解和担忧。这可以通过举办家长座谈会、开展社会宣传和教育活动等方式来实现。

6. 个性学习的未来展望

随着社会的不断进步和科技的不断创新，我们对个性学习的未来充满期待。首先，我们期待个性学习能够更加深入地渗透到各级教育体系中，成为推动教育变革的重要力量。这包括在幼儿教育、基础教育、高等教育和继续教育等各个阶段推广个性学习的理念和方法。其次，我们期待个性学习能够与更多的先进技术相结合，为学生提供更加丰富、多样的学习资源和手段。例如，虚拟现实（VR）和增强现实（AR）等技术可以为学生创造更加真实、生动的学习环境；而在线学习和移动学习等方式则可以为学生提供更加便捷、灵活的学习途径。最后，我们期待个性学习能够促进教育的公平与普及。通过打破地域、经济和文化的限制，个性学习有望为更多的学生提供平等接受优质教育的机会和平台。这将有助于缩小教育差距、促进社会公正和和谐发展。

二、跨界融合，拓展教育新领域

随着时代的进步和社会的发展，教育作为人类社会文明传承的重要途径，也在不断地变革与创新。在这个知识爆炸的时代，知识的领域和边界逐渐变得模糊，单一学科的知识已经难以满足复杂问题的解决需求。因此，跨界融合成为了教育创新的关键一环，为现代教育带来了新的机遇和挑战。

跨界融合，简而言之，就是跨越不同领域、不同行业的界限，实现各种资源和知识的有机融合。在教育领域，跨界融合不仅体现在不同学科知识之间的整合，更包括教育形式和教育资源的跨界合作。这种融合方式使得教育机构能够开发出更加丰富和多元的教学内容，从而更好地培养学生的综合素养和解决问题的能力。

在现代社会，知识的碎片化、多元化趋势日益明显，许多问题往往需要多学科的知识才能得到有效解决。因此，跨界融合在教育中的价值愈发凸显。通过整合不同学科的知识和方法，教师可以引导学生从不同的角度去审视问题，培养他们多维度、全方位的思维能力。同时，这种融合还有助于激发学生的学习兴趣和创造力，使他们在面对复杂问题时能够灵活运用所学知识，提出富有创意的解决方案。

除了学科知识之间的跨界融合，教育形式和教育资源的跨界也为现代教带来了新的活力。随着信息技术的飞速发展,网络教育已经成为了教育领域的一个重要分支。线上与线下的结合、传统课堂与网络教育的融合,为学生提供了更多元、更便捷的学习途径。学生可以根据自己的兴趣和需求,随时随地进行在线学习,与全球各地的同学和老师进行互动交流。这种新型的教育形式不仅打破了时间和空间的限制,还极大地提高了学习的灵活性和自主性。

此外,跨界融合还促进了教育与其他领域的深度合作。产业、文化、科技等领域的资源和方法逐渐被引入到教育中来,形成了全方位、多层次的教育合力。例如,一些学校与企业合作开展实践教学项目,让学生在真实的工作环境中学习知识和技能;还有一些学校与文化机构合作开设特色课程,引导学生深入了解和传承中华优秀传统文化。这些合作不仅丰富了教育的内容和形式,还为学生提供了更多实践和创新的机会。

然而,跨界融合在教育中的实施也面临着一些挑战和问题。不同领域之间的知识体系和方法存在差异,如何进行有机融合成为了一个亟待解决的问题。同时,跨界融合还需要教师具备跨学科的知识和能力,这对教师的专业素养提出了更高的要求。为了应对这些挑战,教育机构需要加强对教师的专业培训和学习支持,提高他们的跨学科素养和教学能力。同时,还需要建立完善的教育评价体系来评估跨界融合的教学效果和学生的学习成果,以便及时发现问题并进行调整和改进。

尽管跨界融合在教育中的实施存在一定的难度和挑战,但其所带来的机遇和前景却是无比广阔的。随着社会的不断进步和科技的不断创新,我们有理由相信跨界融合将在教育领域发挥出更加重要的作用。未来,教育机构将更加注重学科之间的交叉与融合,开发出更加符合时代发展需求的教学内容和方法。同时,随着信息技术的不断发展和普及,线上与线下的结合将更加紧密无缝,为学生提供更加便捷、高效的学习体验。此外,教育机构还将与更多领域进行合作与交流,共同推动教育的创新与发展。

三、共创共享,构建大教育共同体

共创共享,作为教育新纪元的核心理念,正逐渐改变着我们对教育的传统认知。在过去,教育常常被视为一种单向的传递过程,由教师将知识灌输给学生。然而,随着社会的进步和科技的发展,这种观念已经显得陈旧和不合时宜。如今,我们更加认识到教育的复杂性和多元性,共创共享的理念也应运而生。

共创共享，简而言之，就是多方共同参与教育的创造和分享过程。这一理念的提出，不仅颠覆了传统教育观念，还为现代教育注入了新的活力。通过搭建开放、共享的教育平台，教育机构、教师、学生、家长以及社会各界都能够参与到教育的创造和分享中来，共同构建一个充满活力、开放包容的教育环境。

共创共享的理念首先体现在教育内容和形式的丰富性上。在传统的教育模式下，教育内容主要由教材和教师决定，学生往往只能被动接受。然而，在共创共享的理念下，教育内容不再局限于教材和教师的传授，而是变得更加多样化和个性化。每个人都可以成为教育内容的贡献者，将自己的知识和经验分享给他人。这种多样化的教育内容不仅能够满足学生的不同需求和兴趣，还能够激发他们的学习热情和创造力。

除了教育内容的丰富性，共创共享还带来了教育形式的变革。传统的课堂教育已经难以满足现代学生的学习需求，而共创共享的理念则推动了教育形式的创新。在线教育、混合式学习、项目式学习等新兴教育形式应运而生，为学生提供了更加灵活多样的学习方式。这些新的教育形式不仅能够让学生随时随地进行学习，还能够培养他们的自主学习能力和团队协作能力。

共创共享的理念还促进了教育公平和质量的提升。在传统的教育模式下，优质的教育资源往往集中在少数地区和学校，导致教育资源的不均衡分配。然而，在共创共享的理念下，优质的教育资源得以更加广泛地传播和利用。通过云计算、大数据等技术手段，我们可以实现教育资源的集中存储和智能分配，让每一个需要教育的人都能获得优质的教育资源。这不仅有助于缩小地域间的教育差距，还能够整体提升教育的质量和水平。

共创共享的理念还体现在教育资源的优化配置上。随着信息技术的不断发展，我们可以利用云计算、大数据等技术手段对教育资源进行更加高效和智能的管理。这些技术手段不仅实现了教育资源的集中存储和共享利用，还能够根据学生的学习需求和兴趣进行个性化的资源推荐。这种个性化的学习资源推荐不仅能够提高学生的学习效率，还能够培养他们的学习兴趣和自主学习能力。

除了以上提到的方面，共创共享的理念还有助于构建教育共同体。在这个共同体中，教育机构之间不再是孤立的个体，而是相互关联、共同发展的整体。通过加强合作与交流，教育机构可以共享彼此的优势和资源，共同推动教育的创新与发展。这种合作模式不仅有助于提升教育的整体实力，还能够为学生提供更加全面和优质的教育服务。

共创共享的理念也对教师角色提出了新的要求。在传统的教育观念中，教

新质生产力大变革

师是知识的权威和传授者。然而，在共创共享的理念下，教师需要转变自己的角色定位，从知识的传授者转变为学生学习和发展的引导者和支持者。教师需要不断更新自己的知识和技能，提高自己的专业素养和教育能力。同时，教师还需要具备良好的沟通能力和团队协作能力，与学生、家长以及社会各界保持良好的沟通和合作。

在共创共享的教育环境下，学生也需要发挥自己的主体作用。学生不再是被动的知识接受者，而是需要积极参与到教育的创造和分享中来。学生需要学会自主学习和合作学习相结合的方式，通过自己的努力和他人的帮助来解决问题和完成任务。同时，学生还需要具备良好的创新思维和实践能力，勇于尝试新事物和探索未知领域。

家长在共创共享的教育中也扮演着重要的角色。家长需要积极参与到孩子的教育中来，与孩子共同学习和成长。家长可以通过与孩子一起参加教育活动、共同完成任务等方式来增强与孩子的互动和沟通。同时，家长还需要关注孩子的兴趣和需求，为他们提供个性化的教育支持和引导。

除了教育机构、教师、学生和家长之外，社会各界也可以在共创共享的教育中发挥重要作用。企业、社区等组织可以为教育机构提供实践基地和资源支持，帮助学生更好地了解社会和职业环境。同时，社会各界还可以通过参与教育评价、提供反馈意见等方式来促进教育的改进和创新。

在实施共创共享的教育理念时，我们也需要注意一些问题和挑战。首先，我们需要建立完善的合作机制和评价体系来确保各方之间的有效合作和资源共享。其次，我们需要关注教育公平问题，确保每个学生都能够获得优质的教育资源和机会。最后，还需要不断加强教师队伍建设和专业素养提升工作，为共创共享的教育提供有力的人才保障。

总之，共创共享是教育新纪元的重要理念之一，它正在引领一场深刻的教育变革。通过搭建开放、共享的教育平台，实现多方参与的共创过程，我们可以共同构建一个充满活力、开放包容的教育环境。这种教育理念不仅能够丰富教育内容和形式、促进教育公平和质量的提升，还能够实现教育资源的优化配置和构建教育共同体。在未来的教育实践中，我们将不断探索和创新共创共享的模式与方法，为培养新时代的高素质人才打下坚实的基础。

第十章
新质生产力应用案例

在探索新质生产力的浩瀚征途中，企业作为创新实践的主体，正以前所未有的活力与智慧，将前沿科技转化为推动产业升级的核心驱动力。本章聚焦于新质生产力的企业应用案例，旨在通过一系列生动鲜活的实践探索案例，揭示新质生产力如何在不同领域、不同场景中落地生根，绽放异彩。

电子政务建模仿真国家工程实验室以大数据管理与资产智能化登记为突破口，为企业数字化转型铺设坚实基石；天津晨星衡祥科技有限公司将元宇宙技术前沿应用于生产与工程领域，重塑工业制造的未来图景；智工与英格索兰携手共创中国能源工业领域首个大模型，引领能源行业迈向智能化新纪元；北京工大亚芯光电科技有限公司与新质生产力深度融合，展现光电科技的创新魅力；北京中科慧眼公司以尖端视觉技术赋能智能制造，开拓新质生产力应用的无限可能；等等。这些案例不仅是技术创新与产业融合的光辉典范，更是新质生产力在推动企业转型升级、激发经济增长新动能过程中的生动写照。

本章通过深入剖析这些案例背后的逻辑、策略与成效，旨在为读者呈现一幅新质生产力在企业实践中蓬勃发展的壮丽画卷，启发更多企业拥抱变革，勇于探索，共同开启高质量发展的崭新篇章。

第一节 电子政务建模仿真国家工程实验室助力企业数据管理与资产登记

一、实验室助力企业数据资产治理的背景

停车难是都市生活中开车出行者常常遇到的困扰，一方面车主需要找到合

适的停车位，另一方面停车场管理方又希望效率最大化，这样就催生了剩余车位实时数据产品化服务项目的落地。哈尔滨市某公司是封闭停车场的主要运营企业，电子政务建模仿真国家工程实验室受其委托，承接并完成了该项目的相关工作。该公司拥有 200 多个充电场站、500 多个停车场，其智慧停车管理系统每日产生大量停车管理数据，这些数据经过实验室项目团队场景化的分析梳理，设计将实时剩余车位信息通过导航软件公司服务平台，提供给附近车主，从而显著提升停车场使用效率、优化用户体验，在显著提升企业经济收益的情况下，实现数据资产价值化并支持企业完成数据资产登记入表工作。

二、实验室助力企业数据资产治理的实施路径

以电子政务建模仿真国家工程实验室构建的数据资产化协同服务平台为支撑，拟定停车泊位数据产品化建设方案，沟通后在企业端局域网中部署数据治理机器人。对智慧停车管理系统产生的海量数据资源进行全面盘点，包括停车场管理数据、订单信息、充电桩信息等。明确数据所有权、使用权和收益权，完成数据资源的确权登记。将盘点确认的数据资源进行梳理，完成数据资源治理工作，经产品化设计形成数据资产入表的初步框架，具体过程如图 10-1 所示。

基于停车场、充电桩管理的数据资源治理集合，根据市场需求和应用场景，设计数据产品，提供实时可用泊车位数据产品、未来时间段可用泊车位数据产品、反向寻车导航数据产品。在数据资产化协同服务平台，完成数据产品的建模工作，并将数据产品实例化服务策略推送给数据治理机器人，由它完成数据产品实例化服务，自动生成数据产品服务 API 接口。由项目单位按照数据产品服务 API 接口文档生成规则，在业务系统端完成数据产品实例化服务的数据推送，将实例化实时剩余车位和实时剩余充电桩数据推送到数据治理机器人中。

经数据确权服务、数据质量评价服务、成本核算分摊、数据产品价值评估后，形成高价值数据资产，在与地图导航软件公司签订数据服务协议后，通过机器人对地图导航软件公司服务平台提供实时数据服务。再由会计师按照数据资产分类规范进行分类，设定相应会计科目，在完成合规化审计后，将开发的数据资产计入财务系统中，完成数据资产入表。通过数据资产的深入分析和应用，实现数据资产的商业价值，如提升车位与充电桩使用率、优化交通服务体验等。数据资产登记入表后，实现了数据资产的量化和货币化，完成了数据资产的增值，为企业带来了实实在在的经济收益。通过持续的数据产品实时服务，提升了城市智能出行服务的质量和效率，优化了用户体验。为城市交通管理部门提供了决策支持和交通规划的依据，推动了智慧城市的发展。

第十章 | 新质生产力应用案例

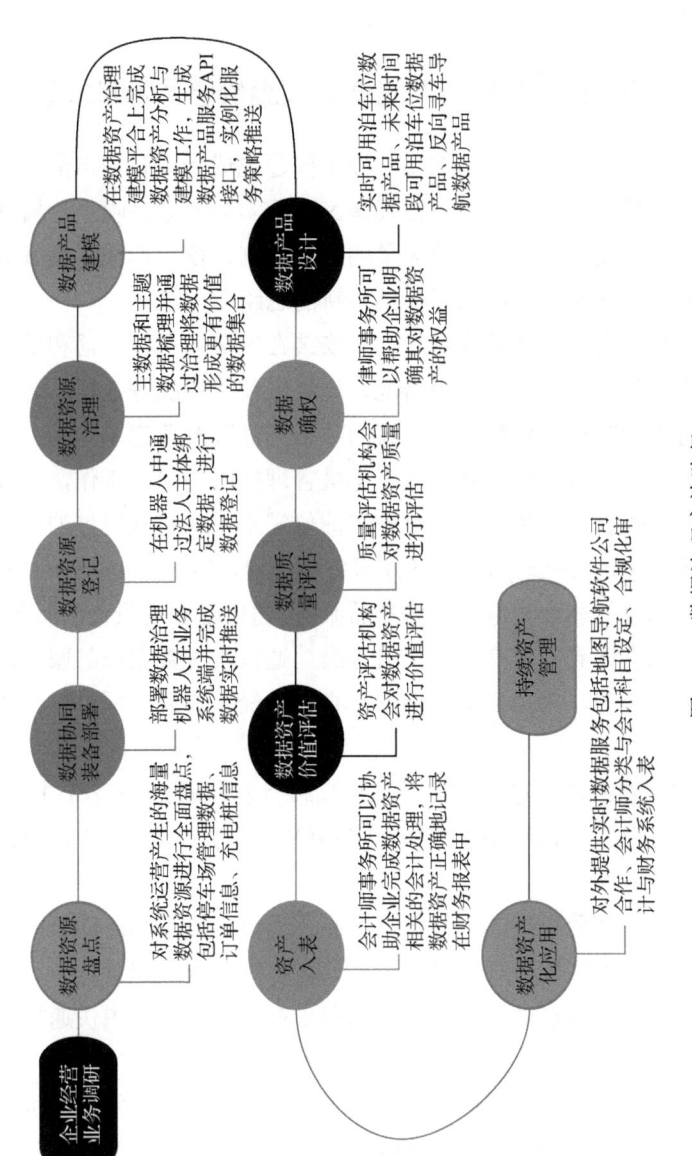

图 10-1 数据治理实施路径

通过数据资产入表项目实施，为停车管理行业乃至其他行业的数据资产化提供了可借鉴、可复制的模式和经验，为推动产业数字化服务生态发展，以及未来数字化转型升级，提供了可参考的范式。

三、实验室助力企业数据资产治理的实施价值及未来展望

随着汽车生活模式的快速普及，停车问题也成为提升城市治理与经济运行效率的一大难题。电子政务建模仿真国家工程实验室通过收集、梳理和分析停车场管理系统、充电桩管理系统大量的运行数据，挖掘形成了具有高价值属性的数据产品，为解决停车难问题提供了新的思路和方法。

项目单位的智慧停车管理系统通过安装在停车场的传感器和摄像头，实时收集车辆进出场记录、车位使用情况、充电桩使用情况等数据。这些数据为企业提供了宝贵的第一手资料，为后续的数据产品开发奠定了基础。在盘点完这些数据资源后，完成了停车管理与充电桩管理数据的治理工作，形成了更有价值的主题数据集合。然后再结合对停车泊位需求主体与充电桩泊位的需求主体的需求分析，设计实时地图导航软件服务商平台，为需求主体提供真实、实时、准确的剩余泊位与剩余充电桩数据产品服务，通过这种场景化的服务模式设计，完成了从数据资源到数据产品的价值升级，通过实时数据产品服务，完成了数据资产的价值变现，为项目单位增加了直接的经济收入。项目设计的数据产品如下。

（1）实时剩余泊车位/充电桩数据产品。该产品为导航软件提供实时停车位、充电桩信息服务，帮助车主快速找到停车位与空余充电桩，提高停车场与充电场站运行效率。

（2）未来时间段可用泊车位数据产品：通过预测不同时间段的车位使用情况，为停车场管理和城市规划提供参考，优化停车资源配置。

（3）反向寻车导航数据产品：帮助车主在大型停车场中快速找到自己的车辆，提高停车体验。

这些数据产品的开发和应用，不仅提升了项目的服务能力，也为导航服务商、停车场运营商带来了直接经济收入，提升了市政交通管理部门的交通治理能力。

导航服务商通过实时可用泊车位与剩余充电桩数据，提供了更精准的停车充电导航服务，增强了用户黏性；停车场运营商利用未来时间段可用泊车位数

据，优化了车位管理，提高了运营效率和经济收益；市政交通管理部门依据车位使用情况数据，制定了更合理的交通规划和交通治理政策，缓解了城市拥堵。

电子政务建模仿真国家工程实验室协助项目单位，实现了数据资产的货币化增收，完成了企业数据资产入表工作。通过将数据资产转化为经济价值，为企业创造了新的收入来源，增强了企业的盈利能力和市场竞争力。未来，随着大数据、人工智能等技术的发展，数据资产的价值将进一步凸显，为停车管理行业乃至其他行业的数据资产化提供了可借鉴、可复制的模式和经验，为数据资产化实施途径开辟了道路。

第二节　天津晨星衡祥科技有限公司利用元宇宙技术打造新质生产力

一、实施背景

近年来，元宇宙技术产业链逐渐形成，国家层面上的重视程度与支持力度极大提升；元宇宙技术应用领域不断扩大，在工业生产、教育培训、文化娱乐、医疗健康、商贸创意等领域全面发展；元宇宙技术成为应对人类社会突发事件的最佳解决方案之一，在线教育、远程医疗、远程巡防、居家娱乐等行业"非接触"应用需求急速增长；元宇宙技术领域已经开始战略布局，将成为推广协同研发、无人生产、远程运营、在线服务等新质生产力的关键支撑技术。

晨星衡祥元宇宙技术是一种新型开发技术，旨在为用户接入虚拟世界提供沉浸式体验。它支持用户之间的高仿真协同互动，允许用户在虚拟空间中进行模拟创造，并实现虚拟身份识别。此外，这项技术还确保用户能够持续在线，享受沉浸式的使用体验。晨星衡祥元宇宙技术为用户提供了一种基于新质生产力条件下的创新生产与工程训练解决方案。

二、实施路径

天津晨星衡祥科技有限公司的核心技术包含自有元宇宙产品研发平台，元宇宙产品互联共享与分发平台，元宇宙环境下的人机交互实现技术、空间计算能力、数据挖掘技术，轻量化 CAD/CAE 元宇宙模型处理技术，基于多人协同的元宇宙底层框架技术。

新质生产力大变革

1. 生产与工程领域培训新生态构建基础

通过生产与工程训练系统让元宇宙设备赋予训练者感知性、沉浸性、交互性、构想性、智能性，进而纵向深入，横向延展，构建生产与工程领域培训新生态。图10-2为晨星衡祥生产与工程训练系统的操作界面。

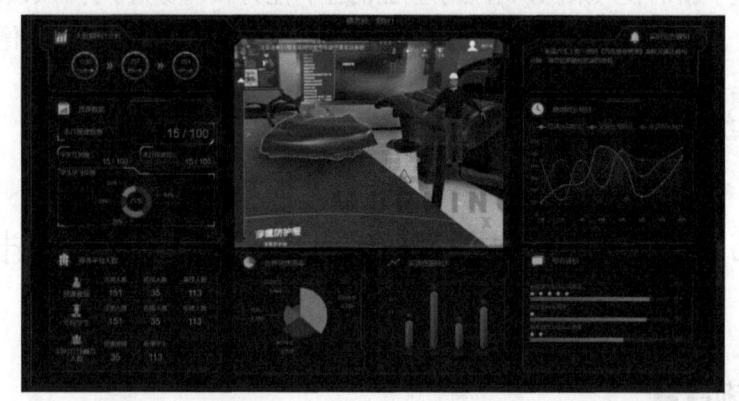

图10-2 晨星衡祥生产与工程训练系统的操作界面示意图

2. 典型生产与工程训练方案设计

（1）在线虚拟训练课程

采用网络管理平台，实现平台登录，从而进行平台访问、共享、分发、统计、交互，实现学习、训练、考核、统计一体式的共生设计，记录虚仿内容的学习记录、考核成绩、训练进度等。实现全三维的动态展示、全仿真的产品结构、全交互的操作逻辑，可见、可听、可读内容的同步协同展示。采用虚拟工具对紧固部件、连接部件、关键零件进行虚拟拆装，并可对拆装流程进行考核。图10-3呈现的是高精度工程模型在线虚拟训练。

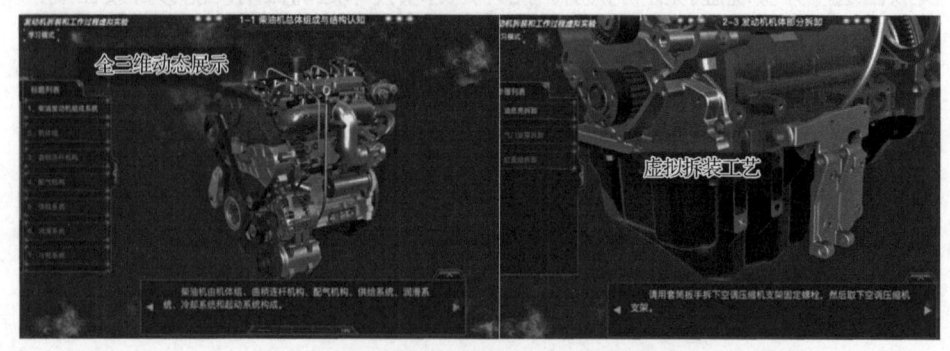

图10-3 高精度工程模型在线虚拟训练

（2）在线数字化教材

在线数字化教材，将虚拟仿真产生的动画、三维模型、虚拟交互以教材的形式集合为一体，如图10-4所示。基于虚拟仿真生成的数字挂图、图册等也可通过数字教材的形式分发共享使用。还可实现故障诊断数字指导手册，调用三维资源实现虚拟故障判排。

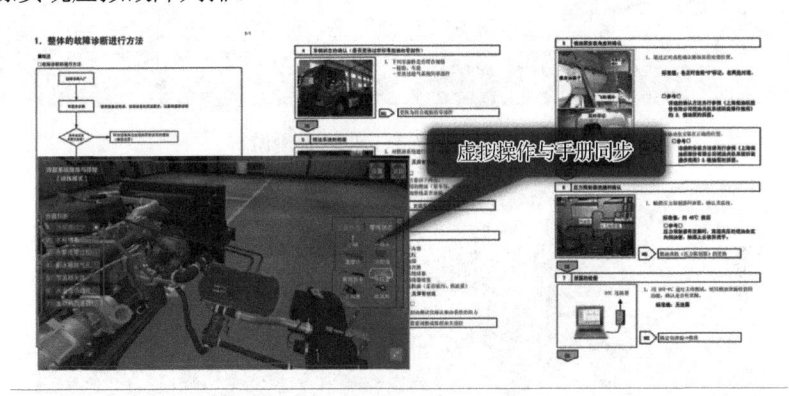

图10-4　在线数字化教材

（3）沉浸式漫游与实操虚拟仿真训练

对车间、生产线、实训场地、演示环境等进行高度还原，实现虚拟空间的全景漫游。在虚拟的场景中，可以获得360°全景感受场地布局、安装调试、设备认知等虚拟体验。

元宇宙技术平台能够在沉浸式的场景中动态拾取或组合工具，并能按照真实操作要求使用。能够在沉浸式的场景中进行复杂的虚拟拆装操作，并根据提示完成各类虚拟训练。能够利用系统自动对拆装过程、拆装时长、步骤逻辑等虚拟操作进行评判。在沉浸的系统中，对设备进行故障虚拟再现，为使用者判断故障提供视觉、听觉的直观感受；可实现对故障的有序排除流程，并通过虚拟工具、虚拟部件、虚拟器材、虚拟油液等实现故障的修复模拟；可实现对沉浸式虚拟仿真训练过程的操作步骤、操作流程、操作要点、操作时长等的综合自动评价考核。具体实例如图10-5、图10-6、图10-7所示。

（4）混合现实虚拟仿真训练

动态识别场景或车辆、设备等，将实时影像远程传输，即可在远程技师的帮助下实现远程辅助维护，可为拆装过程提供与实物结合的虚拟动态引导，将其内部线束、部件、插接头等虚拟叠加至实物上，实现检测点位的可视化。在场景中将人员与虚拟车辆或设备等全息方式混合融入环境中，实现虚拟展示。

新质生产力大变革

图 10-5 沉浸式工业场景漫游

图 10-6 沉浸式工业装备操作实践

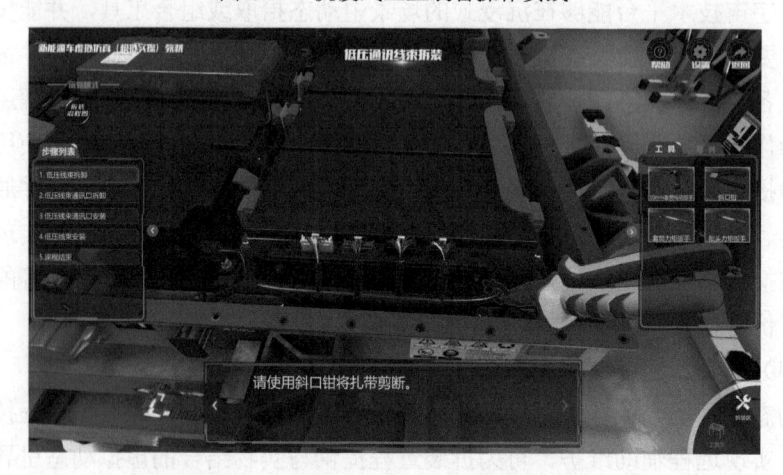

图 10-6 沉浸式工业装备操作实践（续）

210

图 10-7　基于混合现实技术的工业装备操作引导

三、实施价值及未来展望

制造业领域采用"元宇宙"方式进行项目研发、线上交流、产品展示、业内宣传，是将人机交互、异地交流、三维仿真等深度结合的最佳手段。这样可以为消费者打造专业的产品体验虚拟场景，完成产品技术特点、技术前沿、技术参数可视化的虚拟宣介。进而开展产品定制"元宇宙"，让产品定制化、差异化、特殊化，通过虚拟再现成为消费者触手可及的选择行为。

依托空间计算技术，利用晨星衡祥元宇宙技术实现多人空间实时位置与位移抓取，将虚拟空间与真实物体形成交互关联，快速构建轻量便携、成本低廉、部署便利的多区域虚拟或模拟训练场地、空间，最终形成不受时空限制的虚实融合交互体。图 10-8、10-9 进一步展示了元宇宙技术的应用服务场景和服务领域设想。

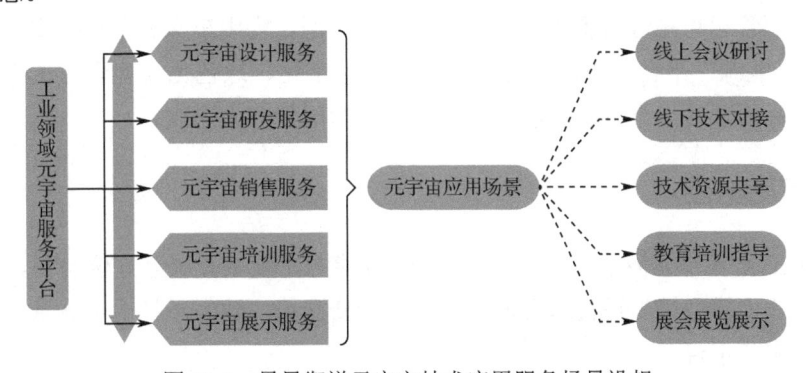

图 10-8　晨星衡祥元宇宙技术应用服务场景设想

211

新质生产力大变革

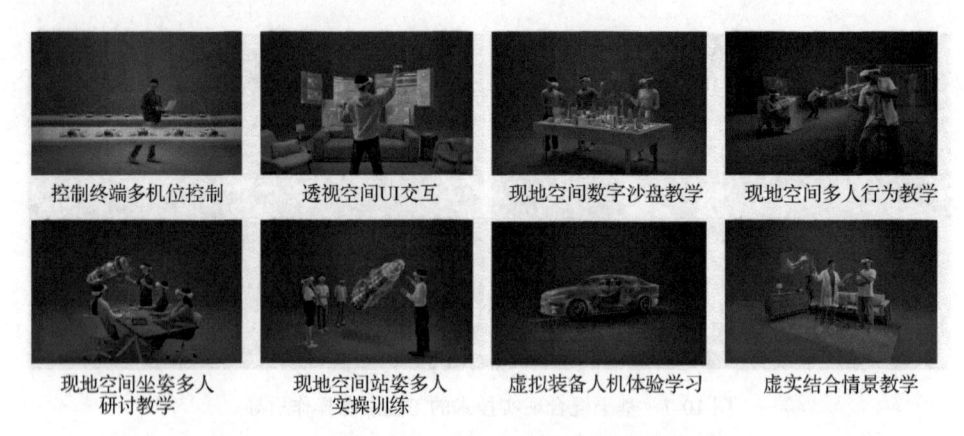

| 控制终端多机位控制 | 透视空间UI交互 | 现地空间数字沙盘教学 | 现地空间多人行为教学 |
| 现地空间坐姿多人研讨教学 | 现地空间站姿多人实操训练 | 虚拟装备人机体验学习 | 虚实结合情景教学 |

图 10-9　基于空间计算的元宇宙技术应用服务领域设想

第三节　中工互联携手英格索兰打造首个"工业大模型+能源"平台

一、实施背景

我国正处于新型工业化关键时期，能源行业装备水平亟待提升，推动大规模更新势在必行。中央经济工作会议指出"要以提高技术、能耗、排放等标准为牵引，推动大规模设备更新和消费品以旧换新"。在这种背景下，中工互联（上海）智能科技有限公司携手上海英格索兰智慧能源技术有限公司，整合人工智能、能源管理和先进装备制造等领域的优质资源，为中车株洲电机打造"工业大模型+能源"平台，以高端化、智能化、数字化、绿色化为理念打造工业人工智能标杆项目，推进我国能源管理领域的新质生产力形成。

二、实施路径

中工互联和英格索兰在"工业大模型+能源"领域开展全方位合作，共同推动工业大模型等先进技术在能源领域的创新应用，致力于打造全球领先的智慧能源服务平台。

本案例中，在中车株洲电机的高速节能无油磁悬浮空气压缩机上应用"工业大模型+能源"管理控制系统。这套系统由中工互联提供"智工·工业大模型"技术，英格索兰提供场景应用，中车株洲电机提供装备平台。

采用"智工·工业大模型"智慧能源管控系统通过如下五个路径构建了设备自动化智能运行、设备节能优化控制、运维异常辅助解决三个核心能力。

1. 全局监控，实时联动

基于"智工·工业大模型"的工业技术底座组件构建一个高度集成的监控系统，能够实时收集、分析和响应工厂内各个环节的数据。首先，需要部署大量的传感器和监控设备，这些设备能够实时收集生产线上的温度、压力、流量、能耗等关键参数。其次，"智工·工业大模型"平台具备对异构设备的协议解析能力，从而实现对生产过程的全面监控。在此基础上，使用云平台和边缘计算技术，可以实现数据的快速处理和决策制定，通过与自动化控制系统的集成，使得监控系统能够直接控制生产线上的设备，打造管理与控制的实时联动。

2. 设备启停，智能优化

设备启停的智能优化依托于"智工·工业大模型"的 AI-SCADA（智工工业智能监控系统）组件来达成。首先，通过安装在设备上的传感器收集设备的运行数据，如振动、温度、声音等，这些数据能够反映设备的健康状况。然后，利用工业大模型的分析能力，对这些数据进行深入分析，以识别潜在的运行规律、故障特征和性能下降征兆。通过机器学习算法，系统可以学习设备的最优运行参数，并根据实时数据自动调整设备的运行状态，实现节能和效率的最大化。例如，系统可以根据生产需求、能源成本的变化，智能安排设备的启停时间，以减少能源消耗和运营成本。

3. 故障诊断，能效分析

故障诊断和能效分析通过"智工·工业大模型"的 AI-Director（智工工业智能专家系统）组件实现。智工工业智能专家系统中预置了工业领域专业知识和设备专有知识，与智工工业智能监控系统相协同，通过模式识别和异常检测技术，在复杂的算法支持下，及时发现设备异常并预测潜在的故障。同时，设备监控数据还用于评估和优化生产过程中的能源使用效率。通过集成能源管理系统，可以对生产过程中的能源消耗进行实时监测和分析。利用大模型的专业任务能力，识别能源浪费的环节，并提出改进措施。此外，通过模拟和优化算法，可以预测不同生产策略下的能源消耗，从而为企业提供节能降耗的控制策略。

4. 控制节能，管理节能

在"智工·工业大模型"加持下，用先进的控制算法对生产过程中的关键参数进行精确控制，使得传统的控制系统具备高度的智能化和自适应能力，能够根据实时数据自动调整控制策略。管理节能则侧重于从宏观层面优化能源使用，通过"智工·工业大模型"制定能源管理策略，并与控制节能相结合，通过数据分析和决策支持系统，为管理层提供能源使用和节能措施的管理建议与模拟测算。

5. 远程运维，服务推送

在"智工·工业大模型"加持下，传统的工业知识组织效率和传递能力得到明显加强，允许运维工程师通过交互式运维指导完成设备的现场维护工作，提高了运维效率。同时，通过集成视频监控、远程诊断和控制技术，实现设备运维专家团队在任何地点对设备的运维和故障排除指导。结合设备运行数据和机器学习技术，"智工·工业大模型"能够预测设备维护需求和潜在问题，然后主动向用户推送维护和服务信息，不仅提高了服务的及时性和个性化，还有助于减少意外停机时间，提高生产效率。

三、实施价值及未来展望

从项目自身价值出发，本项目的实施标志着中国首个"工业大模型+能源"管理控制系统正式落地，为轨道交通装备龙头企业打造了基于人工智能技术的智慧能源管理平台，形成高端装备制造领域先进制造解决方案的标杆。在工业生产监测、设备数字运维、生产能源优化等诸多应用场景下，运用"智工·工业大模型"充分赋能企业数字化转型，为企业降本增效、绿色低碳发展保驾护航。

展望未来，随着人工智能技术的不断创新，工业大模型、大数据、云计算等新一代信息技术正在推动能源生产力发生深刻变革，本案例将成为人工智能+能源领域的成功试点，将加速工业大模型技术在工业场景的应用发展，对推进我国新型工业化进程起到重要作用。

第四节 北京工大亚芯光电科技有限公司新质生产力实施案例

一、实施背景

北京工大亚芯光电科技有限公司（以下简称"工大亚芯"）成立于2017年，是一家以研发、生产、销售高功率激光器、红外热成像模组及系统装备为主的高科技公司。

工大亚芯是北京工业大学（以下简称"北工大"）科技成果转化企业，公司依托北工大国家重点学科"光学工程"，在技术上不断创新，先后研制出多款高功率激光器和红外热成像产品，包括高亮度近红外激光器、可见光激光器、高功率匀光激光器、光纤激光器，激光照明单元、高分辨率红外热像仪、红外AR头盔等，广泛应用于国防装备、激光加工、激光照明、安防监控、森林防火、边防安检等诸多领域。公司于2022年9月获得国际标准和国军标认证，2022年11月获得"北京市创新型中小企业"称号，2023年获评"国家高新技术企业"。公司现有员工27人，本科及以上学历员工比例达70%，硕士及以上学历员工达22%，研发人员比例达33%。

半导体行业是国民经济与国家安全的关键战略产业，尤其是半导体设备作为芯片制造的基石，撑起了整个现代电子信息产业，是半导体行业的基础和核心。长期以来，我国在全球半导体产业链中处于较为被动的地位，关键技术和设备依赖进口，面对外部环境的复杂变化和技术封锁的压力，加强半导体设备的自主研发和创新，加快形成新质生产力，已成为国家科技发展的重要战略选择。

高功率半导体激光器具有体积小、重量轻、电光转换效率高、性能稳定、可靠性高和寿命长等优点，是激光领域发展趋势之一，广泛应用于国防、工业、医疗等诸多领域。

工大亚芯的技术团队自2000年开展高功率半导体激光技术研究以来，相继突破了高亮度半导体激光芯片制备、器件封装、光束变换、光纤耦合及系统集成与工程化等全产业链关键技术，实现了激光器全国产化，相关技术获国家科技进步二等奖1项、国防科技进步三等奖1项。

二、实施路径

依托这些科技成果成立的工大亚芯，成为了北京市首例采用专利赋权改革试点政策、通过专利作价入股方式进行科技成果转化并落地北京的企业。

在转化过程中，从学校到市级层面都为项目孵化和成长提供了重要政策支持。根据学校出台的《北京工业大学科技成果转化管理办法（试行）》《北京工业大学校属技术转移服务企业科技成果转化实施细则》，该项目采用先赋权后转化的方式，先赋予科技成果完成人知识产权的所有权，北工大与成果完成人再以知识产权共同作价入股的方式进行科技成果转化。

具体转化流程如下：

2021年7月，北工大科学技术发展院多次组织召开"激光器成果转化项目专家论证会"，与会专家就转化方式、专利布局、市场、工商、税务、经营等方面给出了多条实用性建议；

2021年8月，北工大科技成果转化工作小组审议通过了"高功率半导体激光技术"科技成果转化方案；

2021年9月至12月，11项激光技术相关专利按照北工大相关流程先后完成了专利评估、赋权变更与作价入股，成立工大亚芯，科研团队负责人秦文斌任公司法人。

成立公司之后，工大亚芯始终瞄准国家战略发展需求，致力于高质量激光器的研发与制造。2023年工大亚芯针对国内半导体晶圆制备过程中薄膜厚度控制精度难以突破纳米级的行业瓶颈，在消化吸收北工大转化专利技术的基础上，组织精兵强将成立项目攻坚团队，历经200多天，研制出一款应用于半导体晶圆薄膜生长温度精准调控的高均匀性、高精度、高稳定性匀光激光器，经国内某半导体设备龙头企业多轮测试与工艺验证，使用该激光器后的晶圆薄膜厚度控制精度可达0.3nm，达到国际先进水平。

该公司2022年天使轮融资主要是将高功率半导体激光器产业链的下游——激光模块光机设计与整机集成相关技术进行了产业化；2023下半年开始计划进行A轮融资，开展产能提升以及产业链中游——光电器件封装技术的产业化。

三、实施价值及未来展望

作为北京市首例采用专利赋权改革试点政策落地的企业，工大亚芯受到了北京市委深改委、北京市科委和北京市知识产权局等部门的广泛关注和大力支持,并于2022年5月获得了北京市知识产权局100万元的专利转化专项奖励。

工大亚芯作为学科型公司,是光学工程学科延伸的研究平台,在人才培养方面发挥重要作用,将专业硕士培养要求的专业实践通过学科性公司落到实处。北工大的主要研究方向和内容是基础技术突破和前沿探索;学科型公司主要做产品层面的研发,二者互补形成较为完整的链条。从学科评估和长远发展看,做真科研,真做科研,真正服务北京科创中心发展大局。

工大亚芯的主要产品高功率半导体激光器具有体积小、重量轻、电光转换效率高、性能稳定、可靠性高和寿命长等优点,其电光转换效率可达到60%甚至更高,这不仅使半导体激光器耗电更少,而且大幅降低了激光器供电系统的体积和能耗,同时也大幅降低了激光器对散热制冷量的要求。高功率半导体激光器的寿命可达2万小时以上,应用中可免维护。以上优点使得半导体激光器非常适合于国防与工业应用,是国防光电装备的重要光源之一,也是工业激光领域发展趋势之一。全球半导体激光器市场规模稳步提升,2022年全球半导体激光器市场规模达到93.9亿美元,2023年市场规模约为111亿美元,同比增长18.17%。随着高功率半导体激光器的不断发展,其作为直接光源应用的光束质量得到提升,应用领域越来越广泛。

工大亚芯新型激光器的研制成功将带动该公司产品在半导体设备行业更广范围的应用,为北京市构建集成电路产业创新高地贡献更多的北工大力量,践行学校"植根首都、科技报国"初心使命,深度融入和服务北京国际科创中心建设。

第五节 北京中科慧眼公司新质生产力实施案例

一、实施背景

近年来,随着新能源汽车在智能化领域研发投入占比加大,中国汽车的智能化应用进入普及化的关键期,高端配置逐渐下沉。智能汽车搭载传感器数量以及车载计算能力的增加,使得智能底盘成为各大车企新的业务增长点。智能底盘通过将各类预瞄感知零部件与线控悬挂底盘结合,实现了车体在垂直方向上的自适应控制,显著提高了智能驾驶车辆的行驶平顺性与通过性。

新质生产力大变革

在传统乘用车行业经验中，先进的悬架系统对汽车的操控性、舒适性提升效果明显，但其标配多见于进口豪华汽车及国内高端智能汽车中。在消费升级及国产供应链崛起的背景下，悬架系统市场逐渐下沉，人们对驾乘舒适性的追求也不断水涨船高，舒适的驾乘体验成为各大厂商全方位提升性能的方向之一。结合路面预瞄感知能力以及磁流变减振技术，智能悬挂系统成为新的高阶细分赛道。

二、实施路径

2022年初，中科慧眼公司再次实现技术应用创新，基于华为MDC域控制器推出双目路面预瞄系统，为OEM提供更高性价比、更高集成化的智能底盘预瞄与控制解决方案。这也是业内首次在智能驾驶域控平台上基于AI-Engine实现产品化的可商用、可落地的双目立体视觉解决方案。

中科慧眼的方案，就是尽量复用既有车载相机成像信号与中央域控制算力，在域控制架构上低成本地实现双目路面预瞄系统。其中，双目成像模块主要包含ISP调试、相机标定、图像畸变，这三个模块决定了双目相机是否能够获取合格的左右模组成像。

2023年2月，中科慧眼成功完成国内首台路面预瞄全栈功能的样车开发。这标志着中科慧眼在底盘智能化领域迈出重要的一步，也为后续系列产品的成功上市奠定了基础。本次开发成功的样车由路面预瞄系统和磁流变减振系统组成，打通了"感知、控制、执行"全栈技术方案。在减速带、井盖等典型颠簸路况下实现了优秀的舒适性，同时在高动态驾驶条件下具有突出的操控能力。磁流变减振系统通过接收预瞄感知与车身感知信息，实时独立控制车辆四轮磁流变减振器，可全面提升整车驾驶平顺性与通过性。

2023年5月，中科慧眼双目路面预瞄系统打破了国外豪华车型"魔毯悬架"技术的垄断，获得头部新能源汽车厂商豪华旗舰车型独家定点。中科慧眼在项目的全生命周期中，会为该车企旗下多款中高端车型提供包括路面高程检测、道路表面目标检测、路面冲击激励检测、全地形检测等功能在内的路面预瞄解决方案。

2023年10月，中科慧眼获国内某新能源头部车企路面预瞄项目独家定点，将在项目的全生命周期中，为该车企旗下多款中高端车型提供路面预瞄解决方案。中科慧眼研发团队具备结构化、非结构化地面类型的丰富场景开发经验。

团队能够快速推进立体视觉感知技术的迭代升级，提供更具竞争优势、更灵活的软硬件解决方案。

三、实施价值及未来展望

中科慧眼路面预瞄系统，由立体视觉传感器实现路面状态的 3D 重建感知，支持检测各种路面状态，通过预先引导车辆的主动、半主动悬架系统，实时调节各个车轮减震器阻尼的软硬系数、车身的整体高低以及车辆行驶的模式，起到控制车身振动和车身高度的功能。进一步的，该系统还可根据路面高程曲线引导前后轮的独立悬挂调整，大幅提升驾乘平稳性、舒适性与通过性，业界又称之为"魔毯悬架系统"。

路面预瞄系统以双目立体视觉相机为主传感器，可根据左右相机捕获的图像计算深度，实现路面状态的 3D 重建感知，从而实现以下功能：

（1）路面高程检测。可实时检测车辆前方一定范围内的路面起伏情况。

（2）道路表面目标检测。可实时检测车辆前方的路表障碍物，如减速带、井盖、坑洞、路面残余混凝土等突出物，并对外输出数据信息。

（3）路面冲击激励检测。通过三维感知能力检测路面起伏，识别左右轮迹区内可能存在的冲击激励事件，提高车辆平顺性、通过性体验。

（4）全地形检测。可清晰感知前方路面类别的不同，如普通硬质路面、草地、砾石地面、冰雪地面、泥沼地面、厚沙地面、岩石地面、涉水等不同路面场景。同时，该系统支持感知功能下更为细化的分区感知，可精准识别如半雪地半沥青的路面。

在设计方案中，该系统具备测量范围远、测量精度高、适用车速范围广的优势，尤其能在不增加整车硬件配置的前提下，将双目立体校准与立体匹配算法部署在域控制器计算平台中。该方案极具性价比竞争优势，必将为智能驾驶市场带来更广泛、更优越的驾乘体验升级。

中科慧眼路面预瞄系统已适配国内外主流平台，支持嵌入多种车载域控制器，如地平线 J5、黑芝麻华山、华为 MDC、英伟达 Orin 等；也可由独立的算力单元处理，如 Ti TDA4 系列芯片、FPGA 类芯片等。该系统由于对车载域控灵活、具有广泛的适配性也为市场的扩大奠定了良好的硬件基础，并进一步满足了市场更多元、更垂直化的产品需求。

此外，与路面预瞄系统共同实现驾乘平稳的磁流变减振系统，在国外高端汽车悬架上已经应用多年。截至目前，全球装备磁流变减振器系统的乘用车仅有百万余辆的保有量，原因在于技术高度垄断化所带来的高昂成本制约。中科慧眼自研的磁流变减振系统，对比市场同类产品可大幅降低生产成本，系统的控制策略以及核心算法完全自主；从实车测试效果看，响应速度、稳定性、可靠性以及操控效果都十分成熟，可赶超美、德技术算法。此外，磁流变液、磁流变减振器以及磁流变控制器软硬件均为全栈自研，成本与供应链自主可控。样机与样车实测数据表现优良，量产专家团队齐备，并且已与行业龙头企业开展战略合作，业务前景广阔。

今后，中科慧眼将持续打造结合路面预瞄系统与可变阻尼减振器的智能悬挂解决方案，联合更多生态合作伙伴深耕技术场景，加速汽车底盘智能化发展，为汽车产业实现国产化与智能化升级贡献力量。

第六节 方天圣华打造首个政务元宇宙应用

一、实施背景

在便民服务意识不断深化的当下，我国基层政府对传统的公共服务事务办理流程进行了创新与改革，减少了群众办事往返次数、简化了办事流程、提高了办事效率。与此同时，国家政策也在大力支持智慧政务应用发展，多项鼓励智慧政务建设的政策不断颁布，《关于深入推进审批服务便民化的指导意见》《关于加快推进政务服务标准化规范化便利化的指导意见》等文件中，提出要在政务服务中加强物联网、大数据、人工智能、区块链等元宇宙相关技术的应用，并且已经有了大量的实践案例和经验成果，大大提升了政务服务的质量和效率。伴随着数字化技术的不断成熟，元宇宙政务或将成为当代政务的迭代升级。

就现阶段而言，数字政务建设中仍存在一些突出问题，包括顶层设计不足，体制机制不够健全，创新应用能力不强，数据壁垒依然存在，网络安全保障体系还有不少突出短板，干部队伍数字意识和数字素养有待提升，政府治理数字化水平与国家治理现代化要求还存在较大差距，等等。为进一步解决以上问题，提高政府的办事效率及企业群众的满意度，可以利用 AR、大数据、互联网等先进技术，以行政审批过程和结果数据为基础，建立"互联网+审批+监管"双推送信息共享平台。

二、实施路径

提高政务服务质量和企业群众体验感与满意度是打造"5G+AR 智慧政务"平台建设的主要目标，持续提供高效率和高质量服务才能满足便民需求。"5G+AR 智慧政务"平台肩负着重要责任，目的是搭建满足便民需求的政务服务平台，通过全方位深化政务服务数字化改革，让政务服务方式从"碎片化"转变为"一体化"，群众、企业办事从"找多个部门"转变为"找一个窗口"，运用云计算、大数据、人工智能、增强现实等数字技术，促进政务服务形成即时感知、科学决策、主动服务、高效运行、智能监管的新型治理形态，为智慧政务建设留下生动注脚。

构建政务服务新体系，通过改变传统的部门进驻办事模式，解决部门内部分块办理、业务分散、受审不分、忙闲不均、群众跑多个部门多个窗口等问题，建立"一窗收件、分类办理、统一出件"的全新的政务服务新模式。设置"全省通办""跨省通办""城市圈通办"窗口，通过业务流程、办理环节、申请材料的统一，让同一事项在不同区域无差别受理、同标准办理。

打造审批服务新阵地，持续强化"一窗受理、全科服务"的集成式办理成效，常态化开展业务培训学习，并结合政务服务"好差评"机制，不断提升一窗受理能力和服务质效。聚焦政务服务提速增效，进一步打通线上线下平台，实现多渠道查询和办理，利用增强现实技术提供深度自助服务。

展示群众满意新形象，紧扣数字政务服务快速发展新趋势，创新打造"5G+AR 智慧政务"系统，开启"沉浸式"政务服务新模式，扎实推进智慧型城市建设，方便企业群众办事。

方天圣华作为国内虚拟现实先锋企业，拥有强大的元宇宙技术，结合AR+AIGC 数字科技、科大讯飞合作研发语音大模型、丰富的算力资源，与昆山高新区行政审批局共同深度探索元宇宙技术与政务服务结合场景，研发"小、巧、灵"的数字工具——"高兴办"App，助力打造"扫一扫""可互动""掌上办"的政务新模式，建设市场主体和居民群众用得着、轻量化的数实融合新场景，提升公众办事效率和体验感！全新上线的 App 页面精简，从视觉上就给人耳目一新的感觉。"扫着办""查查看""营商服务"三个版块，简明易懂，用

新质生产力大变革

户能够通过最短路径更快触达所需要的政务服务。App 内含昆山高新区的形象代言人"小高""小新"动漫原型，有制服、昆曲、休闲"三种皮肤"可自由选择，政务大模型深入研究，实时互动，咨询询问办理业务，为用户带来了更多的办理渠道，同时未来将深入研究大模型，共同打造国内首个政务智能大模型，如图 10-10 所示。

图 10-10 "高兴办"App 界面

打开"扫表格"，扫一扫纸质或者电子表格，"小高""小新"就会成为用户的"私人助理"，实现"哪里不会点哪里"，如图 10-11 所示。同时，建立"公司设立""公司变更""个体工商户"等共计 79 个专业化问答场景，满足大家的基本业务需求。打开"营商服务"，有关国务院、江苏省、苏州市、昆山市的四级政策一览无余，此外，还将推出"我要问"平台，在平台上可以随时提问政务服务和营商环境相关问题。

第十章 | 新质生产力应用案例 |

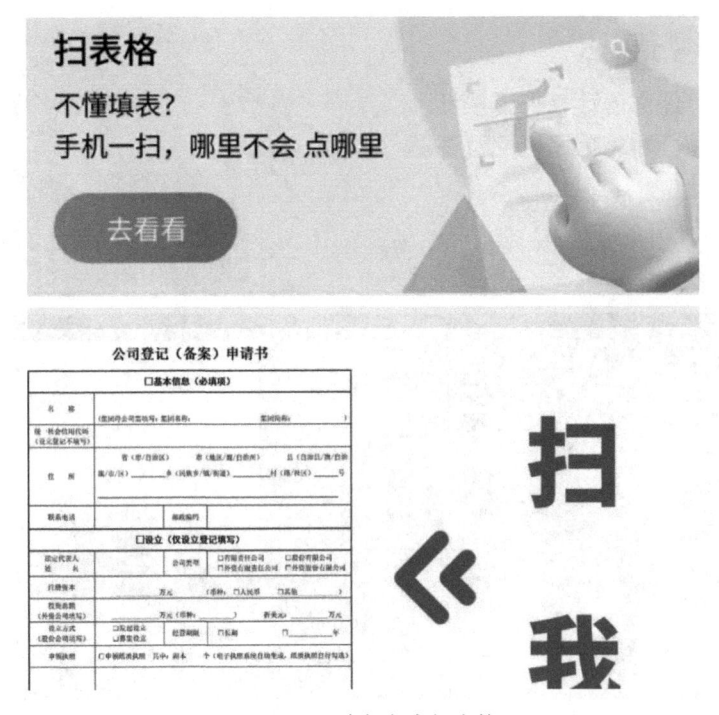

图 10-11　政务办事扫表格

把政务办事窗口信息搬进手机里，展现实时的立体大数据，只需对着办事窗口扫一扫，就能知道窗口可办理的事项。如图 10-12 所示。

图 10-12　政务办事扫窗口

在 App 里，用户就能完成店招设计工作，并且能够自动生成白天和黑夜的店招效果图。同时把申报端口也进行了整合，一键提交，如此方便交互。如图 10-13 所示。

223

新质生产力大变革

图 10-13　店招设计工作一键提交

三、实施价值及未来展望

方天圣华打造首个 To C 的政务元宇宙应用"高兴办"App，以政务服务数字化改革作为优化营商环境的"先手棋"，在昆山市率先上线，其中智能政务助手，实现了 7×24 小时自动应答的政务咨询服务，以"数据多跑路"换取"群众少跑路"，为企业和市民提供了更高效、快捷、方便的服务体验。

依托统一综合受理平台，建立昆山高新区政务联动业务办理机制，支持上报件的信息流转。项目完工后，基本完成昆山高新区基层"互联网+政务服务"体系建设，通过线上政务服务平台和线下实体政务大厅融合发展，全面实现昆山高新区政务服务网络化、标准化、均等化。

同时，以建设高效服务型政府为目标，深入贯彻"互联网+政务服务"惠民服务理念，打造适用于全区政务服务的电子证照系统，推动电子证照信息的共享，促进电子证照全网络、全流程的受理、验证、审批、管理与应用，实现行政审批全过程证照电子化服务。

第七节　打造弘扬中国文化，传承中国精神的地铁场景新探索

一、实施背景

北京作为我国的政治和文化中心，交通极为发达，尤其是地铁系统，四通八达，几乎覆盖了城市的每一个角落。如今的北京，已经成为一座"地铁上的城市"。人们乘坐地铁在地下穿梭，从一个个地铁口鱼贯而出，回到家中或走向职场。凭借先进的技术水平，北京地铁不仅在国内发挥着重要作用，还走出国门，开启了属于自己的大时代。

地铁不仅是城市的交通脉络，也承载着丰富的文化内涵。它如同一条现代的"龙"，串联起城市的过去与未来。"龙"是中华民族的图腾和独特的精神标识，象征着中华文明和中华民族的多元一体，也是维系全球华人的精神纽带。如今的北京地铁，承载着千万人的脚步，记录着他们奋斗的足迹和对美好生活的向往。它不仅串联起祖先筚路蓝缕、朝乾夕惕的历史功绩，还承载着新时代的伟大中国梦。

中华文化宛如一条长河，源远流长，博大精深。"龙生九子"的传说，如同长河中的九道支流，各具特色，各自发展，流淌至今。"寻找龙的传人"主题活动正是为了赓续中华文脉，推动中华优秀传统文化的创造性转化和创新性发展而特别推出。在地铁场景中，通过 AR 互动的方式，展现中华民族的文化血脉、民族精神和时代精神等丰富的华夏文明。

微探平台的创立初衷是让更多人了解和参与探索未知，激发每个人对世界的好奇心。有了微探 APP，这一切变得触手可及。为此，方天圣华联合奇迹芝门斥资 600 万，在北京地铁上线 70 列"微探"专列，穿梭于城市的各个角落，邀请广大市民和游客共同探索充满无限可能的新世界！

二、实施路径

微探标识遍布北京地铁 14 条路线，用户只需要扫描海报二维码或在应用商店搜索"微探"，即可安装下载微探 App。然后，通过完成各种任务和挑战，参

新质生产力大变革

加"寻找龙的传人"主题活动。主题活动地铁标识物如图 10-14 所示。在互动过程中融入有趣的中华历史文化知识和历史文化互动问答，如图 10-15 所示，通过限时挑战赛的设置让用户养成使用习惯。

图 10-14 地铁标识物

图 10-15 历史文化互动问答

不仅如此,"微探"App还准备了丰富的惊喜大奖。只要积极参与活动,不停"探探探",就有机会赢得各种奖品。这些奖品包括但不限于实物奖品、打车券、外卖优惠券,等等。微探还联合京东、淘宝、携程、美团、滴滴、饿了么等各大平台推出内容丰富、形式多样的优惠活动,惊喜礼品如图10-16、图10-17所示。

图10-16 相关平台惊喜礼品展示

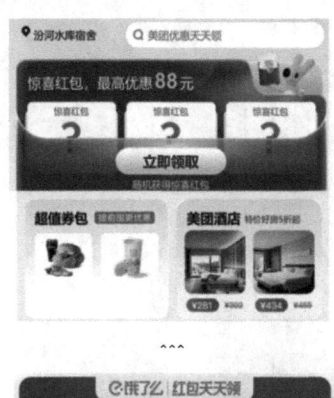

图10-17 "饿了么"惊喜礼品展示

"微探"创新性整合了"品销客渠",建立四位一体的全方位服务模式,对传统营销进行深度创新。"寻找龙的传人"首期活动，携手中国家装行业上市品牌东易日盛、5A级景区皇城相府、武夷山明星茶企正谷溪香、昆曲优质原创品牌十二昆伶、一线品牌顶大水管、强势崛起国货品牌蝶姿兰，以及科学营养小米乳，共谋发展新篇章，探索品牌命运共同体发展新路径。为"微探"注入强大动力，为消费者带来更多优质互动体验，彰显中国品牌的核心价值与独特魅力。

三、实施价值及未来展望

"微探"App自2024年2月上线推广北京地铁文化以来，以文化传播为中心，以AR科技为驱动，实现传统文化与场景元素的交互，大力践行文化强国战略，让文化更"轻盈"。截至2024年4月初，"微探"App累计下载注册量已突破100万人次，如图10-18所示。到2024年6月初，已突破200万下载量。

图10-18 "微探"App累计下载注册量截图

"微探"是一个致力于探索未知的平台，它的使命是"无处不探，无所不探"。无论是自然界的奥秘，还是人类文明的历史，无论是科技的发展，还是社会的变化，微探都会尽全力去探索和研究。"微探"不仅仅是一个平台，更是一种精神和态度，它鼓励每一个用户都能够积极地去探索和学习，不断地提升自己的知识和能力，为人类社会的发展做出自己的贡献。

"微探"革新了品牌传统宣发方式，将空间深度利用，将 AR 与北京地铁场景进行了完美结合，为品牌提供了更为创新的宣发渠道，并且创新性地整合了"品、销、客、渠"，建立了四位一体的全方位服务模式，未来将打造元宇宙广告空间！

第八节　构建 AR 全域数字化旅游生态圈

一、实施背景

随着科技的不断发展，数字化已经渗透到我们生活的方方面面，从智能手机、电子商务到智能制造、智慧城市等，都离不开数字化技术的支持。数字化也为我们带来更多便利和创新，在文旅、教育、医疗等领域，数字化技术可以提供更加个性化、便捷的服务，提高用户体验。《国内旅游提升计划（2023—2025 年）》的出台旨在加强旅游宣传推广，丰富优质旅游供给，提升公共服务效能，推动文旅产业的全面升级。这一政策为数字化文旅的发展提供了方向和支持。

数字化在旅游行业的应用广泛而深入，智慧景区的建设通过触摸屏、手机应用或 VR 设备，为游客提供详细的景点信息、导览服务和个性化推荐，增强游客的游览体验。通过实时监控和智能调度，优化停车资源的分配和使用，减少游客寻找停车位的时间。利用大数据分析技术，对游客数量、游客行为、景点热度等数据进行挖掘和处理，为景区提供精准的市场分析、业务预测和客户画像等服务。提供虚拟实境体验，让游客在旅游前就能感受到真实的旅游景点，增加游客的参与感和期待感。在景区内设置 VR 设备，让游客在游览过程中享受沉浸式的体验，丰富游客的游览内容。游客可以通过旅游网站和应用查找云端旅游攻略，了解目的地的美食、景点和购物推荐，提前规划行程。数字化在旅游行业的应用不仅提高了旅游服务的效率和质量，丰富了游客的旅游体验，

新质生产力大变革

还催生了新的业态和服务模式，推动了旅游和文化产业的创新和转型升级。随着技术的不断进步和创新，数字化将在旅游行业中发挥更加重要的作用。

未来，文旅行业也将需要不断的创新和升级，以适应消费者的变化和市场的发展。随着消费者需求的多样化和个性化，文旅行业将更加注重独特的、个性化的旅游体验；利用大数据、人工智能等技术手段，提升旅游服务的智能化水平，为游客提供更加便捷、高效的服务。

中国传统文化是中华民族的精神瑰宝，对于国家、社会和个人都具有重要的价值。中国传统文化是中华民族独特的精神标识，传承和弘扬中国传统文化有助于增强国家的国际影响力。通过举办各种非遗宣传展示活动、支持图书馆与博物馆的参与等方式，进一步推动了中华传统文化的传承与弘扬。这些举措不仅有助于保护中华文化的独特魅力，也有助于让更多的人了解和喜爱中华传统文化，从而推动中华文化走向世界。因此，我们应该积极传承和弘扬中国传统文化，让其在现代社会中焕发出新的生机和活力。

二、实施路径

方天圣华作为数字时代文旅新业态的领跑者，是国内首家也是落地5A级景区最多的AIGC元宇宙应用公司。作为文旅元宇宙头部企业，方天圣华入选2023年度虚拟现实先锋应用示范案例名单，致力于以AR+AIGC等数字科技重新定义文旅体验，全方位打造"科技+文化+旅游"融合发展的文旅生态圈。依托公司自主研发的"计算机视觉、拍照与视频人像剔除、智能交互、光场建模"等多项国内最优核心技术，搭建了元宇宙智慧文旅云平台，提供科技+文化+旅游的整合方案、5G+AR智慧文旅云平台搭建、云平台激活与运营的整案咨询。自创立伊始，始终以"让中国IP走向世界"为奋斗目标，与顶尖企业和高校如科大讯飞、北京大学（吴必虎教授团队）、福耀科技大学等强强联合，结合强大的算力资源和语音大模型，将革新具身游历中对历史地方与昔时场景体验的精神需求，完成信息整合和智能呈现，形成具身游历人工智能系统，让厚重的文化变得轻盈，强势构筑智能产品+文旅市场技术壁垒，推动文旅行业革命性重塑，用科技重新定义文旅，为往圣继绝学。

方天圣华通过与国内各地的5A景区进行洽谈，为景区提供5G+AR智慧旅游服务，提升景区服务质量，并通过方天圣华自有流量及营销运作帮助景区引流。5G+AR元宇宙数字文旅平台，是国内首批5G商用化试点项目。方天圣华以 5G、AR、AI 等技术为文旅行业赋能，深度挖掘景区历史文化，致力于为景区提升管理品质，为游客提升游览品质。打造"云游天下"App，如图 10-19 所示。

图 10-19 "云游天下"App 界面

该 App 的核心功能主要包含：景区 3D 实景导览、虚拟导游、AI 智慧拍照、实景演艺 AR 化、交互视频、场景还原、AR 文创等。借助科技手段，赋能旅游行业，强化游客的游览体验，创新景区的内容呈现，打造全域的消费空间，弘扬景区历史文化，旨在以轻盈的方式讲述景区厚重的历史文化，响应国家"文化和科技深度融合"战略。

当前已合作国内顶级知名景区普陀山、青城山、孔庙、黄山等，以 AR 技术为抓手，采用范式化运营模式，建立景区联动机制，加强景区内外双循环，以可持续为发展目标，构建全域数字化旅游生态圈，推动中国旅游业的发展。

三、实施价值及未来展望

通过这样的平台，真正把线上游客、线下商户集成到一起，在这个过程中，通过文化知识和 NFT 赋能，深入实现联通。建立数字资产、交易平台和营销联动管理体系，并结合真实的平台反馈体系，形成全国范围内的联动效应。从一次性交易变成持续性交易，真正做到全国"一盘棋"。为景区提供 5G+AR 智慧旅游服务，提升景区服务质量，并通过自有流量及营销运作帮助景区引流，以保证景区在前一年客流量基础上每年保持 10%的游客增长率。

项目将 AR 和 5G 平台技术应用于文旅赛道，打破现有市场模式，形成新型营销品质生态圈，拓展用户群体，定位目标人群，精准高品质营销。通过先进创新的产业经营理念、优秀精干的经营团队、独特思维的运营切入模式、高格局高效率的营销策略，为文旅企业提供"元宇宙科技+中国传统文化+沉浸式深度游"整合引流发展方案。

数字文旅云平台项目于近期获得了黄山迎客松杯创业大赛一等奖，黄山对该项目高度认可和支持，项目的落地将与黄山旅游产业发生奇妙的化学反应，助推黄山旅游产业数字化转型，共同打造黄山数字文旅新标杆。特别是，营销模式的创新与升级，方天圣华通过与新华网合作，共同打造《时光宝藏——旅游文化鉴赏中华行》，进行中国文化宣讲全国竞赛活动，深入宣传推广厚重的中国文化，更重要的意义和根本目的在于通过活动的专题推广、创意短视频推广、线下决赛活动、视频播放等形式，激发起全国人民主动学习中华优秀传统文化和红色文化的浪潮。

第九节　申威睿思携手国网宁波共建"数问"电力大模型应用

一、实施背景

电力是衡量经济发展的重要指标，在很大程度上反映着经济社会的活跃程度。一个国家或地区的经济增长通常会带动能源需求的增加。通过分析电力需求的变化，可以了解到不同行业、产业和区域的发展情况。通过比较不同地区的电力消耗情况，可以了解到各区域之间的经济差异和发展潜力，一定程度上为政府制定政策和规划提供重要依据。因此，挖掘现有电力数据资源，准确实时地预判经济发展的现状和趋势，已经成为政府决策的重要支撑之一，但目前还存在以下问题：

（1）目前电力数据比较复杂，工业行业分类和企业标签与电量行业分类和标签不完全对应；年、季、月、周不同监测频度的电量监测口径不统一。

（2）数据获取时间较长，获取数据的人工成本较高，且数据采集、处理的过程中出错的概率也比较高。

（3）市面上大部分模型的重点能力在模型泛化能力上，而电力场景的数据精准性、专业性不足。

（4）目前市面上的大部分模型依赖于国外的算力卡，不利于人工智能在电力行业的国产化部署。

在此背景下，为了实现"电力看经济"，申威睿思携手国网宁波供电公司积极探索"AI+电力"数据价值释放新路径，解决政府对电力电量数据的细分需求，开发了"数问电力看经济平台"（简称：数问平台），利用全国产化硬件，配合自研 DPU 加速卡实现用模型的算力需求来搭建的数问平台。该平台支持实时单轮对话和连续多轮对话，理解用户输入内容并做出相应回复；它可以与用户进行自然、流畅的对话，提供个性化的回答和问题解决，通过大模型学习训练而成，用大量的数据来进行模型优化从而提高模型数据处理的专业性和问题回复的准确性。它还可以处理复杂的问题，并根据上下文理解用户的意图，提供更准确的回答，提高政府人员获取电力数据的效率，避免了人工搜索和筛选信息的烦琐过程，有力地增强了政府通过电力看经济的及时性与准确性。

二、实施路径

本项目的实施路径主要在于利用申威睿思自研的 DPU 加速卡及人工智能技术赋能，实现电力电量的快速、准确查询。通过实时监测和分析电力系统的运行状态，基于人工智能的电力电量查询系统能够为用户提供及时、准确的电力电量信息。具体介绍如下：

1. 自研 DPU 加速卡

DPU 被认为是继 CPU、GPU 之后数据中心的"第三块主力芯片"，它专注于基础设施层（IaaS）的计算负载，可以解决 CPU 处理效率低下问题和 GPU 处理不了的任务负载，如网络协议处理、高速存储协议、硬件资源虚拟化等。通过将这些基础层负载卸载到专用的 DPU 上处理，可以释放 CPU 的算力资源，提升整个计算系统的效率，降低整体系统的总体拥有成本（TCO）。申威睿思基于支持 OLAP 的异构计算架构（OpenCL），在国内进行了三代 DPU 芯片的研发。他们的 DPU 芯片及系列产品可广泛应用于多种场景，如超低延迟网络、云和数据中心、金融计算、大数据处理、5G 边缘计算、高性能计算等。

2. 人工智能算法应用

（1）预训练优化方案。申威睿思采用"LoRA+"的方案来对模型进行微调，原始 LoRA 在处理具有大宽度的模型时，由于 adapter 矩阵 A 和 B 使用相同的学习率进行更新，导致微调效果不佳。这是因为在大宽度网络中，使用相同的学习率不利于有效的特征学习。因为应为 LoRA 的 adapter 矩阵 A 和 B 设置不同的学习率，并且这些学习率之间有一个固定的比率。"LoRA+"建议将 B 的学习率设置为 A 的学习率的 λ 倍（$\lambda>1$），这样可以有效解决原来微调效果不佳的问题。

（2）专业知识训练。传统的通用大语言模型在应对电力行业这样的专业领域的问题时往往"力不从心"，模型表现不佳。为了解决这种问题，我们采用电力垂直领域大语言模型这种特定的领域或行业中经过训练和优化的电力大语言模型。与传统通用语言模型相比，电力垂直领域大语言模型更专注于电力领域的知识和技能，具备更高的电力领域专业性和实用性。

为了提升电力垂直领域大语言模型的专业性，申威睿思从预训练开始定制，从一开始词表的构建，到训练语料的配比，整体收集了 50G 的电力行业文本数据，制作了一个电力行业领域基座模型，在该模型的基础上，相对于原有的通用大语言模型，正确率提升了 5%。

在预训练阶段，申威睿思还采用了 SFT（Supervised Fine-Tuning）增强模型的电力专业性，通常 LLM 的预训练是无监督的，但微调过程往往是有监督的。当我们进行有监督微调时，模型权重会根据与真实标签的差异进行调整。通过这个微调过程，模型能够捕捉到标签数据中特定于电力任务的模式和特点。使得模型更加精确，能更好地适应电力行业特定任务。在 SFT 阶段，申威睿思构建了几十万条行业数据，最终将正确率提升了 15%，同时输出结构更为规范，由于格式带来的错误率从 15% 下降到了 3% 以内。

最后，为了增强电力垂直领域大语言模型的准确性，在预训练阶段增加了 DPO（Direct Preference Optimization）算法，DPO 算法不包含奖励模型和强化学习过程，直接通过偏好数据进行微调，将强化学习过程直接转换为 SFT 过程，整个训练过程简单、高效，损失函数较少。相对于 RLHF 算法而言，效果稳定，可靠性提升在 10% 以上。

（3）用户个性化查询。可以根据用户的用电需求和偏好，提供个性化的电力电量查询服务，帮助用户更好地进行电力电量数据查询。通过模型建设及人物画像构建使企业能够更加清晰地了解客户的意图，并根据用户的意图输出图文形式的回复，让用户能够对问题结果了解得更加全面，可提升用户的使用体验。

三、实施价值及未来展望

国家能源局发布的《关于加快推进能源数字化智能化发展的若干意见》,明确了针对电力、煤炭、油气等行业数字化智能化转型发展需求,强调能源信息化和智能化发展。本案例正是贯彻落实这些战略的重要举措,通过推动电力电量查询的智能化,促进能源行业的高效、可持续发展。

支撑国家科学治理实现"电力看经济"。通过电力看宏观经济分析。常态化开展疫情后经济恢复、宏观经济、假日经济等多维度经济分析,探索"电力看经济"预测模型。并且也可以通过电力看产业经济分析。常态化开展小微企业用电情况分析,优化完善专精特新"小巨人"画像分析模型及场景;研究产业链理论和产业链分析典型实践,探索构建以"链主"企业为核心、基于电力数据的产业链发展评估模型;开展产业链供应链环节、区域、规模等细分领域动态分析,发挥供应链"链主"在市场资源、供应链数据、科技创新等方面的优势。还可以通过电力看特色经济分析。各单位结合本地特色,适度开展外资企业、高新技术企业、房地产项目等用电情况分析。

从项目带来的实际效益来说,主要有以下几点。

(1)提高查询效率和准确性。基于人工智能的电力电量查询系统可以快速响应用户的查询请求,提供准确的电力电量信息。相比传统的查询方式,本项目的查询效率和准确性有了显著提升。

(2)优化用户用电管理。通过提供个性化的电力电量查询服务,本项目帮助用户更好地管理用电,合理安排用电计划,降低电力成本。

(3)促进电力利用效率提升:基于人工智能的电力电量查询系统可以实现对电力资源的优化调度和分配,提高电力利用效率,减少电力浪费。

(4)提升用户体验:基于人工智能的电力电量查询系统为用户提供便捷、快速、准确的查询服务,提升用户对电力服务的满意度和体验。

(5)促进电力行业创新。项目的实施将推动电力行业向智能化、信息化方向发展,促进技术创新和产业升级。

(6)政府可以通过电力对宏观经济、行业经济以及头部企业经济进行全方位、多角度的监测、分析和调控,及时了解经济走势,预测经济变化趋势,从而制定出更加精准有效的宏观调控政策,提升国家经济管理水平、确保经济稳定健康发展。

从经济效益出发，人工智能的出现必将产生一场传统技术与人工智能之间的变革，给客户带来以下经济效益。

（1）基于人工智能的电力电量查询系统可以实现自动化查询和数据处理，降低电力公司和政府机构的人工成本和运营成本。

（2）围绕电量增长、用电结构、业扩增长三方面构建小微企业景气度分析模型，通过用电恢复率、达产率等多维度数据对小微企业以及专精特新企业开展景气度分析，辅助政府部门精准开展助企帮扶。

（3）围绕电量增长、用电结构，产业分类等多维度数据看经济走势、看区域活力、看行业图谱等，辅助政府部门对经济发展进行科学研判和趋势预测。

第十节　数据驱动企业转型与运营优化：天元通信的数据资产入表实践和展望

天元瑞信通信技术股份有限公司（以下简称"天元通信"）成立于2008年，总部位于西安。作为陕西省高新技术企业和 AAA 级信用企业，天元通信是中国通信企业协会常务委员单位和中国通信标准化协会（CCSA）会员，拥有通信行业全套勘察、设计、咨询甲级资质。天元通信的主营业务为信息通信咨询服务，包括通信网络建设规划、信息化战略咨询、可行性研究报告、勘察设计、运营支撑等服务，涉及通信网络建设、城市综合治理、产业经济发展等领域。公司共获得50余项省部级优秀设计奖，参与编制19项标准，拥有53项专利和10项软件著作权。

新质生产力的核心是科技创新，天元通信始终坚持以自主创新作为核心发展动力。随着数据成为第五大生产要素，天元通信将"从信息通信基础设施服务商向数据服务商转型"作为企业发展战略。公司重点聚焦数据治理、数据挖掘和数字设计等专业领域，围绕应用场景构建能力，在数字政府项目承接、企事业数据要素咨询等方面实现落地，促进数字技术与实体经济深度融合和应用创新，驱动数字政府、数字经济和数字社会的高质量发展。

数据资产已经成为企业核心资产之一，数据资产入表在全国各地和各行业迅速兴起。天元通信运用科学的方法和工具，如数据分析、数据挖掘和机器学习，结合企业业务需求和发展战略，确定数据资产管理和利用策略，探索数据资源入表的实践模式和实现路径。公司形成了一套完整的框架模型,包括数据价值规划设计、数据治理、数据价值评估三部分,以实现数据资产的价值最大化。

(1)制定数据价值规划和设计,构建数据顶层架构。数据价值规划设计结合企业业务和发展战略,从数据场景建模入手,开展数据全生命周期的规划分析。这一过程决定了如何有效地识别、评估和利用数据的价值。通过全生命周期的数据规划分析,企业能够系统地识别、评估和利用数据价值,提高决策科学性,优化资源配置,推动创新和可持续发展。作为咨询设计服务的甲级设计院,天元通信在数据业务咨询服务方面经验丰富,公司坚持业务牵引、注重实效、整体规划和以终为始等原则,通过数据价值规划设计,推动企业数据要素与核心业务高效协同,充分发挥数据要素乘数效应,推动企业高质量发展。

(2)实施数据治理,构建高质量数据集。数据治理是采用治理工具或平台,对数据资源进行全周期管理,以确保数据的质量、安全性和可靠性,主要包括数据盘点、数据识别、建立数据目录、元/主数据模型创建、数据血缘梳理、数据存储、数据处理、数据共享、数据评价和数据登记确权等工作。良好的数据治理能构建高质量的数据集,为企业挖掘和利用数据价值奠定坚实基础。天元通信自主研发的"天元数据治理平台"是一站式数据加工、治理、展示的企业数字化管理平台,助力企业实现数字化转型。平台架构如图10-20所示。

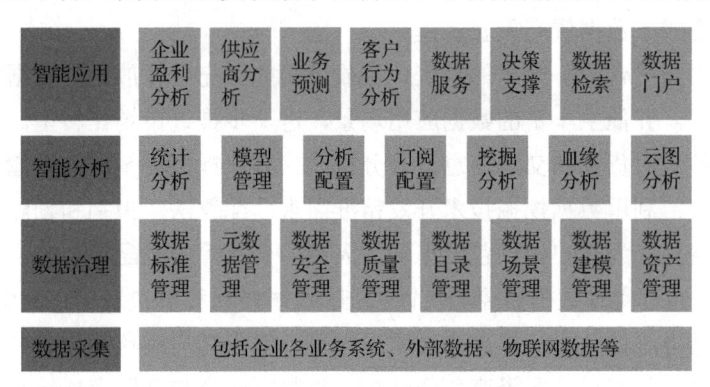

智能应用	企业盈利分析	供应商分析	业务预测	客户行为分析	数据服务	决策支撑	数据检索	数据门户
智能分析	统计分析	模型管理	分析配置	订阅配置	挖掘分析	血缘分析	云图分析	
数据治理	数据标准管理	元数据管理	数据安全管理	数据质量管理	数据目录管理	数据场景管理	数据建模管理	数据资产管理
数据采集	包括企业各业务系统、外部数据、物联网数据等							

图10-20 天元数据治理平台架构

(3)实施数据价值评估,AI赋能数据资产成本和价值分析。天元通信利用科学的技术手段,对企业数据资产成本进行全面量化核算,并对其价值进行全面评估和分析。例如,通过构建准确的数据血缘图谱,从多维度溯源归集各类数据的成本,包括获取、处理、存储和维护成本;利用历史经济数据和AI

新质生产力大变革

模型，建立特征工程，采用随机森林、决策树等算法进行模型训练，预测数据的未来经济价值。这使企业能够更好地了解数据资产的成本结构和经济效益，更准确地确定数据资产价值，为数据资产的合理配置和高效利用提供决策支持。

自《企业数据资源相关会计处理暂行规定》发布以来，作为地方重要国有企业的城投公司（城市建设投资公司）积极探索并推动数据资产入表工作。交通类数据由于协同效应强、市场需求大，成为各城投公司优先选择入表的数据类型。网络货运平台是一种基于互联网的物流平台，整合了物流行业的信息、资金和资源。其主要数据包括货物名称、数量、规格、运输方式、运输轨迹、货主信息、司机信息、交易金额以及交易方式等，这些信息帮助客户实时了解货物的运输状态，了解市场需求和供应情况，为优化物流服务、提高运营效率和优化资源配置提供有力的数据支持。

天元通信联合律师事务所、资产评估机构、会计师事务所，组建数据资源入表工作组，帮助内蒙古自治区某盟市城投公司完成网货平台的数据入表工作。天元通信通过全面梳理和分析网货平台业务数据资源，确定可入表的数据资源范围，建立了数据资产目录，完成了数据资产相关的成本归集，并组织法律、安全、审计等领域专家进行论证评估，对数据全生命周期进行了系统、严谨的合法性审查。经过资产认定、合规评估、经济利益分析、成本归集与分摊等环节，最终完成了数据资产入表工作。

通过网货平台业务数据的入表，城投公司能够充分释放企业数据价值，提高经营效率，并催生丰富的数据应用场景，进一步推进市场化转型。例如，采用大数据技术对货物和交通信息进行分析，为客户提供更精准的运输方案，提高物流效率；利用数据挖掘技术开发精准需求匹配算法，识别和预测市场的需求和供应变化，为客户提供包括车辆、人员、仓库等资源配置策略，降低生产经营成本；通过实时数据监控和反馈机制，及时发现和解决运输过程中的问题，结合用户精准画像分析，提高物流服务水平，增强客户满意度。此外，数据资产入表可以优化城投公司资产负债结构，将数据资产与金融市场结合，城投公司可以探索灵活多样的增值方式，提升企业融资能力。

网货平台数据资产入表项目的实施为网络货运行业的数据资产化提供了可借鉴的模式和经验，推动货运产业数字化服务生态的发展，并为数字化转型升级提供了可参考的范例。随着企业对数据价值的认知不断深化，数据要素市场将迎来更广阔的发展空间，企业应抓住这一历史机遇，推进企业数字化进程，强化数据资产管理能力，充分挖掘和利用数据价值，打造竞争新优势，驱动企业实现高质量发展。

本书参考文献请扫以下二维码获取：

反侵权盗版声明

电子工业出版社依法对本作品享有专有出版权。任何未经权利人书面许可，复制、销售或通过信息网络传播本作品的行为，歪曲、篡改、剽窃本作品的行为，均违反《中华人民共和国著作权法》，其行为人应承担相应的民事责任和行政责任，构成犯罪的，将被依法追究刑事责任。

为了维护市场秩序，保护权利人的合法权益，我社将依法查处和打击侵权盗版的单位和个人。欢迎社会各界人士积极举报侵权盗版行为，本社将奖励举报有功人员，并保证举报人的信息不被泄露。

举报电话：（010）88254396；（010）88258888
传　　真：（010）88254397
E-mail：　dbqq@phei.com.cn
通信地址：北京市海淀区万寿路173信箱
　　　　　电子工业出版社总编办公室
邮　　编：100036